A BRIEF HISTORY
OF AMERICAN

美国简史

[美]亨德里克·威廉·房龙◎著
陈玉立　颜震◎译

北京理工大学出版社
BEIJING INSTITUTE OF TECHNOLOGY PRESS

版权专有 侵权必究

图书在版编目（CIP）数据

美国简史 /（美）亨德里克·威廉·房龙著；陈玉立，颜震译. —北京：北京理工大学出版社，2020.8（2023.12 重印）
ISBN 978-7-5682-8517-9

Ⅰ.①美… Ⅱ.①亨… ②陈… ③颜… Ⅲ.①美国—历史—通俗读物 Ⅳ.① K712.09

中国版本图书馆 CIP 数据核字（2020）第 097222 号

责任编辑：徐艳君	文案编辑：徐艳君
责任校对：刘亚男	责任印制：施胜娟

出版发行 / 北京理工大学出版社有限责任公司
社　　址 / 北京市丰台区四合庄路 6 号
邮　　编 / 100070
电　　话 /（010）68944451（大众售后服务热线）
　　　　　（010）68912824（大众售后服务热线）
网　　址 / http://www.bitpress.com.cn

版 印 次 / 2023 年 12 月第 1 版第 3 次印刷
印　　刷 / 三河市金元印装有限公司
开　　本 / 880 mm × 1230 mm　1/32
印　　张 / 13
字　　数 / 302 千字
定　　价 / 59.00 元

图书出现印装质量问题，请拨打售后服务热线，负责调换

签署《独立宣言》

约克镇战役,美国独立战争战略反攻阶段的最重要战役

乔治·华盛顿、本杰明·富兰克林在美国《宪法》签署现场

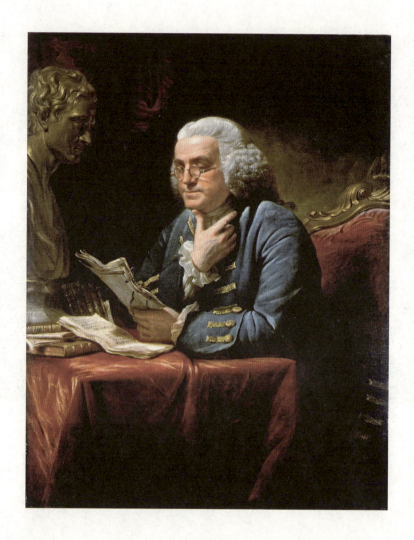

富兰克林

乔治·华盛顿

詹姆斯一世

目 录 Contents

1. 便宜的香料需求大增 …001
2. 未知的世界 …009
3. 信仰、黄金与印第安人 …022
4. 没有价值的土地 …028
5. 尚普兰借助独木舟探索新道路 …031
6. 加尔文博士探索当今与未来的世界 …037
7. 异教徒成了劫持犯 …041
8. 印第安神草 …049
9. 零下20摄氏度的新天堂 …059
10. 在大西洋西岸建立一个更幸福的新英格兰 …067
11. 荷兰西印度公司的错误投资 …072
12. 瑞典人二百年前就来过美洲 …084
13. 各民族共同拥有的自由殖民地 …089
14. 靠运气和推测开拓殖民地 …099
15. 依据国王的法令建立帝国 …103
16. 充满希望的地方 …111

17. 国王和帝国抢夺土地的游戏 … 115

18. 1769年1月5日，人类步入现代纪元 … 121

19. 乔治·格伦维尔成为"效率专家" … 123

20. 荷兰茶叶和法国糖浆 … 128

21. 边境质朴的智慧 … 135

22. 亚当斯和堂兄塞缪尔转向现实政治 … 139

23. 殖民军司令不得不报告的坏消息 … 145

24. 乔治·华盛顿将军重新穿上了军装 … 152

25. 托马斯·杰斐逊证明传统教育的优越性 … 157

26. 英王乔治三世在自己国家成为备受欢迎的英雄 … 166

27. 诺斯勋爵不得不保持清醒 … 171

28. 著名的费城印刷匠富兰克林拜会圣路易的后人 … 175

29. 卢梭的著作，拉法耶特的研究 … 185

30. 宗主国与边疆人民的博弈 … 191

31. 拯救了一个国家并缔造了一个帝国的妥协 … 196

32. 汉密尔顿商业兴国，华盛顿返回故乡 … 204

33. 亚当斯明白此革命并非彼革命 … 217

34. 杰斐逊与拿破仑的购地交易 … 224

35. 宗主国的最后一次造访 … 234

36. 门罗主义与玻利瓦尔的新世界 … 245

37. 新的信仰 … 253

38. 独裁 … 257

39. 无聊的杂耍演员和无用的吹笛手 … 266

40. 墨西哥总统圣安纳学到的真理：自然界痛恨真空 … 274

41. "汤姆叔叔"与"冒烟比利" … 281

42. 令人厌烦的契约 … 297

43. 一位来自伊利诺伊州的无名律师 … 305

44. 案子交给了陪审团 … 311

45. 案子尘埃落定 … 318

46. 最后一位征服者 … 334

47. 犹他州打下一颗金色道钉 … 340

48. 美洲文明第三阶段的衰亡 … 347

49. 埃利斯岛和普利茅斯礁石 … 352

50. 物质的统治 … 360

51. 争夺更多廉价的原材料 … 373

52. 一个未知的世界 … 379

53. 美国的新道路 … 383

# 1. 便宜的香料需求大增

欧洲的杂货商们面临着令人窒息的困境,他们发现自己的香料供应近乎耗竭,而香料市场的需求量却前所未有的大。商会面临如此处境却束手无策,由此,一个有关香料的故事展开了。

一个去里兹大饭店吃过很多次晚餐的人是不会愿意再回到杰克·穆哈利这种小餐馆吃饭的,尽管他家的鱼杂烩汤和豆子远近闻名。这个道理是那些政治经济教授和法庭法官都公认的。当然,如果有确切的需要,他们还是愿意吃些简餐的,但是不到他们必须承认被生活击垮的最后一刻,他们都会拼尽全力进行抗争,以维持他们早已习惯的高贵体面的生活标准。

公元10世纪以前,西欧的绝大部分地区都是野蛮人,他们的品位很普通,这通常意味着他们丝毫没有品位可言。对于他们来说,数量远比质量重要。这样一个自冰河世纪以后就保持着未被开垦状态的大陆,轻而易举地就可以满足人们的需求,给予他们木凳、油脂丰富的大块牛肉和取之不尽的麦芽酒。

尽管如此,在这片大陆上还是有很多事需要人们去做,但能做事的人太少了，他们过剩的精力被日常琐事消耗殆尽。粗略地讲，他们花了一千年的时间才安定下来。平和安宁终于重归这片土地。老一辈享受这样的平和和安宁。他们的后代却想要出去游荡。

在此之前是十个世纪的平静。然后人们开始热衷于走向外面的世界，那么随之而来的就是一场混乱。但西方民众再一次承认了一位主人。这位主人无意于统治世界，不过他的精神武器就足以歼灭整支瑞士雇佣兵大军。他发出的一纸号令可以穿透最坚固的城堡。

单单是他一点点的不如意，便比君主或国王发动的战争威胁更令人胆寒。

他身边有着最有谋略的外交官和最精明的政客。他们将民众的那份日益高涨的不安转化成实际意义上的对外扩张。由此引发了向东的大规模移民浪潮，即众所周知的十字军东征。然而可惜的是，这个历史片段常常被选作浪漫主义文学狂想的主题，以至于我们都忘了它的真实面目——平平无奇，毫无浪漫主义色彩的战争冲突。

古代欧洲指的便是地中海区域。谁要是获得了这一片广阔水域的控制权，谁就可以主宰整个世界。

这是一项野心勃勃的事业，是那些住在摩洛哥、的黎波里和埃及浅海岸，侵扰西班牙、希腊和意大利半岛的深海湾的不入流的海盗们无法企及的。他们最多也只能获得微不足道的小胜利，想要干成大事是不可能的。

千万年来因社会、经济和宗教发展而凝聚起来的众多人群——"族群"，只有凝聚成巨大规模，才能解决他们所面临的问题。他们深知自己面临的危险。战争无论是对征服者还是被征服者来说，都是灾难。

欧洲在爆发大规模分裂之前，只发生过两次小动乱。

第一次是公元前五世纪，希腊击溃了不断扩张的波斯，在连续几场精彩的抗击之后，他们把波斯远远地驱逐到了印度河畔，从此希腊成了西方霸主。

第二次是此后的两百年，罗马人为了避开灾难，以举国之力粉碎了迦太基人的最后要塞，代价是自己的国家也几近消亡。

接着，在八百多年的时间里，欧洲大体上处于和平之中。

但是公元622年，在一位新的预言家号召下，亚洲重振旗鼓后开始了新的斗争。这场斗争达到了真正巨大的规模。穆斯林大军占领了西班牙，并借道叙利亚和小亚细亚，向君士坦丁堡进发。到了这样的时刻，基督教的首领才感到恐惧，从而引发了圣战。

从军事的角度来看，这场战争是彻头彻尾的失败，但它的社会影响力却巨大而深远。自罗马帝国消亡之后，欧洲各国第一次接触到了一个几乎在各方面都比自己优越的文明。于是他们向东进发，屠杀异教徒，剥夺他们的财产。他们带着对舒适和奢侈的全新认识回归故土，对自己贫瘠、粗糙的生活感到不满。

总的来看，这样的突变很快便体现在了西方大陆民众的衣食住行、言行举止上，从他们的娱乐方式和饮食习惯都可以看出他们受到了影响。

老一辈人还在承袭着祖先们的生活习惯，继续谈论着先人们的美好品质。年轻人对于这些则是耸耸肩，一笑了之。他们曾经去过东方的大城市，他们更了解那里。他们静静地等待着，老一辈们一离世，他们便赶紧装修屋子，招几位会做异域料理的厨子，把他们的孩子送到邻近镇上去学习，让他们学习如何成为银行家或工厂主。这样孩子们很快便可以在短暂的一生中获得祖先们在土地上呕心沥血一千多年也无法企及的财富。

这时候教会有意见了。

它根本没有预料到会出现这样的结果。

上帝啊！那些得胜归来的英雄们不再像他们的父辈和祖辈们一样对上帝有着无条件的热忱，他们也不那么虔诚了。朋友之间越是熟悉越容易相互蔑视，而敌人之间越是了解反而越容易相互尊重。

结果就是，教堂里越来越萧条。私人宫殿和富丽堂皇的市政大楼却平地而起。

我不认为这是个好现象。我也不认为这是件坏事。我只是在陈述一个事实罢了。如果你想得出什么结论，请便吧。

与此同时，在地中海的另一边，人们信仰宗教的热忱也在锐减，之前他们通过屠杀俘虏的数量来衡量对真主的热忱，而现在他们与基督教双方都接受了这样一个僵局——愿意达成妥协，为了彼此商人口袋里的金钱。

于是，那些一度被铁骑践踏的古代商路得到了修缮。耐心的骆驼们再次驮着货物往返于喀什噶尔和大马士革。威尼斯的小帆船和热那亚的大帆船也再次恢复旧时状态，定期穿梭于亚历山大港和法马古斯塔港之间。

此后世界变得一切安好，一场成功的黎凡特（东方）交易带来的利润率激增，从以前的近乎为零到现在翻了两番。

在这之后，一件微不足道的小事发生了，但这件小事却能够改变历史。13世纪，令人闻风丧胆的鞑靼人发动了战争，从阿穆尔河到维斯杜拉河之间的居民们见到这些咧着嘴的矮小黄种人便陷入恐慌，盲目逃窜。这些难民中有一小支游牧民，最多两三百户。他们以前一直和平安宁地住在中亚地区。而现在他们逃到了地中海地区，而后听说危险过去了，便决定返回家园。想要回去，他们就必须渡过幼发拉底河。但一场意外发生了，他们的首领失足从马上摔下，溺水身亡。其他还在河西岸的人感到恐慌，他们认为这次意外是神的警告，于是便请求当地的国王允许他们留在那里。

接下来发生的事大家都知道了。不到一百年时间，这些游牧民就变成了曾好心地接纳过他们的王国的主人。过了一代人后，他们成了伊斯兰世界公认的统治者，开始了侵略战争。最终，他们把自己的战旗插在了维也纳的城门上，还给"土耳其人"这一名词永久赋予了凶悍勇猛的含义。

如果这场狂热的伊斯兰复兴仅仅是一场政治运动，倒也不至于那么糟糕。然而这场精神狂热却横扫了整个西亚。先知穆罕默德已经去世多个世纪，原来的那些狂热的信徒们慢慢冷静下来。祖先们的信仰很重要，但同样重要的还有胡椒、肉桂和靛蓝染料在运输过程中获得的极具诱惑力的利润。贸易迫使虔诚的穆斯林与地中海彼岸的异教徒心平气和地交往起来。做生意就是做生意，只要是在做生意，就不能与基督教划开界限。

不过那些住在小村庄和偏远山谷的人们却不是这样。他们极为认真严肃地对待他们的宗教信仰。他们受到土耳其首领在军事和政治上所取得的成功的鼓舞，决定帮助那些大城市里误入歧途的同胞们回归真正的信仰。

这些穆斯林东奔西走，足迹遍布整个伊斯兰世界。他们有的祈祷，有的跳舞，有的忙得团团转，有的大声号叫。他们殊途同归，目的只有一个，那就是带领同胞们回归原始教义和信仰。

起初巴格达和大马士革的商人们都笑了。但那些"清教徒"们极度热诚，很快这些商人们就笑不出来了。邻居们被杀害的命运警醒了他们，不久之后，他们便收敛了自己的从商范围，只跟同信仰的人进行商业交易。

就这样,当欧洲人刚开始依赖亚洲产品的时候,这条供应链却断了。

当然这绝非是一天、一周或者是一年之内就能出现的情况。这些两百年间源源不断流向欧洲市场的产品,现在却开始慢慢消失了。投机者们立刻控制了所有的供应源,价格开始飙升。信贷撤销,交易开始用黄金支付。这一切对于西方来说都是全新陌生的。中世纪欧洲的日常交易从未要求必须用现金支付。当时人们住得很近,交易很方便,可以用一家的牛羊肉去换另一家的鸡蛋,一家修道院的蜂蜜可以换另一家的醋。

但可以确定,对外贸易总是依赖一定数量的金币和银币。用一片片的牛羊肉和一桶桶的盐是不可能满足卡利卡特的香料商们了。在授权吉达港和亚丁港的香料代理商们发货之前,他们要求必须用威尼斯达布隆和西班牙八里尔银币付定金。

但是现在欧洲市场开始要求货到付款。这极大地复杂化了交易流程。

因为,黄金这个神秘的、金灿灿的,似乎可以公然挑衅教会和朝廷的东西,是需要从海外进口的。整个欧洲只有为数不多的一些银矿,以及在奥地利、萨克森和西班牙的山脉中发现的少量的金矿。但这些存量远远不够满足那些投机者和香料商的贸易需求。

于是便形成了一个前所未闻的恶性链条:人们对商品的需求越发旺盛——商品供应越发稀少——商品价格越发疯涨——黄金需求暴涨——黄金产量减少——西亚和北非的国家陆续被不断扩张的异教徒占领——贸易链条被陆续切断——欧洲新兴的、强劲的资本主义体系要寻求生路。

公元14世纪上半叶爆发的这场贸易危机，近乎可以毁掉西方商业世界。资本主义体系恶名昭著，但就算是它的死对头也没有办法斥责它无用，也无法否认在危急关头它能迸发出近乎超自然的力量。

我在前面讲到过的困境中的杂货商，在抗议中最积极声音最大。这个时期，整个欧洲的经济（有分析认为是整个欧洲的宗教、社会、文学、艺术和科学）体系都处于崩坏的边缘。但直到哥伦布去世后十二年，叙利亚和埃及（一直以来由东向西的主要贸易商路都从这两个国家经过）才被土耳其人占领。但是精明的商人们是不会坐等灾难到来的那一天的，他们会提前行动起来。

我们听说过很多现代社会①那些商业巨鳄精明睿智的故事。我们吹嘘只有在我们这个时代才会出现如此超群的人。我们常常想当然地认为中世纪的商人们都坐在密不透风的小屋子里用天平称着钱币，口述着信件内容，由两位书记员听写（这样他可以留存信件的副本）。然后等上半年的时间，才从维堡或者诺夫哥罗德的代理商那里收到回信。

这都是我们处在快乐时代的谬见。我们喜欢自吹自擂，就像鸭子喜欢在水里游泳一样。

公元1927年的世界和公元1427年或者427年的世界，其实没有什么差别，都是由各种各样的人组成。有些人很聪明，有些人没那么聪明，还有些人很愚蠢。

愚蠢的人往往占大多数，他们对任何事都没兴趣；没那么聪明

---

① 本书原著于1927年出版，因此正文中提到的"如今""现在""今天"等时间概念，均以1927年为准。

的人有时候隐约感觉到应该做些什么,但他们被自己的胆量吓到了,最后什么都没有做;而极少数的聪明人行动力极强,他们脱下大衣和马甲,撸起袖子便干了起来。通往收益颇丰的东方的贸易之路被封了,没关系,他们便从南边或西边寻找新的道路。要在那个地图上没有航路的时代开辟出新的航道,看上去希望渺茫,难度不亚于今天我们要乘飞机去月球旅行。确实,现实操作面临的重重困难,只有梦想家才能去克服。

世界上不缺经验丰富的航海家,他们可以根据风湿病发作时关节的疼痛来预告暴风雨即将来临;也不缺训练有素的天文学家,他们看星象图就像我们看时刻表一样简单;同样不缺少冒险家,他们为了追求刺激或者金银财富可以赌上自己的性命。

但是解决这个问题的人是另外一种人——一个能从混沌复杂的《以斯拉书》中获得启示的奇特天才;一个毫无妥协余地的专业谈判者,直到签署合约以保证在大洋彼岸的土地上所发现的贵金属的十分之一属于自己,方才罢休;一个虚荣的、喜欢被人尊称为"海洋上将"的人;一个谦逊神秘、去世时只穿着破烂的方济会修道服的人。

2. 未知的世界

他在热那亚的邻居都知道他的名字平平无奇,叫克里斯·皮金。那些靠着他的发现赚取数十亿财富的西班牙人,在他的奖赏上做手脚,称他为克里斯托瓦尔·科隆老爷,之后在他发现委内瑞拉北部的金矿后,给他冠了一个浮夸的委内瑞拉公爵称号。后来世人大多称他为克里斯托弗·哥伦布。他就以这个名字出现在我们的故事里。

他出生在哪一年?1446年?1447年?1448年?还是1449年?或者1450年?我们不清楚,但这并不是很重要。他出生于热那亚还是科格莱托,我们也不知道,但这也不重要。然而在他死后的四个世纪内,他的尸骨先后被移葬了七次。这就有故事可以说了。灵魂永无宁日,最后只得到一副铁铐和一口六块板子拼成的木棺材。

哥伦布的父亲从事羊毛生意,是纺织工人也是商人,不过生意还算好,能赚到钱把儿子送去一所好学校读书。如果按照计划一切顺利的话,孩子之后应该会继承他的衣钵,过上体面的生活,受人尊重,有着自己美满的小家庭,这看上去是理所当然会发生的事情。

哥伦布的木棺

天哪，作为平平之辈受到的尊重对于哥伦布的一生而言不值一提。他觉得自己属于这个世界但又不那么属于这个世界。他想要赚一大笔钱来实现自己的计划，完成自己的研究，购买喜欢的书籍。他想要全世界都承认，他与其他普通的放牧人不同。他，一个纺织工的儿子，他的胆识、他的坚持、他的才华使他能够与世界上有权有势的大人物齐头并肩。除此之外，我们也很难看出他究竟想要什么。

然而在生活中，哥伦布其实是一个相当笨拙的人。但他却能乘着一艘漏水的船，仅凭着一个自制的导航工具，穿越地图上未做标记的茫茫大海；他能够将囚犯和海盗出身的水手们哄骗得像模像样，举止得当，让他们可以在航行中找到他想找的地方。偶尔他会比别人更耐饿耐渴，睡得也可以比别人少，甚至得了败血症也比别人撑得久。天知道，对于一个野心勃勃的人来说，这些品质足够使他成名了。

有一件事哥伦布永远不会去做，那就是写作。这看上去似乎有点遗憾。但总的来说，我认为是一件好事。想象一下，如果有一系列关于《我是如何发现新大陆》的连载文章，再配上几张瓜纳阿尼酋长妻女们的独家照片，或者有几份有着他的签名的关于《我是怎么成为探险家》的采访稿……不，还是没有这些的好。虽然我们有的时候想要去了解他，但我们对他有限的了解也避免了让他人生中的其他事情模糊了他事业上的光彩。他完全坚信如果一直向西航行就会从地平线的边缘掉下去，或者被热带的太阳光烤焦。但同样不可撼动的是，他也坚信这样能够到达中国，然后再经过印度返回欧洲。

事情并没有哥伦布想象得那么简单。有一片广阔的陆地，将欧洲、亚洲之间的海洋隔了开来。这个事实之前从未有人预料到。不过可以肯定的是，这并不能遮掩这位衣衫褴褛、饱经风霜的热那亚航行者的荣耀。他是第一个提出"能到达东方"这个想法的人，并且真的到达了。

中世纪比我们现代多了一个很明显的优势。当时的人们对工作精益求精，他们把这种态度当成检验一个人好坏的标准。这也是他们生命中最重要的部分。成功路上从来没有捷径。千年前的希腊人就说过，众神愿意用他们全部的秘密来交换一定量的诚实汗水。①15世纪的人们把宙斯奉成守护神，但他们固执地坚信勤劳致富的准则。所以当年轻的哥伦布下定决心放弃继承父亲的羊毛产业而立志当一名水手时，他便立即在船长手下当学徒，从船舱打杂和厨房帮工开始，学习如何做生意。

之后的四年里，我们听说他到过地中海东岸的每个港口。随后我们在葡萄牙和英格兰发现了他的踪迹。他还去了当时新发现的几内亚海岸。然后不久他就结婚了。他的妻子并不富有，不过她继承了父亲的航海日志和所有笔记。她的父亲正是葡萄牙亨利王子手下的船长——巴托洛梅乌·佩雷斯特雷略，圣港岛（马德拉群岛中的一个小岛）的第一任总督。

就这样，哥伦布直接接触到了航海先驱的伟大成果（尽管先驱已经逝世三十年了）。这位先驱的每一个字、每一句话都能被现代从事探险与发现的人奉为真言。这位先驱为一位能力在自己之上的后辈铺平了道路，但自己却没能够亲眼看到最终的胜利。

葡萄牙的亨利王子，通常人们都称他为"航海家亨利"。他的母亲是英格兰人。年轻时他是一名伟大的战士，对自己很严格，是一名名副其实的清教徒。当战争走向尾声，葡萄牙不再被穿过直布罗陀海峡的异教徒侵略后，亨利就离开了王宫，来到故土海角的一个荒山上，在靠近萨格雷斯小镇的地方建造了一座修道院式的远离尘嚣的城堡。这个城堡后来变成了历史上首个航海学校，也是中世纪最重要的天文观测台。

---

① 只要真诚劳动，好运就会降临。——译者注

航海家亨利王子的家

在这个远离尘嚣、与世隔绝的城堡里,皇家地理学家、天文学家、数学家以及地图绘制专家收集了各种各样的奇特资料,并筛选分类。这些素材曾经是水手们口述的一些知识和故事,时间久远,可以追溯到迦太基的汉诺时代。其中还有关于神秘猿猴的记载:它们走起路来跟人类很像,被称作"大猩猩"。

我们要知道的是,这位王子的兴趣点完全不在商业上。他不想着赚钱。他是约翰·冈特的外孙,①是极其富有的圣殿骑士团的领

---

① 冈特的约翰(1340—1399),兰开斯特公爵、英格兰爱德华三世三子,英格兰国王理查二世时摄政。——编者注

袖，根本不必为金钱发愁。此外他还是个极度虔诚的教徒，不会关注世间的俗事。无论是昏暗无光的博哈多尔角的异教徒们加入教会，还是教会内的商人和经纪人靠黑人交易谋利，他都不会去管。但如果他能在探险中寻找到普雷斯特·约翰（一位12世纪的神秘人物，传说是头发卷曲的阿比西尼亚的国王）的踪迹，他愿意献出所有积蓄。

也许没有什么比萨格雷斯研究院更能清晰明了地展现出中世纪探险的艰辛。著名的萨格雷斯研究院代表着航海科学技术的前沿，不用担心研究资金的问题，但即使这样，它的进展也十分缓慢。我们现在蒸汽船几天就能到的地方，当时的船队要用几年的时间才能到达。每次成功绕过一个海角之后，人们都会大喊"哈利路亚"并高唱赞美诗。当时一位能多测绘出非洲西岸海岸线几百海里的葡萄牙船长，要比如今一位从北极归来的探险家更受认可。

真正伟大的人与一般伟大的人之间的区别就在于，前者绝不会心急。"航海家亨利"绘制海图就像克莱斯勒[①]演奏小提琴一样不急不躁。他所有的时间都给了整个世界。他没有理由急切亢奋，也没有理由拖拖拉拉。慢慢地，非洲西海岸线逐渐成形。长久以来消失的亚速尔群岛被亨利王子再次发现。马德拉群岛几乎被人们遗忘了一个世纪。现在它不再是英国浪漫爱情小说中生动的故事背景，而成了地图上标示出来的确定的地点。博哈多尔角也不再是地理知识的极限，因为接下来亨利还发现了布兰科角。1445年，亨利王子又发现了佛得角。在他去世前，他手下的一位船长航行到了塞拉利昂角，这些发现为后来迪亚斯发现好望角以及达·伽马航行到印度

[①] 弗里茨·克莱斯勒（1875—1962），美籍奥地利小提琴家、作曲家。——编者注

做了充分的准备。

亨利王子通过许多间接方式推动了人类文明的事业。科学的雨露经常净化人类的无知和偏见。在萨格雷斯研究院的影响下，人们对航海的认识不再止步于妖魔鬼怪、漂浮的岛屿、会下沉的陆地，以及早期爱尔兰传教士用来愉悦那些容易上当受骗的教徒们的传说故事。罗盘和六分仪逐渐取代了古老的靠"上帝指引和猜测"来确认航向的方法。对于被吹离航线的水手们带回来的奇闻异事，人们也不都信以为真，而是仔细检验，或当场驳回，或留待日后考证。人们总之更相信有事实依据的事了。

在这些航海的奇闻异事中，有一件是哥伦布和他远航的同伴们一定都熟悉的，那就是一个全新世界的探险故事——相传在北极圈以北有一个全新的世界。哥伦布听说的这些北极航海到底走了有多远我们不知道。但他曾告诉一些朋友他最远到达过世界的尽头。然而他口中所说的"世界的尽头"是什么我们也不知道，可能是冰岛，也可能是法罗埃群岛。但要记住，在哥伦布的那个年代，还有着格陵兰大主教，欧洲大陆与这座岛屿的交通往来不过才被切断百年，冰岛人正在搜集着古老的传说，这些传说讲述了冰岛祖先的英勇事迹，还提到了神秘而遥远的西方大陆的一些细节。

在历史学家们寻找文献资料的时候，有时会忽略一些细微的因素，如洋流或者信风。如果我们面前有一张大西洋海图，我们就不会再问"北欧人到底有没有到达过美洲海岸"，而是问"欧洲人为什么花了这么久才到那里"。

如果一艘法国或者英国船驶离了航线，它的结果可能是沉到海底，或者回到出发的港口。这都要看墨西哥洋流的情况。

如果维京海盗从挪威驶往北极圈，他们所面对的则是随时被格陵兰洋流卷走的危险。如果足够幸运，他们可能会躲过格陵兰洋流，然后被卷入拉布拉多洋流，之后就可能发现自己身处北美大陆的西海岸。

探索

请记住，格陵兰和挪威之间曾有过四个多世纪的直接和不间断的沟通交流（983—1410），那段时间，成百上千的民众在没有海图、没有罗盘的情况下朝西方的岛屿驶去。他们任凭北极洋流的操控,所面临的危险是我们这些连墨西哥湾洋流都觉得不值一提的现代人所无法理解的。最终,他们凭借自己丰富的想象力和极佳的文采,给后人留下了一段关于这些探险的翔实的记载。

我提到这些并不是为了引发那个古老而又愚蠢的争论——谁才是真正的美洲大陆的发现者?是豪卡达卢尔探险者埃里克的儿子莱夫,还是热那亚纺织工多米尼克的儿子哥伦布?我只是想通过古挪威人的这段历史告诉大家,在哥伦布的那个时代,大家普遍认为在海的另一边一定有些什么。只要有人愿意冒险,一路向西航行三到四个星期,就一定能找到这些东西。

文兰(据说公元1000年左右,莱夫·埃里克松在北美发现一片森林)

第一个白人到来

不幸的是，尚未有足够证据证明坐船就可以到达那些地方（可能是印度或中国海岸边的一连串岛屿）。需要有人提供很多船只，耗费很多钱财。这就引出了哥伦布作为航海事业领军者的第二段人生故事。

15世纪下半叶唯一值得提及的能提供资金支持的国家只有意大利。但假设罗马教皇或者美第奇家族资助了哥伦布，或者哥伦布说服了威尼斯或热那亚政府，那么对意大利来说有什么好处呢？西班牙控制着欧洲通往大西洋的海上大门。西班牙国力强盛，政权高度集中，是意大利城邦小小的海军所无法媲美的。因此，西班牙成为哥伦布可以寻求到赞助的最合适的选择。于是，哥伦布来到西班牙，开始紧锣密鼓地为他的伟大西部远航做准备。

当今我们会为了取得军事上微不足道的一点点小胜利而不惜花费几百万美元，所以对我们来说很难理解那个还没有引入黄金储备和信用制度的资本主义体系所表现出来的笨拙和无助。一百多年前爆发的法国大革命，就是因为18世纪最富有的君主和他所有的大臣、忠诚的内阁以及当时最有经验的金融顾问加一起，都没有办法筹集一大笔资金。而在现代，只要财政部给几个国际银行打半个小时的电话，就能解决资金的问题。

西班牙也是因为费尔南多国王和伊莎贝拉王后不能筹到一万美元而差点错失了成为新大陆主人的机会。不过大费周折之后，这笔钱最后还是筹到了。但是如果没有居住在帕洛斯小镇上受人尊敬的商人平松兄弟[1]的私人资助，哥伦布可能会奔走于巴黎、里斯本和

---

[1] 文艺复兴时期欧洲航海家，指马丁·阿隆索·平松、文森特·亚涅斯·平松和弗朗西斯科·平松。

伦敦,试图向皇室官员们说明自己的计划,让他们知道自己不是在痴人说梦,现在只需要投资一点钱就能在不远的将来得到回报。

不管怎样,平松兄弟最后还是决定帮助国王和王后。1492年8月3日哥伦布带着三艘船朝亚速尔出发。三艘船中最大的一艘也要比大型渡船小,因为它们原本是为了和佛兰德进行沿海贸易而造的。

他有两次看到过陆地,分别是大加那利岛、特内里费岛。然后他继续大胆地向西航行,驶向一片未知的海域。这趟航行持续了两个多月,在1492年10月11日到12日的凌晨,他们看到了陆地上的一丝亮光,还以为是"印度人"的营火。第二天一大早,白种人和古铜色皮肤的印第安人首次见面了,想来肯定是很诡异的场景。哥伦布的主船上雇了一个自称是语言学家的犹太水手,在这个值得纪念的场合中他的主要任务不言自明。

哥伦布说:"问一下那个'老野人'印度群岛在哪里。"

路易斯·德·托雷斯举起一个闪闪发光的黄铜物件,挥舞着胳膊:"嗨!"

那个"老野人"伸出一根脏兮兮的手指朝西一指:"啊!"

就这样,这些勇敢的冒险者再次起锚朝西航行,结果只发现了一些岛屿,低矮的小小的岛屿上有棕榈树,有赤裸的野蛮人还有哭号的小孩子。当"圣玛丽亚"号的枪炮声"砰砰砰"响起的时候,小孩子们都抱头尖叫。然而哥伦布想要找的印度群岛、角楼和西潘谷的香料树却无处可寻且毫无踪迹。

然而哥伦布拒绝接受失败。

之后他又劳神地穿越了三次大西洋,他始终坚信总有一天能够在这些礁石和海角之间找到新的道路,指引他朝目的地驶去。

但他最终都没有找到。

饥饿、口渴、各种热带病以及航行的艰苦条件将他击垮了,他的身体像之前他的船长们一样,崩溃了。

1506年5月20日,哥伦布去世了。但即使葬身坟墓,霉运依然跟随着他。

16世纪上半叶,法国圣迪埃小镇有一家专门研究地理的非常有名的学院。1507年,这个学院的院长——一位诚实的德国人马丁·瓦尔德希莫勒(也被称为希拉克里勒斯,他喜欢别人用这个名称称呼他)决定出版一本地理学手册,但是该如何处理亚速尔群岛以西几千海里外数量不断增长的小块陆地呢?

可不可以把它们集中起来统一命名?

可以的话,叫什么呢?

有人提议:"不如以发现、探索这些陆地的过程中贡献最大的人的名字命名。"

这个主意好极了!但谁的贡献最大?

由此我们遇到了历史上最出名的一个分歧。

北欧人可能听说过哥伦布,但他的丰功伟绩并不为人熟知。当时北欧正流传着一本粗制滥造的小册子,上面印有印第安原住民和野兽的木雕图案。这本小册子告诉那些没出过海的人们,有一个名叫多福或者类似名字的人到达过一块陆地。那里栖息着巨大的鸟。这大概就是北欧人知道的全部了。

在16世纪的最初五年里,比利牛斯山脉那边流传着一个有趣的人的故事。

哥伦布的第二次远航受到了一位在塞维利亚生活的佛罗伦萨商人的赞助。但这位赞助人突然去世了,一个叫阿美利哥·维斯普西的人接手了他们的合同。他是佛罗伦萨人，也是美第奇家族在西班牙西部的财政代表。他宣称自己跟着哥伦布远航过几次，到达过新大陆，还在南半球发现了不少新的土地。他是个很聪明的宣传者，也是个忠诚的报道者。他经常写信给自己神秘的雇主劳伦佐·德·美第奇，告诉这位老银行家自己的所见所闻。这些信到达佛罗伦萨后即被翻译印刷，然后广泛传播。

当博学的希拉克里勒斯为横亘在欧洲与印度之间的这群岛屿寻找合适名字的时候，他立刻就想到了这位鼎鼎大名的佛罗伦萨人。当时，阿美利哥的事迹只要是会读能写的欧洲人都知道，所以老院长建议给新大陆命名为"阿美利哥大陆"或者"阿美利加"。毕竟阿美利哥也是最了解这片大陆的人。没有人会反对。反正，起什么名字都没关系。既然这样，问题就解决了，大家都可以放下心来了。

但我们不要对可怜的希拉克里勒斯太严苛了，他只是一个被精明的宣传者欺骗了的朴实学者。

3. 信仰、黄金与印第安人

公元1732年，杰弗里·阿默斯特将军（马萨诸塞州北部的一个村庄和一所学校就是他以自己的名字命名的，这两个地方现在都比较闻名）指示自己的一个部下灭了一个土著部落。他之所以这么做是因为英国国王给他写了一封信："你一定会圆满完成任务的。把一些天花病人睡过的毯子分给印第安人用，让他们全部感染上病毒，也可以使用其他办法，只要能把这个劣等种族根除掉。如果你觉得用猎犬追杀他们的计划行之有效，那我也是很开心的。"

18世纪上半叶，全世界都开始对那些开化程度较低的种族燃起了"诚挚"的兴趣。如果一位杰出却又不失亲和力的将军都能公然下达这样的命令，那么此前三百年，那些任由西班牙天主教国王的士兵和修道士摆布的可怜的野蛮人，当时的情况又会怎样呢？也许少说为妙吧。

对于西班牙人来讲，他们小时候就开始学习憎恶和鄙视那些皮肤黝黑的摩尔人。①因为摩尔人曾统治西班牙长达五个世纪之久。所以,当西班牙人在新领地上看到那些古铜色皮肤的印第安人时,只把他们当成动物一样看待,而非人类。

从某个方面来讲,这对印第安人来说是件好事。他们可以不受宗教裁判所法律法规的约束,因为这些法规是为"理性的人类"设定的。所以每当墨西哥城或库斯科又有新的英国异教徒或犹太教徒肃穆地走向火刑场时,土著人都可以去凑个热闹,而不用担心自己因持有异教观点而遭受迫害。但是除了这些极少的情况,大多时候印第安人都命途多舛。而雪上加霜的是深藏在他们心里不为人知的一些信念:他们认为自己才是这片土地的真正主人。这些不速之客不过是凭借着手里大量的枪支弹药迫使他们沦为奴隶。

印第安人的起源始终是个未解之谜。仅凭手头资料,我们还不清楚这些红种人的祖先到底是穿过冰冻的白令海峡(或者是通过曾经存在的大陆桥)来到美洲大陆的亚洲人;还是途径冰岛、格陵兰岛,从欧洲来到拉布拉多岛的原始欧洲人。但我们可以确定:亚、非、欧大陆出现人类以后的几千年里,美洲大陆上还没有人类。印第安人的祖先到达美洲之后,就与其他人类世界切断了联系,长达一万五千年到两万年之久。这些美洲土著并不比世界上其他地区的人智力低,但是他们完全与世隔绝,以至于在许多方面比用枪炮火药的欧洲人落后了几千年。

另一个印第安人轻易被外国侵略者征服的原因,就是他们人数太少了。整片美洲大陆(包括北美、南美和人口较为密集的中美

---

① 摩尔人:指中世纪时期居住在伊比利亚半岛(今西班牙和葡萄牙)、西西里岛、马耳他、马格里布和西非的穆斯林。

洲）加起来，人口总数可能不超过一千万，就和现在纽约和芝加哥的总人口数差不多。之所以人口这么少，是因为他们的游徙生活方式以及他们并不熟悉劳作。

当地村落　　　　　　　　白令海峡

当然我只是在说普遍情况。印第安人种类很多，有文明程度较高的玛雅人和秘鲁人，也有巴达哥尼亚南边的食人族部落。但无论哪类，都不能与高度组织化、武器装备精良的欧洲侵略者抗衡，所以他们的领土在极短的时间里就被欧洲侵略者们占领了。

然而对他们来说最不幸的是，当西班牙经历了无止歇的六百年的战争后终于赶走了最后一位穆斯林国王时，哥伦布恰巧发现了美洲。当时西班牙依旧充斥着奇怪的圣战激情，随时准备以宗教的名义为非作歹。像科尔特斯和皮萨罗这样的人，如果不是认为自己是西德①的直系传人或者天选之子，是不可能只率领一小支训练有素的刽子手，就能攻破面积相当于法国、西班牙和英国三个国家面积总和的印第安帝国的。

那些西班牙征服者的事迹被描绘得栩栩如生。他们的英雄传奇和牺牲故事广为流传。但当人们读到那些淌过沼泽、越过山岭的英勇事迹，以及那些伟大的甚至嗜血成性的牺牲时，人们往往容易忘记一点：这样的虔诚往往与对黄金的贪婪密不可分。渴望为上帝服务并改造异教徒的信念可能会引领一些修道士渡过凶险的海洋来到新大陆。但是大多数人来到新大陆只是为了追求财富，希望快速地富有起来。他们将印第安人的房屋掠夺一空，将农民的水渠彻底毁坏，还强抢印第安人的妻女。面对这些受害人，他们内心毫无波澜。至于国内的那些人，他们同样贪婪冷漠。只要"银舰"每年能够运送回充足的金银财宝资助菲利普、卡洛斯和阿方索三大家族的王位争夺战，其他问题他们一概不问一概不答。

这个体系给西班牙带来的恶劣影响已经众所周知。在首次发现美洲岛屿后的二十年内，墨西哥土著人口大幅减少，所以不得不从其他地方引进劳动力。起初，他们从佛罗里达和委内瑞拉搜刮印第安劳动力，但美洲印第安人并不适合做奴隶。他们在被抓后很快就相继死亡，这件丑闻闹得沸沸扬扬。一个叫巴托洛梅·德·拉斯卡萨斯（他的父亲参与了哥伦布的第一次远航）的人建议不要再拉印第安劳动力去矿井和农场干活。非洲黑人比他们更能吃苦，更适合取代他们去劳作。

---

① 西德（El Cid），西班牙军事领袖和民族英雄。——译者注

拉斯卡萨斯完全是出于好意才提出这个建议,但他的计划并没有像他设想的那样顺利进行。很快,基督教国家的无赖们便开始沿着塞内加尔河和刚果河搜刮奴隶(当时这样的人绝不在少数,而且并不只是出现在某个世纪而已)。这种无耻的贩卖黑奴的贸易一旦开始便持续了好几个世纪。

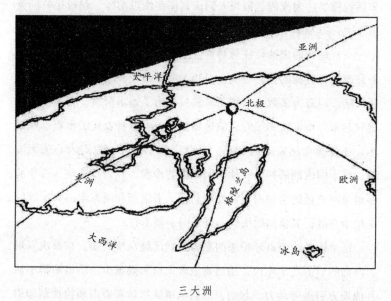

三大洲

我认为,新大陆的殖民者注定失败还有另外一个显著原因,即西班牙国王对中央集权的情有独钟。西班牙大大小小的事都得上报马德里,没有一块殖民地享受过丝毫的自治权。殖民地所有的官员都是在国内招募的,在殖民地出生的人根本没有希望被委以重任享受荣誉。

在那样的情况下,殖民者们耸耸肩,说着"有什么用呢"类似的话。于是他们避开所有的市政工作,把所有精力都用在发财致富上——坑蒙自己的白人邻居,剥削自己的奴隶;而那些加入教会的人,也都充分巧妙地利用着自己的社会地位。很快便有80%以上的房产落入了神职人员和他们的追随者手中。

但是,抹杀之前所有进步成果的罪魁祸首是西班牙所犯的经济上的错误。它将垄断制度作为殖民政策的一部分引入了新大陆。私人企业被无情地驱逐出境。个体商户一旦被捕,就会立刻被处以绞刑。从布宜诺斯艾利斯和哈瓦那出口的每一盎司黄金和每一磅肉桂都要在加迪斯称量起来。这对于那些古板的职员和官员来说是天堂,但却丝毫没有为独立商人阶级的发展提供空间。小部分犹太人(巧的是他们在哥伦布从帕洛斯出航的那一天被驱逐出西班牙)尝试在墨西哥、秘鲁和委内瑞拉立足。但当他们省吃俭用凭一己之力积攒到几千块的时候,宗教法庭就会判他们有罪,把他们烧死,并没收他们的财产。于是有些犹太人逃到了伦敦或阿姆斯特丹,运用自己的智慧和声望来支持西班牙的头号敌人,从而以这种迂回的方法来摧毁这个残害他们祖先的国家。

如果把这些冤假错案列举出来,得需要好几页纸,那么很容易这一章的内容就超量了。不过,即使不一一列举也足以解释为什么当今的"美洲故事"指的不是那片广阔的日常语言为西班牙语和葡萄牙语而是英语的土地的历史。

确实,是西班牙发现并征服了新大陆。但从它征服新大陆那天起,就犯了个错误,因此它未来所有的努力都将以失败告终。那个错误就是,西班牙试图将这个新世界改造成自己国家的复制体。

主导人类命运的神有足够的耐心,但他们在某些事情上还是有底线的。

4. 没有价值的土地

无数的岛链切断了欧洲通往印度群岛的海路,形成了一道屏障。该死的屏障。这道屏障正慢慢变成恐怖的事实。

起初那些开启危险航程的人们内心都充满了希望。

哥伦布失败了。

但其他人可能会成功。

谁能解决这个问题,巨额的奖励就会向谁招手。在奖励面前,再大的艰难险阻又算得了什么,于是大家都跃跃欲试想要去远航。

他们探索了每一个海湾和小水湾。他们的船只从每一个入河口进去,沿着每一条河前行,直到眼前出现沙滩或者断裂的山脊,这意味着他们再一次的探索又是徒劳。每一条小河和每一道小沟都被他们探过了,但是一条通路也没有找到!在某个地方,两座小岛之间一定存在着一条畅通的狭窄的水道,或者礁石中间有单只帆船刚好能通过的小缺口,就算很窄,它也是直通那个梦寐以求的岛屿的一条道路——岛上有肉桂、胡椒和肉豆蔻。

好多次,眼看着这个愿望就要实现了。1500年,文森特·亚涅斯·平松——1492年著名远航探险的幸存者——发现了一大片看上去能够通往西边的宽阔水域。然而再往前行驶50英里①，一些岛屿和沙洲使他不得不折返。四十年后，人们才确定亚马逊河只是一条普通的河流，也许比其他许多河流长一点，宽一点，大一点，但它就是条普通的河。

1513年，欧洲造船厂再次疯狂流传一个谣言，说这个问题解决了，直通中国的水路找到了。这倒是真的，但巴尔博亚②以西班牙国王之名占领的这片荣耀的水域与大西洋之间，被数百海里无法逾越的礁石和火山分隔开来。之后巴尔博亚被送上绞刑架（由于一意孤行，他遭受了典型的西班牙式惩罚），他一定意识到自己失败了，问题并没有解决，反而更复杂了。

与此同时，瓦斯科·达·伽马最终找到了通往加尔各答的东向航线。从加迪斯和帕洛斯角到圣多明各和古巴的航线既漫长又危险，而且还带着"可能会发现什么"的不确定性，因此似乎成了荒唐的，甚至是多余的没必要的冒险。继续向南走，沿着二十五年前亨利王子发现的那条水路航行，可能会有一些小的水域，人们可以看到陆地，还可以每隔三四天就上岸补给新鲜物资。因此"阿美利哥大陆"失去了大部分价值。人们不再认为解决这个地理问题会具有现实的经济价值。

问题还没有解决："我们现在拿它怎么办？"

答案很简单。

"我们可以掠夺那些土著人的钱财，然后把剩下的没用的东西

---

① 1英里约等于1.6千米。——编者注
② 第一位发现太平洋的西班牙冒险家。——编者注

留给野狼和鬣狗。"

此后,那些绅士冒险家、拦路强盗、恶霸以及伊比利亚半岛上所有的流浪汉都欢呼雀跃,大声高喊:"我们走吧!"

他们是怎么完成高尚的任务的;他们是怎样枪射、刀砍、悬吊、火烧、抢劫、欺骗土著人,使他们的人口减少一半的;他们是如何拿土著们做治国方面有趣的实验的;之后又怎么让他们一起住到小棚屋里,将他们一起埋进坟墓的?这些事情通常被那些作者们用文字美化。他们认为自己的祖先杀人放火和其他人的祖先杀人放火是不一样的。在极短的时间里,西班牙侵略者占领了新大陆的部分地区,他们不用诚实地劳动,只要偷盗抢掠,就能获得财富。

首先是墨西哥,然后是秘鲁、智利,都被西班牙侵略者占领。但在东部海岸,西班牙人和葡萄牙人的野心受到了理性的限制,教皇亚历山大六世在世界地图上画了红线。这么做是因为他希望他忠诚的信徒们不必为了瓜分美洲而自相残杀。

当时的地理手册可以更好地讲述这个故事。

16世纪和17世纪是专业地图绘制者的黄金时代。当时有众多的地图绘制者,他们是一流的艺术家,也是科学家。但他们留给我们的关于美洲的"形象"很能引起人们的好奇。在他们绘制南美洲和中美洲的地图时,海岸线和河流这些细节都画得近乎完美。墨西哥也是一样。南美洲的一些部分在一定程度上绘制得也相当准确,然而除这些土地以外,他们失去了兴趣。在美洲北部广阔的荒原上,他们只印了简单的几个字——没有丝毫价值的土地。

5. 尚普兰借助独木舟探索新道路

世界上足够聪明能为自己考虑的人少之又少。当今这样的人所占的比例是否比旧石器时代高,仍存有疑问,但可能会比公元前3世纪的希腊和小亚细亚低。不过这个比例我们很难用科学计算来证明。

与此同时,我们很了解一件事:大多数人,无论是在过去还是现在,都喜欢吃易消化的食物,还要讲一些"奉承的话"作为调味品。当时,住在北半球的人,餐桌上最常见的辅助"菜品"(最喜欢听的话)就是:拉丁民族以及所有其他南半球的民族都不擅长航海;只有盎格鲁-撒克逊人真正掌握了航海秘籍,精通航海之术。如果范围广一点的话,还可以算上荷兰人和挪威人。

当我们的祖先还在脸上涂绿色颜料、生吃熊肉时,一位腓尼基船长就已经带领一船闪米特族水手拜访好望角的人民了。

之后不久,当日耳曼人正沉浸在一种叫"舵轮"的新发明所带来的震惊而无法自拔时,闪米特的迦太基人已经和刚果的土著人谈起了小生意。罗马人和希腊人已经探索了地中海的每一个小角落。

一些大胆的泰雅人和西顿人水手还会定期去一次康沃尔的锡矿区。

之后葡萄牙人走遍了全世界,一个意大利人发现了新大陆,从火地岛到佛罗里达的每一个港口都讲着西班牙语。

我们可能不喜欢这样的说法,但这就是事实。我们的祖先从西班牙人和法国人那里学习如何经商,直到世界上大部分地区都被仔细地标上西班牙语或者法语。我们的祖先还没有登上历史舞台。这不仅仅是因为拉丁人的航海技术更胜一筹,还因为在探险技术方面我们和他们有一定的差距。

弗罗比歇和德雷克①一次又一次不断地试图去发现连通大西洋和太平洋的水路。但他们是水手,离不开自己的船。他们想要找到宽阔的水域,结果却只找到另一条河的源头,另一个海湾模糊的海岸线;或者更糟的时候,他们一边咒骂一边调头,收起他们的帆,然后到别处碰运气。不过如果上岸——不,他们是不会上岸的!他们认为走路是约克郡农民才有的一种休闲锻炼的方式。真正的德文郡人,属于木头甲板,而远离花草树木。

西班牙人和法国人不同,他们擅长步行,可以在烈阳下穿着笨重的盔甲行军相当长的一段距离。如果是现代军队,一定会拼命喊着要坐卡车喝冰水了。西班牙人走到哪里都像洪水猛兽,摧毁一切挡路的障碍;而法国人,并不期待背后有国家的支持,他们已经学会用一种截然不同的方法完成自己的目的。当遇到只用弓箭的土著人时,法国人也像其他国家有枪炮的人一样残忍,但他们倾向于先礼后兵;而西班牙人总是要先烧几个村子,然后把谈判的事交给那些急于教化幸存者的修道士们去解决。

---

① 马丁·弗罗比歇和弗朗西斯·德雷克,16世纪的英国航海家。——编者注

教会

　第一个不知疲倦的法国航海冒险家叫尚普兰，他也是最有趣的一位。他自豪地在一本书的封面上称自己为萨缪埃尔·德·尚普兰。这本书很有名。尚普兰在书里建议挖一条巴拿马运河。在他到达新大陆北部半个世纪之前，人们就知道有一条大河直入内陆，但是对于圣劳伦斯湾水雾弥漫的海岸后面的那片土地，人们还不甚了解。只有坚信自己使命的人才会想要穿越加拿大荒原去寻找通往印度的路。尚普兰就是这样的人。他的追随者们也是这样。

萨缪埃尔·德·尚普兰

他们非常勇敢,没有带士兵,通常只会找一到两个白人跟着。每到一个有土著民的地方,他们就请当地人提供必要的服务——让他们运行李和划船。很快他们发现,与走陆路相比,越是往西走水路就越容易。

大多数印第安人依旧以打猎和捕鱼为生。他们发明了一种小船:足够结实,可以穿过水流湍急的大河;足够轻,如果河流不适合行船,还可以在陆上扛着走。在这些被称作"独木舟"的小船的帮助下,尚普兰一路向西。他绘制了圣劳伦斯河下游,来到安大略湖和欧奈达湖,还聪明地利用阿尔衮琴人、休伦人和易洛魁人之间的战斗探查了一个巨大的淡水湖并为这个湖命名（即后来的休伦湖）。最终他在亚罗尔港、魁北克和蒙特利尔建立起殖民地。这三个地方在后来的几个世纪里，发展成为"新法兰西"的核心。"新法兰西"曾被寄予厚望，要从戴维斯海湾延伸到墨西哥湾。

但是，天哪！纵使是有激情的探险家，如尚普兰和他的追随者们——他们到过无数河流，去过无数海湾——也不能说服法国统治者把眼光放长远去投资美洲的土地。即使那比耗费财力、人力，通过发动无聊的战争去扩大自己的王朝更有利可图。

白人在新世界的第一个冬天

毕竟波旁家族是哈布斯堡家族的嫡亲表兄弟，而哈布斯堡家族的姓氏来源于一个古老的叫"鹰巢"的堡垒。老鹰勇于战斗，但没有长远眼光。

只要这些影响欧洲命运的王朝能够在他们爱好和平的邻国的土地上找到温顺的猎物，他们就拒绝去遥远的北美大陆面对冰冻荒原。

所以，即使有了伟大的法国先驱们的探索，一切也没有发生什么变化。

那块土地在地图上只有几个小点和几条线。这还是五百年前古挪威人莱夫发现的。其他地方仍是一大片空白，上面装饰着几个熟悉的字——没有任何价值的土地。

这块地方过去不为人所知，现在还是无人知晓。这是地理学上的一个笑话，是凡尔赛宫茶余饭后谈论的笑资，是大人讲给乖小孩的神话故事——他们想听那个头上戴着羽毛、鼻子上有个环的搞笑的霍齐拉加国王的故事。

6. 加尔文博士探索当今与未来的世界

佛罗伦萨的圣劳伦教堂有一块纪念碑。从来没有人在这块大理石上做过雕琢，但几百年来它却获得了众多参观者们的认可，被认为是最伟大的雕塑之一。它纪念的是一位六等王公无聊的一生——这位王公一生中并没有做任何值得纪念的事。

与王公一起被埋葬在这里的还有一位精明的典当行商人。他躺在一口简易的木棺材里，被放置在一个被人遗忘的角落。六百年后，这位商人让阿尔诺河畔的一个沉寂的小村庄变成了世界文明的中心。

死后的荣耀就像闪电，没有人能够预言它会击中哪里。

哥伦布让西班牙的领土扩大了200万平方英里[①]。但一位普通的日耳曼校长在编写地理教材时，却剥夺了哥伦布以自己名字来命名新世界的权利，而这个新世界正是由哥伦布发现。

之后人们很多次都想纠正错误。在这个问题上，没有人比美国

---

① 1平方英里约等于2.6平方千米。——编者注

人更慷慨。美国的地图就是赞颂这位热那亚航海家光荣事迹的赞歌。这片土地上的法律就是在一块被叫作"哥伦比亚"的开垦过的沼泽地上制定。如果一位访问者坐在政府大楼的座椅上，那么他第一眼看见的便是哥伦布巨大的雕像。如果在美国开车，无论向西还是向东，或者一路向南开到佛罗里达、向北开到佛蒙特，他的车总会经过一条叫作"哥伦比亚"的高速公路，很有可能还会停在名叫"哥伦比亚"的停车场，或住在那些好客的名叫"哥伦比亚"的山庄。

简单来说，如果有个火星人来到地球，他很快就会认为克里斯托弗先生肯定是美国的好伙伴，为这个国家做出了极大的贡献。下面我打个比喻：哥伦布就好比美国的接生婆，正因为有他，我们现在生活的这片土地首次见到了文明的光芒。而另一位严肃的天才——约翰·加尔文先生，则是在婴儿精力充沛易受外界影响的那几年，成功地将自己的性格印在了婴儿的身上。他所采用的方式十分彻底，以至于婴儿长大成人后也忘不掉幼时接受的教育。但这位天才被完全忽略了，我们大多数现代人对他的名字很不熟悉。

加尔文博士1509年出生于法国努瓦永，1564年在瑞士日内瓦去世。作为后人，如果我们有正确的认知，就应该在每一个州的每一个城市和每一个小村庄都树立约翰·加尔文博士的纪念碑。

现在，他所提倡的神学体系早已过时。所以在文明开化的1927年，那些写书的人更倾向于带着恼怒的情绪去忽视这位过时的法国改革家。这些人通常也会对这位精疲力竭的神学家为人类文明所做的巨大贡献采取视而不见的态度。如果承认每一个独立个体的自由和幸福是我们文明世界应该去追求的东西，那么加尔文值得在每一个明事理的人的内心占据一个特别且显著的位置。

日内瓦

　　如果加尔文读了我所写的东西,他肯定会激烈地否认自己曾尝试去做那些事情。的确,他为同胞们追求过意识上的完全自由(他们和他一样相信自由)。但只要他的职权范围脱离了罗马教皇的影响,他就会很想把日内瓦变成第二个罗马。在那里,教规还是教规,要去遵守。长老说出来的话都应该被尊为这片土地上神圣不可侵犯的法律。

　　他的这个崇高的理想最终悲惨地失败了。但他公开反抗教皇的权威直接引发了一场战争。他集合了所有各种各样不满的改革家和新教徒,组成一支所向披靡的反对军。

　　为什么是约翰·加尔文创造了这项奇迹,而不是首个举起反叛大旗的马丁·路德呢？看一眼地图你就会知道。

路德生活在德国北部一个叫维滕贝格的小镇。一块广阔的友好的土地将他的家乡与敌人的领地分隔开来，所以他生活在一个相对安全的环境中。然而加尔文的生活环境却截然不同。他生活在瑞士南部闭塞的山区小城，浸淫在天主教的势力范围内。他指挥着新教徒的前线基地，在军营里度过了自己的一生。能做这类工作的人，无论他们是现实中的先驱还是精神上的领袖，都会形成自己的一套生活哲学。但换作其他环境就不会产生相同的生活哲学。

"要么强硬，要么腐烂"是第戎和格勒布诺尔火葬堆上的训诫。这句训诫被带到了日内瓦。治理教会和治理国家方面的强硬与战场上的强硬只差短短的一小步。但是这一小步却背离了《新约》中的仁爱和慈善，带领虔诚的信徒重回《旧约》中不可妥协的残酷。这一步使人们远离了拿撒勒田间愉快的生活，使人们把耶路撒冷的禁墙当作真正的精神家园。

为已经发生的事感到后悔是没有用的。

在历史的范畴里，为任何一件事后悔都是没有用的。

人们能做的最多不过是尝试着理解。

从我们的角度来看（不，这太模糊了，是在我看来），罗马帝国作为世界超级强国，它的权力就应该被打破。这是很多人都期待的事。只有具备了钢铁般意志的、手段强硬的铁血人物才能将它打破。铁血人物都能坚持自己坚定的想法。罗马人的宗教信仰直接引自先知和法官（先知和法官的可怖行径使古犹太编年史中好多页的内容都蒙受耻辱）。这样的信仰无疑将会从地球上消失。

当然，罗马人的伟大功绩还保留至今。我敢肯定的是，如果他们没有受到日内瓦湖畔上抱有坚定的理想主义的孤独斗士的鼓舞，就绝不可能完成他们伟大的任务。

7. 异教徒成了劫持犯

对于那些从未做过新闻记者或者监狱看守的人来说，他们不熟悉犯罪的术语，下面我来解释一下什么叫"劫持犯"。劫持犯不是普通的小偷或强盗。普通的小偷是偷老实人财物的无耻混蛋。如果一个人遇到被偷的情况，大可以大声呼救寻求帮助。英勇的警察会立刻赶到现场，逮捕罪犯，把他送到法庭上，然后严厉的法官会判他几年刑，让他在昏暗的地牢里受苦悔过。

劫持犯与小偷尽管都道德败坏，但二者还是有区别的，因为劫持犯只抢劫私贩酒类的人。现在，私贩酒类的人指的是非法酿造、运输和贩卖威士忌、葡萄酒、香槟、啤酒等酒精饮品的人。这些酒贩自然是游离于法律之外的。遇到情况时，他们不能大喊"杀人啦"以求警察们的帮助。因为警察可能会问："尊敬的先生，方便告诉我您的职业吗？"如果他讲实话，说"我是贩私酒的"，那么他会立刻被投入监狱。因此，他只能任由劫持犯们宰割。这些劫持犯们有枪、大马力的汽车以及坚定不移的抢劫决心。这些私酒贩们认为劫持犯太下贱了，以至于找不到任何词汇去描述他们有多下贱。不过劫持犯们我行我素，大行其道，只要活着就没有什么可担心的。除非私酒贩们来报复，但这种担心往往不超过30秒。

当然，成年人总有一个"阴谋"，那就是让年轻一代相信自己的祖先们非常好，值得尊敬。所有好孩子对待祖先都应该像希腊人对待奥林匹斯山上的众神一样敬畏尊敬。

1600年被吊死的海盗厨子，在1700年可能就会变成"英勇无畏的武装民船船长"，到1812年独立战争时又会被宣扬为"勇敢的水手"，而到了1900年，则会被当作光荣的殖民帝国的奠基者而立起一座纪念碑。

假如一个十二岁的男孩因为偷了祖母的钱包而离家出走，然后和一群凶残的人一起抢了一位印度王公的所有珠宝，那么他可能还会活着见到那一天——当他"衣锦还乡"时，乡亲们会把他视作当地乡绅中最杰出的代表而热烈欢迎。

历史就和现在的现实生活一样，成功决定一切。你发起一场政治动荡，然后被抓了，你将会被当作反叛分子而被处以绞刑。但如果你是反叛军的首领，并取得了胜利，那后世可能会将你尊为国父。

这些事情可能是好事，也可能是坏事，我不知道。我之前说过，历史学家不应该像道德家那样去做价值判断。历史学家的职责就是尽力将历史上究竟发生了什么公之于众，通过所有可获得的材料尽最大可能精确地还原历史的真相。至于对祖先行为的最后评判，最好还是交给耶和华吧。只有这位神灵才具有真正的洞察力，能对凡人的一切行为做出准确的判断。

因此，如果我说我们国家（美国的历史实际上是四十个国家的历史）历史上许多伟大的英雄其实是"劫持犯"，也不能算是一个新的令人震惊的秘密。我只是在重复他们那个时代下所有人都知道的事。他们中的很多人都说过,只要累积到足够的财富,他们就可以从那收益颇丰但非常危险的海盗职业中隐退。

然而从另一方面来讲,如果我们以现在1927年的眼光来看待日内瓦和罗马之间的战争,是很不公平的。现在人们关注的是生意,而以前关注的是宗教。如果我们的邻居在政经话题上和我们的看法不一样,我们就会担忧。如果他们承认自己是社会主义者,那我们就不会再让自家的孩子和他们的孩子玩耍了——他们可能会有很奇怪的点子。如果我们怀疑他们对苏维埃政府的观点有隐约的好感,那么我们就会写信到华盛顿,请求司法部门介入调查。但是除非他们是我们最具竞争力的贸易对手,否则我们既不知道也不关注他们去的是群众集会还是祷告会。他们也可以庆祝哈努卡节①,而不把圣诞节当回事。

但在四百年前这样的忍耐是不可能的。在所有新教徒眼中,天主教徒就是一群盲目崇拜的人,他们自己在精神上屈服于国外的主人,出卖了自己的灵魂,还为了那位意大利暴君而试图重新占领北欧。而在天主教徒眼中,新教徒就是危险的布尔什维克主义者,鲁莽的不安好心的改革分子,处心积虑地摧毁精神世界的美丽和谐,他们无良的牧师们还可以结婚,那些贪婪的国王靠剥削无辜的教士和修女来发财。

当然这些人都错了,但是并没有人告诉他们。然而却有很多人为了自己的个人利益告诉他们:他们是对的。

结果是,当他们在海上相遇,他们会毫不留情地把俘虏扔到海

---

① 即光明节,又称圣殿重建节,是一个犹太教节日。——编者注

里，根本没把俘虏当人看；如果他们在陆地上相遇，则会把俘虏绞死，同样是把俘虏当作动物一样。

他们就这样互相残杀，持续了将近两个世纪。两派之间的斗争必定越过了古欧洲的边界，这没什么好惊讶的了。1555年，法国的"科利尼"号海军上将（之后在圣巴托洛缪大屠杀中被杀）试图在里约热内卢建立起一个新教殖民地，但被葡萄牙人毁了。九年后，他在佛罗里达建立了一块殖民地，这样他的民众们就有望免于西班牙人的骚扰，过上安定生活。但是两个月后，一艘西班牙军舰来到这里袭击了这个小村子，所有的男人、女人和孩子都被赶尽杀绝。当时西班牙一个司令官说："不是因为他们是法国人，而是因为他们是新教徒。"

三年之后，西班牙的恶行遭到了报复。在一位印第安酋长的帮助下，一位法国人袭击了佛罗里达的一个要塞，处死了所有的西班牙人——"不是因为他们是西班牙人，而是因为他们是叛徒、盗贼和杀人犯。"

二十年之后，汉弗莱·吉尔伯特爵士为了方便英国水手每年来捕鳕鱼，想在纽芬兰海岸建一座贸易中转站。然而这个想法以失败告终，而且汉弗莱爵士也在他的尝试探索中失踪。

看上去似乎"科利尼"上将向南走太远了，而汉弗莱爵士也过于向北走了。幸运的是，就在此时，沃尔特·雷利爵士结束了他的西方探险回来了。他汇报说，在佛罗里达和加拿大之间有一块理想的土地，可以建立一个繁荣的殖民地，这块地方是真正的人间天堂。他将这块地方以童贞女王的名字命名为"弗吉尼亚"。为了女王的荣耀，他把许多西班牙人送上了天国。

在沃尔特爵士的表弟查德·格伦维尔爵士的指挥下，两艘并不适合航海的小船载着满怀希望的移民安全跨越了大西洋。他们在罗阿诺克河口的一座小岛登陆了。

这次看来志在必得。

但是殖民地不见了。

那片殖民地消失得无影无踪。

就像在海上迷失方向的船一样,神秘消失了!

废弃的祭坛

阴暗幽深的丛林里,杀戮、饥饿和放逐等事情都不是满怀期望的移民者想要得到的。之后的很长一段时间里,没有人再想去北美荒原立营扎寨了。然而，与此同时，人们想要尽可能地从美洲大陆获得好处，于是最方便的便是以"劫持"的方法来间接掠夺财富。

西班牙和葡萄牙的殖民方式大大方便了这种劫持。16世纪的世界可以说是一个垄断的世界。所有国家之间实行贸易自由和港口开放的观点对于1525年的商人来说，就像现在对美国商人谈论商业的共产主义体系一样滑稽荒诞。为了保持垄断状态，西班牙和葡萄牙发现殖民地之后，就尽量减少公开，还不断地把殖民地上的财富运送回国。也就是说，他们只要把黄金和白银装满船，就赶紧以最快速度越洋过海将它们送回国内。当然，从严格的法律意义上来讲，这些金银财宝都属于印第安人，是西班牙人偷过来的。接着，英格兰和荷兰的私掠船开始攻击西班牙的船队，抢走成吨成吨的黄金，反正这些黄金本来也不属于西班牙人。但如果荷兰人和英格兰人足够正义，就应该践行天主教义教导他们的自爱自重，把这些财物归还给原主人。不过我问你，如何才可以找到那些生活在很远的尤卡坦幽暗山林里的裸体的土著人？他们并没有证据证明这些东西是他们的。

北方新教徒轻快的小船和南方天主教那些笨重的大帆船展开了无情的游击战。这场战争为英格兰和荷兰的文学提供了不少写作素材，至少有六部《艾达》（古代北欧英雄事迹文学作品），还有《罗兰之歌》和圆桌骑士的故事等。

这样莽撞的、难以置信的冒险每天都在发生。西班牙的船和仓库没有哪天是安全的。西印度群岛永远在被抢掠。伦敦和弗拉斯的那些私掠者们厚颜无耻地置所有加尔文教教众的命运（西班牙国王的宗教裁判所判处这些人火刑或绞刑）于不顾，不断扩张他们的活动范围，最远到达了太平洋东岸。

异教徒变成强盗

就这样，大量的黄金白银被运到了荷兰和英格兰。于是这两个任性的国家有了大肆造船的资本。更重要的是，冒险的私掠生意教会了这些北欧年轻人很强的航海和战斗技能，在短时间内就能学以致用。

1588年西班牙终于决定发起一场圣战，它要一举歼灭异端分子，摧毁英格兰和荷兰的力量。一支由一百三十二艘大船组成的西班牙舰队在里斯本港口集结，一支六万人的军队在弗兰德海港集合起来。他们的计划是派舰队去敦刻尔克补充领航员，领取战斗的物资，然后开始系统地进攻北海两岸的这两个国家。

整个欧洲都知道，这将是两种截然不同、互不妥协的人生哲学的最后决战。上次对胜利给予如此厚望，还是远航寻找新大陆的时候。现在，每一个有名有姓的西班牙人都想为胜利贡献自己的力量。而北方那两个国家的人民也是同样的激情昂扬。私掠者、劫持犯、爱国者，随便你怎么叫，他们放下了手中所有的事，加入了临时匆忙建立的海军，以保护自己的祖国免受西班牙野兽的侵犯。他们用一部分军力封锁了敦刻尔克，防止西班牙舰队司令联系上领航员和登陆部队；而剩下的新教舰队一直跟在西班牙舰队的后面，就像一群猎狗跟着受伤的熊一样。

大自然拯救了异教分子。阵阵前所未有的狂风将无敌舰队吹偏了航道，这对西班牙的大帆船来说是一场浩劫，只有不到一半的船只能够返回。

就这样，最后一场圣战悲惨地结束了。它对美洲之后的历史并没有直接的影响。但这次无敌舰队的惨败给北欧人上了宝贵的一课。他们知道了西班牙人并非不可战胜。新大陆上的西班牙殖民地不再是不可触碰的了。只要愿意花时间横渡大洋，谁都可以自由进出美洲。

8. 印第安神草

如果我们相信早些时候欧洲的历史学家们所说的,那么美洲大陆的原住民就都是野人。他们完全没有开化,甚至不会使用轮子。

我们12世纪的人在生活中每天都能看到轮子,所以容易犯错,以一个人对机械产品的操作天赋来衡量他的智商。那些可怜的"异类"总是背着东西(更多时候是他们的妻子背着这些东西),从来没有想过造一个手推车。不过他们还有其他一些优点可以体现出他们的智商并不比我们的祖先差。

且说一点,他们比其他所有种族的人种的农作物都要多。如果没有他们栽培的农作物,那些来新大陆定居的移民者可能会生活得更加艰难。他们种了玉米、马铃薯、咖啡豆、棉花、橡胶、奎宁和烟草。其中,棉花质量比很久以前在埃及和美索不达米亚种植的品种好很多。橡胶、咖啡豆和棉花也都长得很好。马铃薯被引入欧洲后,解决了人们的饥荒问题;而烟草则扮演了一个即时的、最重要的角色。它帮助新教徒成功占领了北美大陆。这对于无名的野草来说,是无上的光荣。

哥伦布第一次远航归来，就带回了"冒烟的印第安人"的神奇故事。他的一些手下自行去附近的小岛探险。回来后，他们告诉大家那里的土著会经常围坐在一起，把一根奇形怪状的木管塞进鼻子里，然后围着火堆吸着树叶燃烧冒出来的烟（烟是某种植物的干树叶燃烧后产生的）。吸食过后，这些土著看起来获得了莫大的享受。据那些水手说，这些用来把烟移到鼻子前的木质产品叫"多巴哥"。之后的研究表明，生活在热带地区的印第安人，每个人手中都有"多巴哥"。

六十年之后，一位被派到殖民地考察当地农业发展的西班牙科学家带回去了一些被土著烧过的神秘植物。这种植物本身被土著们叫作"多巴哥"，还是西班牙人擅自给这种罪恶的烟草冠了个木管子的名字呢？我们不知道。要知道他们一直以来都蔑视土著的东西，所以经常犯一些错误。但是有一点是非常确定的，就是烟草引起了世界的巨大震荡。有传言说对于印第安人来讲，吸食烟草是一个庄严的仪式。"烟草聚会"是很神圣的一件事。但在欧洲，药剂师们发现这种烟草可以作为新型药物。他们声称烟草具有神奇的治愈功效，称它为"印第安神草"。无论病人是什么病，他们都给他开这个药。药剂师们将煮过五六个小时的"印第安神草"给病人服用，有的时候病人服用后立刻好转，不用再吃。但有的时候可能会加重病情，病人服用后直接死亡。

"印第安神草"进入欧洲市场的第一年，价钱和黄金相当，这大大提高了它的名声。就连已经处于宗教冥想状态很久的凯瑟琳·德·美第奇也对这个新兴事物产生了兴趣。她停止冥想，请法国驻里斯本的大使让·尼科从返航的水手手中采购这些特殊的叶子来供她研究。

野人与神草

起初，这种植物并没有广受欢迎，直到有人发现用陶制的烟管吸了它燃烧的烟之后能让人产生一种满足感。吸烟者会感到十分平静，压力全部消失（只有那些很小的孩子不能吸它，因为没有满足感）。

于是，这种"神草"不再只有药店售卖，酒馆也开始售卖起来。十几年的时间里，所有的男人和大多数女人都沉浸在愉悦的休闲时刻，点燃"神草"，吞云吐雾。

当然，老一辈的人皱起了眉头（老一辈总是皱着眉头）。他们认为对于这样的现象应该采取一些措施：吸烟的人，先是罚一点钱，不起作用就把他们关进监狱。远在莫斯科的沙皇颁布了法令，凡是有人拿着烟管被抓到，就打二十五鞭；而在君士坦丁堡，君主的命令则是直接砍头！

但是对烟草的狂热并没有停止。欧洲人都想吸，欧洲人都在吸。

吸烟与北美大陆英国殖民地的建立看上去并不沾边，但历史总是会以奇怪的方式来完成它的使命，在这件事情上也是一样。

众所周知，加尔文和路德以及大多数伟大的新教领袖，他们在期待天堂之乐的时候，也很强调通过物质的享乐来度过苦难的人生，如果你想变得庸俗，大可大谈特谈金钱。然而天主教受到了东正教的影响，总是认为赚钱不是一件很好的事。也许严格来说并不是不道德，但是这些事情不应该是基督徒过度操心的。基督徒会在追求金钱的过程中丢失他不朽的灵魂。

确实，神职人员反对牟利，严重阻碍了信贷的发展。我们现代社会进行的商业活动，在中世纪几乎是不可能的。

宗教改革改变了一切。加尔文从宿命论中阐发出一个新的观点，就是承认一部分人是"天选之子"。他们和很多"经受苦难的人"和平地生活在一起。这样一套模糊却又意义深远的理论吸引着那些吝啬的商人们继续发财，让那些得不到救助的穷人邻居们永远保持贫穷。商人们喜闻乐见关于救赎的秘密。他们认为自己"为生意而生"。

但这不是全部。新教在其与罗马天主教之间的那场圣战中获得了大量的财富。光是英国，在1500年至1600年年间，整个国家的财富就增长了3倍。然而黄金白银并不是食物，就它们自身而言，这些贵金属并没有什么价值。只有在买面包或者买钻石的时候，它们才显示出重要性。我们现在很容易就理解的道理，16世纪的人却并不知道。出乎他们意料，他们发现自己拥有巨额财富其实是件悲喜交加的事。更多时候它看上去更像一个诅咒而非好事。

我们都知道，刚经历过大革命的人们，很少有人能理解当时发生在他们身上的事有着什么样的意义。所以我们不能指责伊丽莎白女王时代的人不理解哥伦布远航的意义。哥伦布的远航，结束了中世纪，摧毁了统治欧洲千年的封建体制。哥伦布发现的新大陆正好可以用来缓解旧大陆过剩的人口压力——虽然人口迁移的活动几百年后才开始。但是由西班牙人和葡萄牙人从美洲带回来的大量的黄金白银，开始在欧洲西部和南部流通，由此打破了物物交换的旧体系，那是一个以地主（他们有牛肉、蜂蜜、鸡蛋等其他可以交换的产品）为中坚力量的体系。

突然间这些人有了大量现金，而不久前他们比背着包在大街上叫卖的小贩好不到哪里去。于是他们开始做一定规模的生意，生意规模之大是自罗马帝国以来从未见过的。因为他们现在有钱了，而且显贵了（或者是有钱了，然后努力让自己显得显贵），所以他们必须住在更好的房子里，必须把孩子送到更贵的学校，必须以国王的花费标准来操办女儿的婚事。

旧地主们看到了这些变化，也不甘落后。他们愿意花大价钱翻修自己乡村的房子，但他们始终保留自己的土地，这些土地依然可以种庄稼，庄稼可以卖钱。

这对于商人来说不是个令人开心的消息。在城市的小花园里，他们不能种小麦，必须得从他们有头衔的邻居——地主那里买，而地主就靠涨价来赚更多的钱。

最后，似乎是不可避免的，在这场经济动荡中劳动人民才是受害者。现在如果发生这样的情况，就像1914年到1918年战争结束后

（发现美洲黄金产地后的第二次经济大变革）那样。那些老实的劳动者（在变革中多少懂了一些）带上孩子开着破车离开家乡，留下一句：等到工资涨到足够支付培根和煤气时，他再回来。然而1600年的那些伐木工人和水利工人并没有这么幸运。这个区的治安官（当然是贵族）按照每天的工作量规定了所谓"公平"的工资。劳动者们要么接受这么点钱，要么就别想拿到。不过如果嫌少不拿，治安官就有权力以"流浪罪"将他抓走，然后处以鞭刑或者强制劳动，直到他愿意接受规定的一点点工资回去工作为止。

如果只是要他们劳动，他们可能在监狱里就会笑了，因为他们本来就是劳动的主体，没有他们就没有商人和地主。但在近几百年来，整个北欧教会所有的房产都被政府没收了。成百上千的人（修士、修女、教会神职人员和在修道院种田的农民）被剥夺了生计，被粗暴地赶进劳力市场。

因此，成功的殖民地开拓需要的两个重要条件出现了：一个条件是，掌握着巨额财富的少数人，他们渴望去投资一切让他们有利可图的事情；另一个条件是成千上万的贫穷、饥饿、过着悲惨生活的人，他们愿意去任何地方，哪怕是恐怖的美洲荒原，只要能让他们逃离现在无望的环境，他们哪里都可以去。

与此同时，美洲荒原与五十年前相比，还是一样荒凉。巴托洛缪·格斯诺尔德在马萨诸塞的巴萨德湾建立一个小殖民地的计划落空。但是尚普兰最近有了新发现的说法开始传遍整个大陆。这位法国人和那些印第安人朋友发现了那些广阔的内陆海。它们的海岸给人们带来了希望：可能北美山脉实际上只是一条狭窄的陆地，找到从大西洋到太平洋的直通路只是时间问题。

此外，请记住大多数人都不可救药地乐观。他们已经忘记了罗阿诺克岛殖民者的悲惨命运。几个跟着沃尔特爵士一起出海到弗吉尼亚的水手们讲起一些故事，说那些印第安人身上都是黄金饰品。这样的谣言被添油加醋后在酒馆间不断地流传。一些严谨的人更倾向于相信沃尔特本人所说的，弗吉尼亚的土地是世界上最肥沃的土地，只要有人肯努力耕作，就会获得大丰收。但是这样的土地劳作就要使用到锄头、犁等工具，这样人们娇嫩的双手就会磨出茧子，而那些潜在的想要移民的人更愿意只动动嘴，做个黄金梦。如果跟他们讲《创世纪》第三章第十九节的诅咒在1600年仍有可能发生，他们只会不屑地付之一笑。

他们很快就意识到，他们不屑的态度差点要了他们的命。当时，建立新贸易公司的任务落到了少数几个很有声望的人手里。很快他们就获得了皇家的许可。至于国王到底有没有土地的支配权，人们还是很质疑的。严格来讲，这些土地并不属于国王，但它们也不属于其他任何人。或者更准确地说，这些土地看上去并没有什么价值，所以没有人愿意大费周章地去认领。因此，英国国王的许可证和葡萄牙国王、西班牙国王的许可证同样有效。

首先建立起来的是"伦敦公司"。它控制了弗吉尼亚的南半边。1606年12月20日，三艘船载着四十个水手和一百多个移民向西航行。航行了五个月，就连船长们也不太清楚他们在哪儿，一阵恰到好处的东风把他们吹到了切萨皮克湾。他们抛下船锚，开始勘查这块区域，之后在河边选择了一个适合建造堡垒的地方待了下来。他们将这条河命名为詹姆斯河，因为当时的英国国王是詹姆斯一世。

最后，他们拆开了加封的箱子，箱子里面装着治理新殖民地的秘密命令，新的生活在这里安定下来。

那天是1607年5月13日，每个人都对未来满怀希望。

但六个月后,他们中有一半的人都死了,剩下的人千方百计地要逃离这里。他们的梦碎了。那个从海上看去很广阔的海湾,其实是一大片沼泽。森林绵延千里,直到地平线。"直通印度"的道路像以前一样无处可寻。

出人意料的是,沃尔特的水手所说的黄金只是用来提炼硫酸的"黄铁矿",没有特别的价值。

如果说这个世界上有幻想破灭、郁郁寡欢的人,那一定是被困在詹姆斯敦饱受疾病折磨的人们了。

很难讲如果他们不能摆脱这样的命运,最终会做出什么傻事。但幸运的是,他们中间有一个知道纪律的可贵并且非常善于维持纪律的人。他就是美国历史早期鼎鼎大名的花花公子,无人可媲美的林肯郡的约翰·史密斯。历经了海上和陆地上的冒险之后,他成为一个"独裁殖民者"。他凭着自己的刚毅和幽默把那些不断埋怨的同胞们团结起来,一直坚持,终于等到了英格兰的救援。

看上去,伦敦的那些股东们想要收回他们的投资是不太可能的了。在绝望中,他们立马采取了"英雄式"的措施:为了让弗吉尼亚保持生命的气息,他们清空了孤儿院,把孤儿院的孩子们都送到了弗吉尼亚。

他们经常光顾弃婴收养所,还常常到大街上拐卖小孩,但所做的这一切并没有什么用。

最终,就像演电影一样,意外发生了。伦敦公司的创始人之一,约翰·罗尔夫,来到了詹姆斯敦。

他对烟草很感兴趣。几年之后,弗吉尼亚的烟草开始运往伦敦,但没有人买。弗吉尼亚的烟草很苦。那些对烟草懂行的人执着于从西印度群岛带回来的西班牙烟草。

罗尔夫猜想（他猜对了），弗吉尼亚烟草之所以苦，是因为在烘烤烟草的过程中出了问题。印第安人喜欢的味道，不一定适合英国的绅士们。他做了几次实验，最终找到了烘烤方法。这样一来，弗吉尼亚烟草就和古巴烟草一样香甜。新产品一炮成名。金钱开始源源不断地向詹姆斯河畔涌去，那一块的房地产也随之兴旺起来。这就有了对劳动力的需求，于是几内亚的黑人奴隶不断地被运到这里。1619年，第一批黑人奴隶来到美洲，这一天大家永远不能忘。之后，那些破旧的被遗忘的庄稼地、荒废的花园和马路边都种上了可以赚钱的烟草。

贩卖奴隶的船只

都铎王朝有他们的玫瑰花。斯图亚特王朝现在也有了他们的烟草花。相信我，那些眼尖的苏格兰人，对一样东西只要看上一眼，就能知道它是不是有利可图。

伦敦公司的股东们本该颇有风度地宣布破产，这样的企业本来注定是要失败的。然而现在，全世界都开始吸弗吉尼亚烟草。

还有什么比国王大喊着想要从这意外的收获里分一杯羹更自然的呢？

只要想要，古老的不知廉耻的斯图亚特王朝总会想到无数种方法去得到。

1624年，伦敦公司被吊销了执照。弗吉尼亚不再是被少数群体独家占有了。它实实在在地成为一块皇家殖民地。皇家总督坐着四匹马拉的车，在小型议会的辅佐下管理着这块土地。小型议会是由几个地主代表组成的。

之前我提过，历史总是会以奇怪的方式来完成它的使命。

"印第安神草"成功取代了黄金白银，实现了人们无限发财的古老的梦想。

几乎是一夜之间，这种邪恶的野草改变了北美大陆，让这片荒凉的原野变成了受人尊敬的百万英国移民者的家园。

9. 零下20摄氏度的新天堂

那些被奉承为"教授"的人更习惯于说教。在这一章,我将展开讲一讲史学中经常会犯的几个错误。在很多人心中,美国历史不只是人类无尽历史长河中的一个片段,它还是与众不同的,是遵循神意发生的。3000年前,神明将人类分成两种:一种是"天选之子",另一种是注定要在惨淡无光中生存的人。

这样的想法可能会让那些幸运的"天选之子"沾沾自喜。但它同样也是管理者——我们伟大神明的智商和公平性的反映。在我看来,这样的观念只是极度的精神层面的自大,不是真的,且完全不可信。

每当读到"五月花"号幸存者们讲述的那些道貌岸然的故事时,我都很生气。他们在故事中说,一个水手经常嘲笑其他新出海的水手晕船。然后这个水手就得了重病葬身海底,而其他水手都受到了感召。他们感觉到上帝之手在操控着自己。

其实,那个可怜的水手完全有理由无情地嘲笑那些晕船的新手,因为他每天都要清洗被他们吐得一塌糊涂的甲板不下十次。他的妻子和孩子可能会站在截然不同的角度来看待这件事。

我也不同意科顿·马瑟的说法。这位教士认为上帝清除了波士顿海湾山头上叫作"印第安人"的有害生物，是为所谓的"良性发展"铺平道路。无疑，马瑟把自己看作是比马萨索伊特酋长还要高贵的人种。但是那些在第一批清教徒下船登岸之前就得了天花或者麻疹死掉的可怜的印第安人，肯定无法理解为什么自己的种族因为那些笨拙的农民需要充足的玉米而被灭绝。我说这些并不意味着我认为那些坐在火炉和篝火旁舒适度过严冬的人，可以对那些出于自我保护而折返的人表示不敬。他们虽然折返了，但是他们干得很好。尽管他们在一年中最寒冷的季节来到了冰冻的海岸，但他们的命运要比之前的移民者好得多。之前的移民者，或者饿死或者渴死，或者被印第安人干掉。要不就消失在荒原中，自此人间蒸发。

这些早期移民知道自己冒着怎样的风险。他们没有什么可失去的，对他们来说未来一切皆有可能。

他们赌上了自己的命运，他们最珍视的梦想终得偿所愿。

他们漂洋过海逃避饥饿，种植烟草勤劳致富，建造属于自己的教堂。渐渐地，他们并没有意识到，他们建立了一个国家——未来最大的帝国之一。总体来说，这是一个以他们的观点为道德标准的国家。对于任何一个小镇的面包师、车轮工人和制蜡工来说，这难道不是无上荣耀吗？

关于先辈们经历的真正的航行过程以及其中的细节，就连儿童都耳熟能详。

这些先辈都是清教徒。"清教徒"这个说法可能意义重大，也可能没有什么意义。与浸礼会、长老会和卫理公会不同，历史上没有清教会这种说法。清教主义是一种人生哲学，不是新教的产物，

新的天国

现在依然存在许多清教天主教徒。此外,还有清教印度教徒、清教自由思想者等,都属于个人取向。

欧洲的宗教改革一结束,很多人都觉得要在世俗的欲望和诱惑中洗涤人们的精神还有很长一段路要走。但他们也知道,改革是有一些成效的。腐朽的精神枷锁被摧毁了,但又出现了很多新的禁锢。它们来势汹汹,想要和以前一样格外严厉、苛刻地束缚人们。

远远不止如此。

16世纪是典型的战后时期。许多投机商们大发横财。政府和君主从来不会明抢,他们就是"没收"。北欧和英格兰的王公们则是"挪用"(众所周知,政府和王室从来不"偷"——他们只会"查抄"和"挪用")了教会的巨额财富,然后把这些财富都赠予了他们的追随者,借此颁布了一套他们自己的宗教条例,和罗马教规一样严苛,一样束缚民众。

在这样的情况下,一个真正寄希望于宗教改革给予他净化灵魂的机会的人,陷入了和他的父辈们一样的困境。他不用再被迫防范宗教审判所的密探。但如果那些关于他有异端言行的谣言传到了附近主教的耳朵里,或者如果他得罪了新富起来的王室心腹们,那就只有上帝能帮他了。

在这样的情况下,那些反对者做着他们一直在做的事,那就是进行"地下"活动。他们在废弃的马厩中碰头,在乡间小路上集会。就算牧师把他们的耳朵鼻子割了,他们也认为自己是幸运的,认为为了比自己生命更重要的东西殉道是值得的。

然而这种情况并不会永远持续。意志力薄弱的人向当权者妥协了。其他人逃走了。

1607年,有一大群异教徒从英格兰逃到了荷兰,然后在阿姆斯特丹定居下来。他们极度贫困,他们住在贫民窟里,强大的荷兰贸易联盟(如果你想要更文艺一点,可以叫商会)并不喜欢这些"外国劳力"的突然入侵。那些难民们,远离自己的故土,远离了英国乡村熟悉的风景、气味以及声音,感到十分抑郁。没过多久他们就过不下去了。他们从阿姆斯特丹去了荷兰共和国最大的制造业城市——莱顿,在那里他们期望有一个好一点的生存环境,可以离那些让他们睹物思乡的绿油油的农田近一些。

去莱顿的清教徒

荷兰当局很是了解那位坚信"君权神授"的英国国王如何看待这些难民("一群肮脏的叛徒"),没有恶意地对待他们,反而给他们提供了做礼拜的地方,同意他们聘请自己的牧师,并用自己的语言做祷告。但一旦出了教堂,这些可怜的清教徒便发现自己周围全是荷兰人。学校里都是荷兰人,讲的话都是荷兰语。在英国中产阶级的心目中,这意味着异类以及低人一等。

如果我们指责这些居住在莱顿的英国人有了卑鄙的念头,就有些不公平。让我们仁慈一点,就当他们思乡心切吧。

他们也为自己子孙的未来感到担忧。1621年,西班牙和它的那些反叛的附属地国家长达十二年的休战期走到了尽头。荷兰共和国能否保持独立还无从得知。如果西班牙天主教国王领导下的军队再次攻占荷兰,这些比异端的英国教会还异端,因而背井离乡的英国人会有什么样的遭遇呢?

所有因素都考虑进去后,这些清教徒决定还是趁着局势尚好先离开为妙。

伦敦公司那时正准备向弗吉尼亚输送一批新殖民者。第一批弗吉尼亚烟草进入伦敦市场后,卖出了好价钱。股东们受到利益驱动,想要在烟草贸易上大获全胜,因此需要充足的廉价劳动力。当然,他们面临着一个严肃的问题,就是这些莱顿的分裂分子(或者不顺从者、布朗派、清教徒,随便他们怎么叫)可能会成为这块主教会统治下的殖民地的不稳定因素。但美洲在3000英里开外,而且弗吉尼亚也很大,在那片荒原中总有可能找到一块地方让这些异教分子安定下来,也不至于引起太大的麻烦。

为大规模移民筹集资金已经很不容易。1620年,一个人坐普通舱横渡大西洋的花费,与现在两个人坐快船头等舱相当。终于筹到了资金,但根据借贷条款,这些殖民者放弃了拥有自己的私人土地的权利。在新的家园,除了一些生活用品,他们没有私人财产。

1620年7月,一艘大约六十吨重的旧轮船从英国出发,到荷兰载了一些移民者后来到南安普顿。一整个夏天的大部分时间,这些可怜的移民都滞留在南安普顿港口。一直到9月份,他们才正式出发,向故土挥手告别。在一年中的这个时候横渡大西洋有些晚了,航程既不舒适也不安全。此外,"五月花"号也不是很擅长越洋。从普利茅斯到美洲海岸花了两个月的时间。这艘船的船长也不能被称为航海家。按照原定计划,他要把移民带到切萨皮克湾,然而他把他们带偏了900海里。在这片他完全陌生的海岸,有好几次船差点沉下去。最后他们在一个四周环绕着小雪山的未知港口停了下来。

可怜的移民们开始察觉到有些不对劲。出发时本来是要去伦敦公司工作的,但现在却在普利茅斯公司的管辖范围内。但他们也不愿意再回到海上。他们派出一艘小船去探查附近的海岸,想找一块稍微好一点、不那么贫瘠的地方建立自己的村子,然后取名"普利茅斯"。

起初一切都很顺利。但"五月花"号的这批乘客中,有的人有一点点钱,有的人身无分文。穷人们(他们大多数是奴仆阶级)是满怀希望想要到弗吉尼亚发财的。明明自己没有错,却还要被迫继续过穷苦日子。他们抗议了。他们看过契约,上面写到了弗吉尼亚。他们相信法律和秩序,就算是步行,他们也要去弗吉尼亚。

这看上去像一场叛乱,而且是非常危险的那种。疾病和死亡导致移民者的数量急速下降。如果再有人离开,所有移民者必定会全部消亡。

然而面临这样的状况,总会出现一小部分有活力的人来掌控局面,反败为胜。这些人出现了,他们起草了一个手写章程,为的是引导幸存者。章程中用了很多圣经词汇。他们称这部章程为"盟约",极为庄重地对待它。

在"盟约"上签了名字的人(一些心存不满的人也被说服签了字)都要保证遵守这个"最符合殖民地整体利益的公正平等的法律法规"。

这并不是一个独立宣言。这只是务实的英国精神的另一种体现。几个世纪以来，这种英国精神成为英国民族的基本特征，引领着英国的革命者以庄重的仪式把他们的国王和政客送上断头台。

更重要的是，这个"盟约"起作用了。

"盟约"将移民者团结在一起，度过了严冬，度过了一段形势十分悲惨的日子。只有自愿、严格地遵守纪律，才能避免各种不当行为的发生。

如果我没记错的话，殖民地建立的起初五年里，只有一个人被绞死。这是整个殖民过程中非常了不起的记录。

能够在一个寒冷荒凉的地方成功定居下来，这场试验的最终胜利（很多移民者在来到殖民地的第一个寒冬挺了过来，这本身就是一个伟大的成就），主要归功于那些被选为领导者的人，他们有着卓越的品格。

他们意志坚定。

他们知道心中想要什么。

他们对待任何事都很严肃认真。

他们破釜沉舟，抛弃了旧世界，绝不留念。无论发生什么，他们绝不返回罪恶的欧洲。

他们建立了西方新的天国。

那些长眠在科尔山冰雪之下的先驱们要是知道这些，一定会对新世界感到很满意。他们所有的牺牲没有白费。

10. 在大西洋西岸建立一个更幸福的新英格兰

16世纪70年代早期,荷兰独立战争进展缓慢,绝望之中沉默者威廉①建议他的追随者们离开故土,移民美洲。

"走得越远越好。"他大声呼吁,"宁可在遥远的荒野大陆上享受自由,也不要在一个不如意的家园里甘当奴隶。"

自此,成千上万的人有了与他同样的强烈的意愿并且付诸实践。他们离开了家乡,来到一个全新的、未知的半球冒险。

对于大规模移民来说,很少有像这次这样有个仔细的、机智的、行之有效的计划。这个精心制订的移民计划为日后这些殖民地成为我们所知道的"新英格兰"打下了基础。

之前我提到过,清教主义不是信仰也不是教派,而是一种观念。这里我要补充一点,在大多数人看来,清教主义通常会与贫穷、谦卑联系在一起。但实际上,在英国的统治阶级中也有很多是

---

① 荷兰奥兰治亲王威廉。——译者注

虔诚的清教徒，随时准备为他们的信仰牺牲。这没什么好惊讶的，他们大都是伊丽莎白女王时期贵族的后代，经过了一段时间的胡吃海喝、狂舞豪赌之后，由于纵欲过度单单是见到"享乐"这两个字他们就瑟瑟发抖。所以在这之后年轻一代养成了简朴的习性，也是再正常不过。

然而不幸的是，就在英国盛行自律克制的时候，英国的王位落到了一小群外族人手中。他们不像亨利八世和伊丽莎白女王那样了解国家民族的脾气。都铎王朝的君主们虽然都有暴戾的一面，但他们很确切地知道可以带着民众（统治他们）走多远——在人们反抗之前就停下脚步。那时候，他们可以取消那些容易激起民怨的条例，可以给新法律的起草人授予骑士头衔。

而斯图亚特王朝，他们的祖先在11世纪初管理着布列塔尼这个地方，政绩显著。但他们是苏格兰人，不是英国人，所以他们统治英国之后很快就尝到了无尽的悲痛。

在都铎王朝的统治下，专制制度有所弱化，因为统治者们有活力，生性活泼，有着乡村人的幽默感。对他们来说，没有什么事是一顿好餐、两瓶马姆齐甜酒不能解决的。因此他们并不是严格按照法律或者《圣经》教条来统治国家。

而在斯图亚特王朝的统治下，专制制度有所加强，君主们毫不妥协地以长老会版本的《圣经》来统治民众。结果就是自詹姆斯一世继承表姐伊丽莎白女王的王位（1603年）开始，王权与平民之间就产生了冲突，而且持续不断，日益严重。尽管最终斯图亚特王朝因为这些冲突而被驱逐出英国，但此时的英国已经濒临崩坏的边缘。

不修边幅的可怜的詹姆斯一世就是个悲剧。想想他的童年和他的成长过程！詹姆斯一世出生前两个月，他的母亲就亲眼看着自己的丈夫杀了私人秘书戴维·里齐奥，据说这个人是她的情人。这个小男孩一出生，他的腿就皱皱巴巴与常人不同。他不思进取，却一心想要报复这个不善待他的世界。所有这些都证明他不适合统治这个国家，尤其是在这个国家的"君权神授"受到所有人的质疑时。詹姆斯的儿子查尔斯虽然没有他父亲那样滑稽的苏格兰口音，但在其他的地方还是跟他父亲一样。他们都不能完全了解民众的脾气。

詹姆斯一世对神学很有研究，打心底是一个典型的西班牙派。他认为西班牙国王是世界上最伟大的君主。他竭尽全力，只为能够得到这位有权有势的国王的赏识。但他所统治的那些信仰新教的民众，一看到西班牙天主教国王菲利普的名字就十分厌恶。他们把西班牙宫廷看成是冥王哈迪斯的接待室[①]。然而民众的反应对詹姆斯影响甚微。他的儿子查尔斯也同样步他的后尘。当信仰新教的英国人听说他们未来的君主，匿名为布朗先生，跑到马德里向菲利普二世的孙女求婚时，内心一定沮丧不安。他们的亲戚正是被西班牙宗教审判所以异教徒的"亵渎罪"烧死的。而菲利普二世是谁呢，就是血腥玛丽的丈夫，他组建无敌舰队和耶稣会就是为了把英伦三岛带回"真正信仰"的正途。查尔斯继位后，仍旧延续着他父亲错误的治国方针。他未征得民众的同意便苛捐杂税，还试图越过下议院直接管理国家。于是大多数人开始担忧国家的未来。

没有人能预测到，短短几十年后，在一次保皇派和议会派之间痛苦的斗争中，强加在不愿受摆布的英国人民头上的君主制统治走到了尽头。在此前，看上去最终获胜的好像是国王。许多人对祖国的未来感到绝望，所以他们计划趁着还有一些时日，赶紧去遥远大

[①] 即地狱。——译者注

陆的海岸上建立一个新的英格兰,至少能保全一部分财产。

这场移民活动的领袖叫约翰·温瑟洛普,出生于萨福克郡。他家境富裕,在剑桥大学读书,毕业后做了律师。之后,在英国古老的自由人权处于危急关头的时候,他和其他许多真诚的民众一起,转业从政。没过多久他成为反抗斯图亚特暴政的领导人之一。对天主教的阴谋,约翰非常担心也非常警惕。他无论走到哪里,都能看见来自天主教的威胁。他想要在大西洋对岸建立英国殖民地的原因之一,就是担心加拿大的耶稣会可能会慢慢占领整个北美大陆。他希望,万一英格兰失败了,还可以借助新英格兰来对抗罗马教会的侵略。

不过,温瑟洛普本职是个商人,所以他非常谨慎地行事。他不想把自己的殖民地变成另一个弗吉尼亚。他不会用那些没有道德、沉迷肉欲(他把他们称作"人渣",语言尽管直接但很形象)的人。然而温瑟洛普也没有任何倾向要建立一个对待异端分子的包容性要比旧英格兰高的新英格兰。他不想把自己的新英格兰变成那些因为异端思想而无处安身的人的避难所。

在马萨诸塞的管辖范围内,《旧约全书》是整片地区的法律。那里有人民代表机制,但是管理这个地区的是清教徒。其他人要么遵守这些规定,要么就离得远远的。

1630年3月,约翰启航去美洲,在出发前他和朋友们一起想了一个办法——殖民地政府将由移民到新大陆的股东们组成——这个方法之后被证明十分成功。这避免了遥领地主制①,也不会出现新大陆上殖民者被饿死,而3000英里以外的股东们焦头烂额也无计可

---

① 效仿西班牙模式,建立蓄奴殖民地。

施的情况。

起初,温瑟洛普计划在萨勒姆定居下来,因为有很多白人在那里建了个小村子。不过当时萨勒姆殖民地的情况并不是很好。温瑟洛普担心如果自己带过来的新殖民者在这里听到早期殖民者的悲惨遭遇会大伤士气,于是决定再往南走一点。最终,他在十六年前约翰·史密斯曾发现的海湾上安营扎寨,建了新的村子。起初,他将这个新建的村子叫作"特里蒙特因"——三面环山的意思。不久之后村名就改成了"波士顿",以纪念他们中一些人的故乡——林肯郡的一个城市"波士顿"。

如果查尔斯或者他的心腹知道了温瑟洛普冒险去新大陆的真正原因,可能不会再让任何英国人去马萨诸塞了。这块殖民地最终成为温瑟洛普希望的样子——清教主义的大本营。这里的人口也突飞猛进,在不到十二年的时间里,有一万六千人住在马萨诸塞公司的管辖范围内,二百多条船陆续到达新英格兰港口,数百万的财产投资在了新英格兰的贸易上。

马萨诸塞确实没有派大批志愿者回国帮助反对派对抗王室无休止的迫害。但是这个地区的社会宗教生活主导着他们的处世原则,这鼓舞着英国国内的清教徒继续斗争。国内的清教徒圆满地完成了自己的使命,不仅摘下了查理一世的王冠,还砍下了他的头。

一旦英国的罪恶被洗涤,国外的清教领地也就没有存在的必要。一些殖民者回到自己的故乡,但是在殖民地出生的年轻一代却想继续待在那里。

他们从不知道外面的世界。

他们适合这片土地。

他们环顾四周说道;"这就是我们的家。"

11. 荷兰西印度公司的错误投资

当年恺撒在英伦三岛驱逐那些满脸涂着绿色颜料的野蛮人的时候，北海东岸还是一片广阔的沼泽地。这片沼泽地从莱茵河口一直延伸到易北河口。青蛙、苍鹭和那些不知为何被罗马人称为巴达维亚人的日耳曼部落占据着这里。慢慢地，日耳曼部落开垦了沼泽地，在河流上建了一套复杂的堤坝系统。野蛮的条顿人①的后代在这里扎根，以打渔、当海盗和小型经商为生。

12世纪，鲱鱼不知为什么从波罗的海迁移到了北海。一个天才的荷兰人立刻发明了一种全新且绝妙的方法来保存鱼肉。当时人们都要遵守天主教的斋戒日，每周有一半的时间不能吃肉。这种不用冰冻也能保鲜很久的腌鲱鱼很快便广受欢迎，出现在几乎所有天主教家庭的餐桌上。

很快，整个欧洲大陆都在吃荷兰鲱鱼。荷兰商人也迅速发家致富。但可惜，并不是全年都能捕到鲱鱼。鲱鱼在一年里的某个特定

---

① 即日耳曼人。——译者注

时间段会潜到深海，在舒适安宁的环境中繁衍，这个深度当时人们用捕鱼网是捕不到的。

在休渔期，从阿姆斯特丹和米德尔斯堡来的渔船很有必要另寻其他利润颇丰的生计。

幸运的是（对荷兰人来说很幸运，对其他人来说就不是了），当时西欧各国困于战火，根本无法满足老百姓的日常生活需求。为了维持生活，西班牙、法国和意大利不得不从国外大量进口粮食。荷兰趁机当上了粮食进出口的中间人和运输商。他们来到特泽克在船上装满小麦，然后航行到加的斯和利沃诺将小麦卖出去，从中获得巨额利润。

然后宗教改革运动开始了。就像其他那些一年有大半时间在下雨的国家的臣民一样，荷兰人也狂热地支持路德和加尔文。当然，荷兰人对新教的支持让他们不得不面对西班牙国王菲利普。菲利普通过一系列的政治联姻、谋杀、抢劫等手段，成为荷兰合法的国王。荷兰人民对他的宗教观点深恶痛绝，又不堪苛捐杂税的重负，于是便打算推翻西班牙统治，开始了长达八十年的独立战争。

在战争的前二十年里，荷兰人困难重重，但后来他们卓越的航海技术起了很大的作用。从1590年开始，荷兰的海盗们大获成功，以至于西班牙的运金船至少要在六艘军舰的保驾护航下才能在大西洋上航行。1595年，一位极具冒险精神的水手让·哈伊根·范·林斯霍腾出版了自己编写的有名的小册子，告诉同胞们如何经过好望角到达印度。

林斯霍腾还是小男孩的时候就离开家乡，在葡萄牙人手下干活。这就是他对加尔各答、果阿以及遥远的澳门十分熟悉的原因。尽管这样，首批往返于爪哇与荷兰之间的航船还是花了两年多

第一次冲突

的时间。虽然如此耗时,但是利润不菲,于是"印度公司"很快就如雨后春笋般冒了出来。

商业的兴起带来了市场的混乱,以及可以摧毁所有弱小商业团体的灾难性的贸易战。为了引入一些市场机制,拯救弱小企业于水深火热,荷兰的一位政坛领袖——奥登巴内佛,建议所有"印度公司"合并。1602年，合并政策开始实行，"联合东印度公司"在短时间内就掌控了一百多年前哥伦布梦寐以求的香料群岛。

和当时的很多国家一样，荷兰管理东印度公司业务的"十七绅士"，在近两百年的时间里管理着庞大的殖民帝国。他们坚定地实行垄断政策，没给股东分过一点好处。东印度群岛是他们的，所有外国人不得进入。但是每个人都可以经由好望角到东印度，如果有一条属于自己的航线，很明显荷兰就占了优势。

从16世纪下半叶到17世纪前25年，荷兰不断尝试建立一条通道，从阿姆斯特丹途经西伯利亚直达巴达维亚。但是，四到五次的远航他们都一无所获，只会迷失在北冰洋的冰天雪地里。有一次，他们被困在新地岛北部度过了一个极度难熬的严冬。寻找东北通道的热情被北极的严寒磨灭殆尽。不过在1608年，阿姆斯特丹博学的地理学家和地图绘制者们（当时他们正在绘制世界上所有航行过的地图）再一次得到结论，找到西伯利亚通道是可行的。于是他们说服东印度公司阿姆斯特丹分公司的领导们再给他们一次机会去探寻西伯利亚通道。

1596年那次结局悲惨的极地探险的探险队长西姆斯柯克，在与西班牙人的打斗中牺牲了。但当时有一位英国船长，名叫哈德逊，为英国莫斯科公司服务。他作为探险者声望很高。荷兰人找到了哈德逊，和他签了一份合同，给了他一艘船和几十名水手，请求他从北极找到一条通往印度群岛的通路。

1609年4月5日，"阿尔夫马恩"号从特克塞尔出发。一个月之后，到达了巴伦支海。这个时间在一年中已经很晚了（极地探险不能太晚或者太早），所以哈德逊只能返航。他直接去了法罗群岛，想要补给新鲜淡水和食物，然后他召集所有水手开了个会，商量下一步该怎么办。

哈德逊提出向西航行的建议,去寻找他朋友——快乐的约翰·史密斯几年前跟他提到过的大海湾。据这个不靠谱的人所说,大海湾那里也许就有大家寻觅已久的通道。很久以来,水手们满眼都是冰山和海象,再也提不起远航的激情。他们都同意了这个计划,因为这样他们才能回到温暖的地方,于是他们大喊:"可以!"

计划一定下来他们就行动了。"阿尔夫马恩"号即刻启程,哈德逊从托尔斯港出发(如他所愿),准备去往美洲和西边的一些地方。

1609年9月3日,他在陆地上发现了一个开口,水流速度极快,看上去就好像是把大西洋和太平洋连接起来一样。现在这条可怕的激流依然存在。它对于经验不足的小摩托艇的驾驶员们来说就是灾难,也会给那些远洋航线的船长制造紧张。它就是现在的哈德逊河。如果想要舒适地从纽约到奥尔巴尼,就要航行在这条河里。但这条河最远只能到加利福尼亚。

在返航之前,可怜的哈德逊就开始怀疑了。然而他还是收起怀疑和失望,写了个报告。在报告中,他说自己发现的这块地方有丰富的毛皮和鱼类,而且他所勘察的河岸景色很美,可以为殖民地的建立提供无与伦比的条件。一年之后,他再一次向北航行,他坚信这一次一定会成功。他最远到达了哈德逊湾,然后在詹姆斯湾过冬。到了来年早春,他打算再往西航行(大概再走3000英里)。但水手们都不想跟着他去。他们叛变了,把这位船长和八个生病的水手一起赶到了一条小船上,丢下他们在北冰洋里自生自灭。

河

在15世纪和16世纪那些伟大航行的记录中,有不少人性的黑暗。但这次的行为最为残忍:一群心怀不满的水手事先预谋好,把勇敢的船长和八名手无缚鸡之力的病人杀害了。对于这件事,信奉天主教的人可能会感到一丝庆幸,因为这不是他们的人干的。然而这样残酷无情的事情绝对不只一次发生。

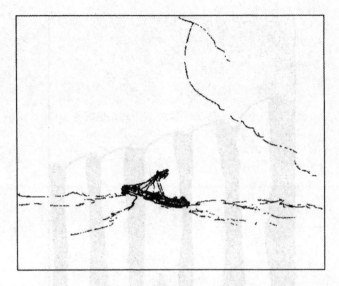

哈德逊河

然而在阿姆斯特丹，东印度公司的董事们并没有很在乎哈德逊在报告里说的事情，更没有对此采取什么行动。他们想要的只是肉豆蔻和胡椒，对风景一点都不感兴趣。如果有人对哈德逊的发现感兴趣，认为有利可图，那请他自便。

但真有人想要从中获利。阿德里亚恩·布洛克探查了长岛海峡，沿着康涅狄格河航行到了哈特福德，之后又借道南塔基特到马萨诸塞湾。十七年后，波士顿就在这里建立了。

另一个叫科尼利厄斯·梅伊的人向南航行。他路过一个海角，以自己的名字命名了这里。然后继续航行，看见一个大海湾和一条大河，他把它们称为南方湾和南方河。后来，它们分别改名为特拉华湾和特拉华河。

所有这些探险者都对毛皮很感兴趣，他们用印第安人认为很值钱的子弹、枪和杜松子酒来换毛皮，因此他们和印第安人建立了良好的关系。印第安人把他们当作圣诞老人，所以并不会介意这些人在自己的陆地上停留多久。

然而这样亲密的关系被粗暴地打破了。后来有一些荷兰人想留下来，开垦一点土地，还在他们的地盘上偷猎。紧接着麻烦来了，当房屋冒出滚滚浓烟，化为灰烬时，他们才明白，他们的习俗和西方文化是没有办法相互融合的。但是殖民者的数量增长得十分缓慢，尽管荷兰国内有很多人说"要为美洲的这些土地做一些事情"，但并没有什么实质进展。除非有什么唾手可得的巨额财富摆在眼前，否则荷兰的董事们是不会有激情去做事的。直到1621年，荷兰西印度公司成立，并被授予垄断权，垄断了非洲沿岸，还包括哈德逊河两岸在内的南北美海岸所有的贸易活动。

没过多久，一位总督被任命为新荷兰领地的管理者，政治难民中的一些小群体也被说服来到这个人烟稀少的大陆上碰碰运气。曼哈顿岛成为当地政府的中心，他们在哈德逊河和伊斯河交汇的地方建立了一个城镇，叫新阿姆斯特丹。

表面上看，一切都很美好。但有些明白人知道这样的成功肯定不会持久。英格兰和苏格兰糟糕的经济形势迫使大量的劳动力涌入这样一个悲惨的大陆。只要能碰碰运气，他们愿意去往任何地方，哪怕是美洲。此外，苏格兰国内地主的长子继承制和强势的政治地位导致他们名下有很多田地还未开垦。但这对于成百上千的农民来说，就连获取一小块土地的愿望也被剥夺了。于是他们也愿意冒险，愿意加入移民的大军中。

新阿姆斯特丹

然而在荷兰共和国,情况大不相同。在与西班牙的长期抗争中,旧地主阶级消灭了,广阔的庄园消失了。印度香料贸易带来运输贸易和工业的发展,给商人们带来了极大的利润(不包括那些从事海盗生意的人)。国家繁荣起来,于是很少有荷兰人想要背井离乡去新大陆。

在这样的情况下，没有充足的财政支持的荷兰西印度公司（国家将所有的盈余都投资于二十年前建立的东印度公司并打了水漂）只能通过肮脏的黑奴贸易来维持表面的光鲜。

我想补充一点的是，西印度公司不可能指望从美洲地产交易方面获得什么成功。光是管理好这片广阔的土地负担就已经很沉重了。有能力的年轻人都为东印度公司服务。他们把那里的工作当作正经职业。而西印度公司只能招到一些能力不足的职员、破产的推销员和三流的骗子。他们被迫来到殖民地，然后突然发现自己要治理的地方面积是祖国的四十倍，而且四面环敌，有白种人也有土著。

新阿姆斯特丹有着天然的优势，很适合做国际贸易。17世纪中期有一位法国耶稣会牧师拜访过这里。他发现至少有十八个民族的人生活在这里。荷兰在近四个世纪以来一直是世界上最大的账房。其原因似乎可以从殖民地的十八个民族所体现出的共同生活原则中看出端倪。但是如果没有定居者，没有农民、屠夫、面包师以及制蜡工，谁能活得下去呢？

封建土地所有制在几百年前就被北欧废除了。他们为了增长殖民地的人口，又恢复了这个制度。但它容易造成贪污，没有任何实际价值。大地主时代早就过去了，地主逼迫佃户到他的磨坊加工农产品，然后不顾民怨，强迫佃农到他家店里买盐的时代早就回不去了。

让殖民地情况更加糟糕的是，荷兰人永远不能理解他们的马萨诸塞清教徒邻居。之前我提到过，这些清教徒认为，上帝是为了让他们获利才秘密创造了北美大陆，所以侵犯这个大陆的其他人——瑞典人、法国人、西班牙人、德国人、荷兰人等都是对上帝旨意的侮辱。这些清教徒几年前还在荷兰寻求避难，现在却在光天化日之下指责荷兰人的罪恶。但他们的仇意并不是新荷兰最终崩溃瓦解的主要原因。

我们也不能完全责怪那些目光短浅、落后于时代精神五十年的总督们。经过了一系列事情之后，这些无能的人应该躺在华丽的棺材里，被体面地埋在美丽的小教堂里面。而他们的位置应该被那些更有激情、懂得变通的年轻人取代。

是的，荷兰人在美洲的帝国梦破碎的原因并无其他，就是劳动力严重匮乏。

1664年，在荷兰与英国的一场战争中，英国军队占领了新荷兰。七年后，一支荷兰舰队重新征服了自己失去的殖民地。但是荷兰忙于处理它在其他地方更多的、更有利可图的殖民事业，无暇顾及这片麻烦的土地。因此，这块殖民地上腐败的官员过着奢靡的生活，而农民们则不断地抱怨和诉讼。美洲大陆上的荷兰人向议会和西印度公司的董事们请愿，想要钱，想要这个，想要那个，但什么也没有得到。

1674年，在威斯敏斯特和会上，荷兰议会宣布放弃对新荷兰殖民地的所有主权①。英国承认了荷兰在圭亚那的属地，那里盛产蔗糖。荷兰种植园主们想要在那里挽回自己在北美大陆上的损失。

回顾整个过程，土地的交易实在可笑。这些自诩聪明的先辈们用纽约港换了南美的一块沼泽地。他们竟然用纽约去换一片瘟疫肆虐的沼泽地！他们还吹嘘自己做了一个十分机智的交易！

---

① 1674年2月，英荷双方签定了《威斯敏斯特和约》，荷兰承认英国在欧洲以外夺取的原荷兰领地的所有权，以换取英国在荷法战争中保持中立。——编者注

西部大开发

12. 瑞典人二百年前就来过美洲

法国人在历史编写方面充满了智慧。他们编写的历史总是很人性化，我每次写书都会借鉴他们的作品。法国人很久以前就向我们传授了编写历史的秘诀。

"编写历史吧，我的朋友，"他们这么说，"就算有了七百八十四部，我们仍要继续编写，我们要写的是第七百八十五部！"

一部十万字的美国历史不可能是编纂的，至少我写的历史是不会瞎编的。不过一般的原则是要知道别人是怎么写的，所以我几乎读了近二十年来出版的关于美国历史的全部著作，然后发现存在一种奇怪的精神层面上的谬见。

那些编写史书的作者们每当写到英国探险者的船只靠近美洲海岸的时候，对于当地的自然风景总是一笔带过，着重写的是他们像以色列臣民渡过约旦河一样，占据了上帝允诺给他们的土地。尽管迦南人始终生活在这片土地上，但在这些探险者看来，可怜的迦南人并不是这里的主人，这片土地正在等待着真正的主人。

每当写到瑞典人和荷兰人（先不谈德国人）决定到美洲大陆上

进行投资时，写到他们乘着自己的船历经千辛万苦漂洋过海来到特拉华河旁的一片蚊虫肆虐的沼泽地，或者康涅狄格中心的一块地方艰难定居时，这些专家总是表现得非常焦虑和不安。他们经常写一些"瑞典国王被殖民地臭虫咬了一口""一群阿姆斯特丹商人，想卖枪药和杜松子酒给印第安人来发财""奥格斯堡的银行家族们想要开采那些近期才发现的金矿来累积更多财富"，等等，诸如此类的话。

这些内容确实也没有错，不过它们有一点点片面了。

当然，这些瑞典人、荷兰人和法国人历经艰难险阻来到美洲荒原，就是为了挣钱。同样，他们的竞争对手英国也是如此。也有少部分英国绅士去美洲是因为对自己的祖国失望透顶，想要在马萨诸塞湾海岸建立一个纯净的新英格兰，以此将祖先的优良德行继承下去发扬光大，但就算是有高尚情操的温瑟洛普先生也不能说他的心地如天使一般纯洁。他很清楚，如果他在国内，在斯图亚特王朝的统治下，想要凭自己的宗教观点干出什么大事业，是不可能的。作为一个极富野心的人，他宁愿到查尔斯河边的一个小村庄里做"鸡头"，也不愿意留在泰晤士河畔的大城市里做"凤尾"。

他的那些追随者们，大多数是从汉普郡的朴次茅斯移民到罗金厄姆县的朴次茅斯的，因为他们相信，在新朴次茅斯会有更多的机会获得物质上的享受。另有一点就是，如果他们去新朴次茅斯的清教教堂做礼拜，那是一件很正常的事；但如果在汉普郡的朴次茅斯，去长老会的教堂做礼拜，则会受到别人的质疑。这可能也是他们冒险来美洲的原因之一。但总的来说，他们去美洲都有一个共同的原因，就如那个说话毫不掩饰、直白的擦鞋匠托尼说的那样："美洲是个好地方！我要去赚大钱。"

物理学和历史学是两个相差甚远的学科,但是有一条共通的科学定律,那就是自然界里不存在真空。真空迟早会被填满,大自然当然是希望越早越好,至于用什么来填充,水、人或者空气,都不重要。

从人种学的角度来讲,美洲荒原就是一个真空,但却是一个包含了巨大经济前景的真空。很多人已经尝试在新大陆上生活了,发现有些地方深得他们的欢心。现在,如果有一家公司靠无线电广播赚了钱,那么很快就会有成群的公司竞相效仿。如果有一个人靠着佛罗里达的房产生意发了大财,那么就会有上万个傻瓜拖家带口开着福特汽车赶去迈阿密做房产。

1620年,斯德哥尔摩、哥本哈根和恩克胡伊森的人都听到这样一个消息,弗吉尼亚的烟草在伦敦市场上卖出了天价。他们看到阿姆斯特丹市场上胡椒的报价后,大声欢呼:"我们也要赚大钱!"于是,只要能筹到几千块钱,他们就开设自己的小型贸易公司,加入赚钱的浪潮。只要我们看过那段时期的经济史,就知道接下来发生了什么。17世纪上半叶,西印度公司像雨后春笋般层出不穷,但它们并不持久——"在黑暗中茁壮成长,见到清晨第一缕阳光便灰飞烟灭"。它们卷走了成千上万的可怜民众的积蓄,只给少有的几个幸运儿留下了货真价实的财富。然后那些被卷光了钱财的可怜的人开始自我安慰:"噢,好吧,你看也有人成功!那么咱们再试一次吧,这一次我们肯定没这么倒霉!"于是他们开始了新一轮对财富的疯狂追逐。

世界上的人有个奇怪的想法,那就是生活在北方的人都很冷静、镇定。这个想法似乎是对的。与吃相比,北方的大多数人更喜欢思考,天知道是什么原因,他们对食物好像有偏见一样。

荷兰有数不清的已经获得批准的、还没完全被批准的，以及完全没有被批准的公司。丹麦人也有让他们感到自豪的五家东印度公司，它们曾经大获成功，但不久就破产了。俄国人，他们的陆地上并没有港口，但又想参与潮流中来分一杯羹，于是不断地向东扩展自己的殖民地，以至于后来他们可以从后方进入美洲，把哥伦布留下的遗产阿拉斯加瓜分走了。

在这股热潮还未冷却之前，就连奥地利和勃兰登堡①的旗帜都飘扬在了海面上——其实他们对航海一窍不通。不过，这些小的殖民国都不值一提，除了瑞典。

在很长一段时间里，瑞典和丹麦是好邻居，但丹麦却一直想要将瑞典限制在波罗的海之内。而赫尔辛基城堡之所以令人讨厌，与其说是因为哈姆雷特阴郁的魂魄在此游走，不如说是因为它掌控着海峡的要塞。

但正因为有一些奇特力量的迸发（很突然，很神秘），促使瑞典成为17世纪上半叶北欧的主要力量。就在此时，奥克森斯杰纳、托尔斯古森以及巴内尔的铁骑将欧洲大陆从如火如荼的反宗教改革运动中拯救出来。瓦萨王朝的军事天才们限制了他们半开化的邻居——斯拉夫人扩张的野心。波罗的海成了瑞典的内海，波兰人和俄国人一看到那些飘着三重皇冠旗帜的船就会远远绕开。

当那些从布赖滕费尔德和吕岑战场上回来的士兵到达特拉华河口时，英国人和荷兰人就会感到很不舒服。虽然瑞典战胜了德国和俄国，获得了大片的领土，但是人力几乎被榨干，国内人口锐减。当年这个广阔的北欧帝国的人口只有现在的一半，那些农民只要能

---

① 德国柏林以西的一个城市。——译者注

够在波罗的海对岸的芬兰重新建立自己的家园,就不愿意去克里斯蒂纳堡(现在名为威尔明顿),他们不想经历在海上漂流两三个月的危险的旅程,不想被野兽袭击,也不想被可怕的土著人侵扰。他们就待在国内,他们的荷兰亲戚也选择待在国内,新世界所有美好的前景都不能诱惑他们,他们无动于衷,不愿离开自己在达莱卡利亚或诺尔兰的舒适的农场。

不过很快,瑞典就人口过剩了。人们开始向西迁移,有近一百万人甘愿冒着生命危险移民去美洲。不过他们来得太晚了,美洲已经没有地盘给他们建独立的殖民地了。

1655年,瑞典在宾夕法尼亚和特拉华的定居点被荷兰人吞并了。九年后,英国人占领了康涅狄格河和苏伊尔基尔河之间的所有土地。新瑞典就此终结。

空有美好的理想、装饰精致的特许令,以及辞藻华丽的计划书是不可能建成一个繁荣的殖民地的。

钱能帮很大的忙,但却不起决定性作用。

要想成功建立一个殖民地,就必须有某些阶层的人自发地来到新世界,他们往往有着充分的理由和离开家乡的强烈意愿。

英国满足这样的条件,而法国、瑞典和荷兰都缺少这样的条件。

所以导致现在,我在康涅狄格州写了这本书,用的不是我的母语,而是11世纪下半叶征服者威廉逼迫撒克逊臣民说的方言——英语。这就像费城的人从明尼苏达州圣保罗城买黑麦饼[①]一样。

[①] 瑞典面包。——译者注

13. 各民族共同拥有的自由殖民地

在以前的四百三十五年里,人们跨越大西洋的交通工具千奇百怪。有人用帆船漂洋过海,有人乘飞机飞过大西洋,还有一些游客选择乘坐各式各样的蒸汽轮船。有一次,两三个斯堪的纳维亚人思乡心切,打算用桨划回去,最后他们竟然真的毫发无损地到达了故土。

乔治·福克斯坐的那条小船毫无舒适性可言。小船漏水了,每两个小时船舱就会进16英尺①深的水,船上的乘客和船员们必须不停地把水抽出去,这在一定意义上也算是创了纪录。但这样的场面对贵格派教友乔治来说并没有什么影响。这条小船与他曾经待过的脏乱的监狱相比已经很不错了。尽管形势危急,他还是会照样走到甲板上和水手们聊天。只要有一个听众,他就会兴高采烈地发表自己的长篇大论——关于人类灵魂的话题。

史学中有两个话题我通常会避免。不是因为我不喜欢这两个话

---

① 1英尺约等于0.3米。——编者注

题，而是因为我太喜欢它们了。如果一个人想要为圣方济各或德雷顿的乔治写一本赞美书，那么就没有必要花大篇幅叙述中世纪教皇权力的扩张和17世纪新英格兰清教徒运动的烦琐细节。这两个人的故事独自就能成书。说他们是生活的艺术家也好，说他们光荣高尚也好，你喜欢什么样，他们就是什么样的。但无论他们是怎么样的，他们极强的自信和永不磨灭的热情都在短时间内为世界的进步做出了实质性的巨大贡献，甚至超过了百分之九十的圣人。只有这些圣人的画像才会被展示在神圣的大殿里（教友乔治曾大不敬地把大殿称为"尖顶屋"），而这些大殿的大门往往并不对凡夫俗子敞开。

我不想过多地谈论这些。现在，天主教殖民地以"马里兰自由州"为人所知，在各方面都优于新英格兰海岸边的那些加尔文教殖民地。使天主教殖民地在帕塔普斯科河沿岸声名显著的是它的一种包容精神，这种包容精神正是源于殖民地创建者乔治·卡尔弗特的高尚品行。但至于翁布里亚山区的善良的哲学家对他产生了多少影响，这些包容精神又对国家政策产生了多少影响，很难去判断。

但是有了乔治·福克斯，故事就不一样了。

当所有的宗教运动还只是在精神层面进行，还没有演变出僵化教条的制度时，我们的最大困难就是，我们根本无法精确地判断出这些宗教运动对当时社会事件的发展产生了多大的影响。我们可以确切地说，有组织的针对奴隶制度的反对运动，首先是在宾夕法尼亚露出苗头的。但这就意味着威廉·佩恩[1]的追随者们挑起了内战

---

[1] 宾夕法尼亚殖民地的开创者，崇尚自由和民主，与其父亲同名。其父是海军上将，在两次英荷战争中立有战功。——编者注

吗？我并不清楚。现在我们都知道第一批坚持监狱改革的人正是那些贵格派的教友们，他们在旧英格兰瘟疫肆虐的监狱里待过很长时间。不过，是乔治·福克斯教我们把罪犯当成病人而不是坏人来看待，还是当时的人普遍都这么想，重申一遍，我不清楚。

如果研究过佩恩为自己的美洲殖民地制定的"租界经营特权"，就会发现它的内容和几年之后托马斯·杰斐逊写在羊皮纸上的关于个人和民族自由的观点是有一定的相似度的。因此我们猜测，这位来自阿尔伯马尔县著名的怀疑论者其实本质上有可能是一名贵格派教友。

历史的相似之处，使我们对一些发生概率很小的事件产生思维定势，轻易就能臆断出一个结论，而这个结论却不会在之后的历史发展中得到证实。

尽管如此，我还是坚信，如果威廉·佩恩能够将他的社会实验多延续几年，如果他的继任者们和他一样有能力，简单来说就是，贵格派如果能取代清教徒成为美洲大陆的主宰，那么我们国家的历史必定会少了很多暴力，而且我们的民族一定会比现在更为和睦幸福。

佩恩提出的政权制度在美国并没有持续很久，最多五十年。但就在这短短的五十年里，贵格派教友们一直高举正义的火炬，从不停歇，努力照亮新大陆上每一处黑暗、隐秘的角落。最重要的一点是，他们做这么多，却从来没有过分地吹嘘自己的高尚，也没有认为自己就比别人优秀，甚至都没有想过强迫别人接受自己的观点和原则。

贵格派

这对于一众教徒来说，是相当好的记录了。半个多世纪以来，他们任由地方小官员宰割，或是被绞死，或是被分尸，或是被鞭打至死，这些人并没有犯其他的罪，不过是有一些"异端"的观点。人们认为他们的观点危及了英国圣公会主教的利益和清教牧师们的尊严，也危及了一众虔诚的清教徒，这些人正为自己不断受苦而颇有优越感，有充分的理由认为自己是"上帝选择的子民"。

这些异教徒奇怪但又有趣，他们始终严肃认真地对待圣经里的每一句话，有连续两代人走上了鞭刑台，走上了绞刑架，但他们一直坚守着自己的信念，直到一位意料之外的、有能力的保护者出现，他们才免受迫害。

贵格派教友们不相信英国国教，不相信其他任何时代任何地方的教派。他们习惯于自己人聚在一起做礼拜，他们的礼拜很平和。贵格派不赞成暴力，他们对一切政治生活敬而远之。地方小官员们知道他们的习惯。对这些小官员们来说，在那个好时代，官司意味着另一种形式的收入：当商业萧条的时候，抓一个贵格派教友到法庭上，然后给他扣上没有给法官行脱帽礼的罪名从而罚些钱。这不失为一个好方法，而且，这些奇怪的教友们不相信律师，因此也不用担心他们会对这种非法逮捕的行为进行上诉。

这个现象很奇怪，历史上大多数热情的改革家们都是养尊处优的富家子弟，偶然的机会他们接触到了现实世界的残酷，此后他们震惊不已，心有余悸，于是便一直想着改变这个社会，至死方休。

佛祖释迦牟尼是这样的，圣方济各是这样的，乔治·福克斯也是这样的。现在轮到一位叫威廉·佩恩的年轻人了。

某天，科克镇当地的宪兵们决定实施一次小规模的突袭，从附近的礼堂里抓了尽可能多的贵格派教友。按照惯常流程，这些教友们将会被押送到警察局关几天，然后等法官审他们。想象一下，如果宪兵头儿在这群犯人当中发现了一位贵族公子，该有多害怕。宪兵头儿可怜兮兮地道歉。当然他可以说抓错人了，但这位年轻人会忘记自己悲惨的遭遇然后就像什么都没发生一样回家吗？

不，他不会。我们知道，正是因为这件事这位年轻人威廉·佩恩走上了贵格派运动的道路，他有了新的信仰，和被压迫的、脏兮兮的可怜民众站到了一起。

年轻的威廉一直对宗教或多或少有些兴趣。在上大学的时候，他坚定地认为每个人都可以通过自己的方式获得救赎。后来因为不去做礼拜，被学校开除了。但是作为威廉·佩恩爵士（埃塞克斯郡万斯蒂德家族,海军上将)的儿子,他人生的前二十年都是在那个并不适合公开表现自己情绪的社交圈里度过的,他没有勇气完全脱离开来。

然而,决定性的一步一旦迈出之后,他就不能半途而废了。他丢弃了自己的军装,宣布放弃从军,开始写小册子向所有嘲弄他的人解释他的信仰。他还成了一个著名官司的主角。在这个官司里,陪审团驳回了大审判官的指示,认为被告无罪。这一官司开创了司法先例,此后,无论是英国还是美国,在审判时都会参考这起官司。

然而这不是他唯一一次和当权者打交道。佩恩一直到处宣讲,无数次被送进监狱,又无数次被放出来。不断反复,直到他做了一些转变,整体的形势才有所缓和,甚至还有一些可笑。他想去美洲荒原建立一片属于贵格派的殖民地,这看上去虽然有些滑稽,但一度对他恼羞成怒的家人们为他能有这样的想法而感到高兴。

贵格派教友们对美洲大陆很是了解。他们就像早期的方济各会成员一样,总是去进行各种各样的探险活动。他们拜访过土耳其的苏丹王,见过俄国的沙皇,还与阿尔及利亚总督不期而遇。因为他们是一群单纯、真诚、自然的平凡人,没有通常那些布道者惹人厌的习性,所以他们到哪里都很受欢迎。只要他们去的不是基督教国家,那么他们就不会受到任何伤害。

被关了很久的玛丽·菲斯克从约克郡的监狱中被释放后,专门来到亚得里亚堡向土耳其苏丹求助。苏丹感到十分震惊,但他还是礼貌严肃地听完玛丽的遭遇,然后在土耳其境内许以她自由并给她配了个私人侍卫。

意外的是,俄国人和摩尔人也表现得很有礼貌。这些情绪高涨的教友去拜访他们,告诉他们如果人们不再争吵、不再偷盗、相亲相爱,这个世界将会变得非常美好。他们都认真地表示赞同,之后还邀请这些奇怪的访客稍作停留,共进晚餐。

但是在美洲,这些教友们遭受的待遇就大不相同了。贵格派的大多数人都被绞死了,剩下的也都要遭受鞭刑。而女教友们一直受到新英格兰牧师们的控制,只要是年轻貌美的女子的案件,他们都会添油加醋把案件升级成为女巫案,然后他们便可以抓住机会大肆迫害。

在这样的情况下,几乎其他所有的教派都对美洲大陆避之不及。然而贵格派教友们却是另类,不得不承认,他们似乎很享受与命运做斗争。他们对土著人的幸福生活持有近乎孩童般幼稚的兴趣,他们想要寻找一个向全世界(尤其是新英格兰人)证明自己的机会,证明有比传统的用枪炮和威士忌酒更行之有效的解决土著人问题的方法。

1670年,他们的机会来了。

威廉·佩恩爵士去世了,把斯图亚特王朝给他打的一张八万美元的欠条留给了自己的儿子。斯图亚特王朝是正统的皇家借款方,但每当还款日临近,他们就突然变得像他们的祖先——那些最刻薄的格拉斯哥借款人一样吝啬。他们在金融方面还是有一定技巧的,喜欢用不属于自己的东西来偿还债务。所以关于这八万美元的债,经过好几年的协商,他们决定用一张地契来代偿。这片土地以佩恩爵士的名字命名,为"宾夕法尼亚"[①],位于特拉华和马里兰之

[①] 意为"宾(佩恩)的林地"。"宾"即"佩恩","夕法尼亚"即林地之意。——编者注

间,可以向北或者向南延伸,随便你延伸到什么地方。

1682年12月1日佩恩从英国出发,坐着"欢迎"号向自己的新领地驶去。这是美国独立之前一次意义重大的移民活动。

新殖民地并不会像以前那些殖民地一样为大洋彼岸的董事们所有、管理和开发。不仅如此,佩恩是一个很会喊口号的人,他很明确地表达了自己的想法,他称自己的领地是"为所有人类而建的自由殖民地"。

但是他想得太简单了,以至于离自己的目标渐行渐远。他坚持称这片土地上的原住民也同样是人。这样放肆的言论一说出口,其他殖民者就知道他是怎样的人了——一个愚蠢的空想家,满脑袋都是不切实际、危险的想法。对于殖民者来说,这些印第安人无非分两类:要么是娱乐工具,用杜松子酒和彩色玻璃珠就可以逗他们玩;要么是魔鬼创造出来的邪物,被安排在美洲海岸,为的是从"上帝选择的子民"手中骗取财产。因此,每一个虔诚的基督教教徒都应该配备一把好枪。

贵格派教友违背了基督徒们遵循的规矩,他们"与印第安人和谐相处",不欺骗印第安人,也不会带着枪和棍棒去教堂,甚至在去做礼拜之前把孩子交给印第安女邻居照顾。其他殖民者们认为佩恩和魔鬼之间一定做了什么秘密交易,于是他们采取措施保护自己的领地,反抗佩恩的这套邪恶愚蠢的"仁慈"政策。他们急急忙忙地布置下更多的火药以备不测。

除这些行为之外,1696年,贵格派教友在年会上宣布,奴隶制度与《新约》的教义相违背。弗吉尼亚和马萨诸塞的那些体面的人们认为,这种荒诞的殖民地治理手段不会有好的结果。不幸的是,他们说对了。

那些想要把耶稣的话付诸实践并为之努力的人似乎都有着相同的命运。起初那几年,乔治·福克斯、威廉·佩恩和圣方济各在这方面都取得了不错的成绩,但我们不能说"他们终于成功了!这个世界听到了上帝的声音,上帝可以拯救人们于苦难之中。虽然孩童们还是会出麻疹,老人们还是会因为各种各样的原因去世,但日常生活中愚蠢的忌妒与怨恨都被当作是无用的东西,被人们丢弃了"。

不久,人们的激情慢慢消散,人们发现那些人并不是上帝的化身,他们是没有能力瞬间将整个世界从贫穷和瘟疫之中拯救出来的。于是大家哭号起来,说他们是可恶的骗子,是伪善的人,应该被绞死在高高的刑架上。可怜的佩恩,他把自己继承的所有遗产都奉献给了自己的殖民地,他把一生都奉献给了自己的教友,为他们谋求幸福,为此无数次地进出监狱。可是现在,回报他的是一堆倒霉的事。他的孩子们有的死了,有的变成了酒鬼,还有一个在一座叫费城的城市变成了臭名昭著的恶霸。他最信任的朋友们都开始欺骗他,他的私人秘书想从他手里骗取六万美元,当他拒绝这种勒索时,他的秘书便以债务问题将他送进了监狱。与此同时,其他的殖民地,因为其"亲近土著人"的政策而对其发起了战争,这使贵格派的处境越发艰难。

1712年,佩恩中风了。显然,他也没有了日常的烦恼。接下来的几年,佩恩只能在自己乡下小屋附近的小路上活动。之后佩恩去世了,乔治·福克斯的美梦也随之消散了。

但这不是全部。

伟大的人像埃及的洪水一样,来了又去,去了又来,奉献自己的力量,使这个国家越发幸福,越发繁盛,越发富饶。

作为一个教派，贵格派也遵循着一定的法则，这个法则规范着所有的社会组织。贵格派很快便丢失了教派创始人留给他们的最宝贵的财富——顺应精神。尽管如此，他们还保持着一定程度的慈爱、善良和包容，正是这些优点使他们比邻居加尔文派教徒和圣公会教徒更优秀。他们在自己的殖民地中，保持着个人自由的处事原则，在很长一段时间内宾夕法尼亚都显得与众不同。

毋庸置疑，我知道所有反对贵格派的言论，说他们贫穷、吝啬以及对任何事都严肃得可怕；说他们从不去剧院，不关注音乐，一直过着枯燥乏味的生活。是这样的！但他们有着最大的一个优点，那就是他们执着于自己的事业。

14. 靠运气和推测开拓殖民地

16世纪和17世纪每一本航海手册上都会有一章专门讲船位推算法。

在当时,一旦一艘船离开港口,就是真正意义上的"下海"了。当时没有无线电通信,没有潜水电话,没有潮汐记录,没有无线电罗盘,没有天气预报和冰山预警,没有任何我们现代的航海设备。所以理所应当地,当时的船长必须比我们现在远航的人们更熟悉星座。在这些星座的帮助下,再用几个简单的仪器作为辅助,他们就能发挥出绝佳的航海技术。但如果遇到风暴或者大雾,或者连续好几天的其他类型的糟糕天气,他们就无法观测天象,只能靠测程仪线、罗盘和好运气帮忙了。

或者,用那个虔诚的年代的话说,他们要么是靠猜,要么是靠上帝来引领自己的航程。如果幸运,他们就会到达港口;如果运气不好,他们就不能到达目的地甚至葬身海底。这些都要靠运气,阿门!

我们的祖先当时还处于中世纪教会的影响中,深谙符号的运用，喜欢说"国家大船"这样的字眼。

而我们生于一个更为世故的年代，深知如果一艘船内部发生爆炸就很容易船毁人亡，如果船员操作失当，船很快便会沉下去，所以我们不喜欢这样的比喻。然而在17世纪，许多"国家大船"在公海上骄傲地航行，其中有一艘巨轮，船上飘扬着英国国旗，船长叫斯图亚特，很少有船被委托给像斯图亚特这样一个无能的船长。

听从上帝安排的殖民者

可是这艘船没有沉没,主要是因为几乎所有的船员都很精通业务,在危险来临之前就有船员挺身而出掌控舵轮,把轮船带到正道上,避开危险。

我很想把这有趣的讽喻继续写下去,但我担心自己的航海术语储备不够丰富,所以我还是回到正题。在本章的开头,我提到,英国17世纪和18世纪的殖民政策完全是依靠上帝的指挥。除清教徒以外(他们至少清楚自己想要什么),其他殖民者都在"听天由命"。

在诸多殖民地中,有一小部分属于私人公司在新大陆的地产投资;另有一部分是由一群虔诚的教徒建立的,他们仅仅是想逃离马萨诸塞湾地区的民众对他们在宗教和经济上的迫害;还有一些殖民地是出于慈善目的,努力为那些在祖国无法立足的人提供新的家园。

这些殖民地中有两块本来是其他国家的,后来大英帝国动用武力,将它们收并到了自己手中。有一块是一位很慈爱的天主教徒的私人财产,他一直坚守自己所提出的"宗教宽容"原则,不过正因为有如此正直的目的,他招致了周围所有新教徒的敌意;还有一块是英国皇家为了抵充债务而交给那位年轻的贵格派教友的,其他一些殖民地的建立同样也是出于这个原因,斯图亚特王朝一直有这样的习惯,喜欢用不属于自己的东西来奖赏自己忠心耿耿的仆人。

1807年,亨利·斯图亚特·约克(自称亨利九世)在法国去世,斯图亚特家族的世系至此断绝。

亨利人很好,很善良,但不是很聪明。如果他能拥有他的那位和蔼但没能力的曾祖父查尔斯国王的美好品性,那么他应该仔细看看美洲的新地图,然后倍感震惊地自我嘲讽一番。我们搜集了很多具体的史料，在当时那个历史阶段，对一项殖民事业采取如此随意和漠不关心的态度，最后竟然还能如此硕果累累，真的是很罕见了。

15. 依据国王的法令建立帝国

英吉利海峡并不是很宽阔。

一个旅客如果坐着快船,从法国加来到英国多佛,一个小时多一点就能到达。一旦过了英国海关,他就会觉得自己到了一个完全不同的世界,在未来旅游的几天里,他会一直都很迷茫困惑。

举个小小的例子。

在欧洲大陆,搬运行李或多或少是一件麻烦事。首先,你需要把行李拖到车站的一角去称重,然后你会收到一张收据,你再拿着这张收据去交钱。整个过程每一步都很正式,按部就班地根据特定法规的某个条例执行着,这个法规是由某位皇家授权的铁路官员在某年某日颁布的。而在英国,会有一个打着红色领结的员工,慢慢地把你的行李推到搬运车上,随便一放,对你说声"早安",然后拿着小费消失得无影无踪;当你到达目的地时,会再次出现一个打着红色领结的人按照你的指示把行李从搬运车上取下来,放在他的小推车上,然后毫不费力地装上出租车。

外国人可能会觉得这样缺乏官方监管的行为就是犯罪,他们就会问:"你们这样难道不会丢很多行李吗?"

英国人回道:"不会,什么都不会丢。可能有那么一两次会把行李送错,但我们习惯了这样的运送流程。在公共马车时代,我就已经习惯了这样的方式,而且是可行的,那我们为什么要改变这个流程呢?"

简而言之,英国的制度(如果可以用"制度"这一高端的词汇来称呼的话)似乎是让事物自由发展,给个体极大的权利和自由,如非必要,限制政府的干预,只有少数几个方面例外,例如警察、地方法官以及表面彬彬有礼但内心却心狠手辣的刽子手们的事情。而在欧洲大陆的其他国家,民众被当成没用的白痴,好似没有政府的监管他们就不能活下去一样。

这一章本来要说的是17世纪的历史,关于"民族习惯"的哲学讨论好似有些偏题,不过正是因为当权者不断地干涉,才导致法国在美洲大陆上失去了自己的殖民地,而其他欧洲国家在殖民地问题上的失败也是由于这个原因。

如果诺贝尔发明火药的时间能提前两百年,那么一年一度为发明领域中有卓越成就的人颁发的奖项也会提前两百年,若是这样,大多数奖金无疑都会跑到好国王路易的臣民们手中。

那些法国人丝毫不顾自身安危(不惧各种形式的慢性的、痛苦的死亡),他们或是徒步,或是骑行,或是划船,他们从深雪中踏过,用尽各种方法穿过加拿大广阔的荒原,他们伟大的冒险事迹让后世读起来就像《三个火枪手》里的章节一样很壮美。

然而,到最后他们什么也没有得到。

他们的邻居英国紧紧地看守着作为交通要道的河流和海湾,建立了一个强大的现代化国家。

站在法国人的角度，确实很伤心，但这又是不可避免的。

17世纪的法国是一个高度中央集权的君主制国家。封建贵族的势力已经被打破，所有权力完全集中在国王的手里。

现在这已经是个既成事实了。法国贵族阶级不再是影响国家发展的重要因素，他们不再"领导"，而只是说一些甜言蜜语为国王"服务"。

而17世纪的英国贵族，还依旧是公认的当权者，他们管理着自己的领地，没有什么必要的事情就不会去伦敦。然而他们的法国邻居却不是这样，如果他们被准许去照料皇家女眷，他们将感到不胜荣幸；如果能一直陪伴在伟大的君主身边，则更是倍感荣耀。

因此，英国的君主小心行事，除非得到了地方乡绅的热烈支持，否则不敢随意颁布法律；而法国君主却可以随心所欲地管理国家，有时会为了他的情妇们或者某个宠臣随意颁布一条法令。

法国整个民族都不喜欢出国旅游，所以人尽皆知，他们不了解其他民族的习性、风俗人情和道德伦理，他们认为其他民族都是野蛮的，甚至有点可笑。同样，法国国王可能会对巴黎到凡尔赛路上的每一块石头和每一株树都了如指掌，但是对世界地理却没有最基本的概念。

我的意思并不是要让斯图亚特王朝的人们挑灯夜读研究那本有名的地图册里的每一张地图，他们也没有必要这样。他们激怒了自己的臣民，迫使他们去大洋彼岸，这样英国就能赚一大笔钱。但就算是这样，法国君主也没有成功。

1798年法国大革命爆发了。人们认为革命的根本原因是老百姓的生活太过艰苦——"如果他们没有什么可吃的，就让他们去吃草吧"，这类话语足以说明老百姓的生活状态。不过最近有了一种更为理性、更接近真相的历史观点开始驳斥这种说法。当时欧洲其他国家的农民不仅要吃草，为了活下去还得被迫吃草根。结果就是他们太虚弱了，根本没有力气去发动动乱。发动动乱的实际上都是外省无裤党①和嗜血的屠夫们，他们看上去吃得很好，有力气，否则他们不可能表现得那么精力充沛。

皇家建筑

---

① 无套裤汉（当时法国贵族男子盛行穿紧身短套裤，膝盖以下穿长筒袜；平民则穿长裤，无套裤），法国大革命时期贵族阶级对激进共和党人的一种蔑称。——译者注

法国农民生活在破败不堪中，这是事实。凡尔赛宫尽管富丽堂皇、干净舒适，但也没有什么值得吹嘘的。大多数法国农民不愿意离开自己的村庄，从这一点来看，他们的处境可能并没有法国大革命的史学家们所说的那么无望。

由于缺乏劳动力，法国在北美的殖民地发展缓慢，这是老生常谈了。

探险家回到巴黎，向国王汇报他们的发现，声称他们又为法兰西帝国开拓了广阔无垠的土地。每当这个时候，国王和大臣们都觉得应该做些什么，但是他们只有七百名面包师，在这样的情况下，到哪里才能找到足够数量的殖民者呢？

好不容易找到了几千人，一部分是自愿的，一部分是被强制的，政府把他们送到了魁北克和蒙特利尔地区附近。然而这件大事一落实，法国人的老毛病又犯了，他们想要事事都办得都有规矩有逻辑。于是他们在新建立的北美殖民地再次犯下"中央集权"的错误，他们把这些殖民地当成勃艮第或加斯科尼的小村子来统治管理。自此，远在加拿大的人，所做的每一件事，都要得到巴黎官员的批准。如果一个人想要一份打猎许可令，他就得向巴黎递交一份申请；如果一个总督想要解雇自己的一个愚笨的下属，他必须向他在巴黎的上司请示批准。在这样的形势下，那些远在加拿大的人，他们的行动动力和主观能动性就被磨灭了。在那个时代，一个殖民地如果想要快速发展，就得靠当地的人竭尽全力为自己的工作负责，无论在何种情况下都不会向中央政府寻求帮助。

新法兰西远远落后于邻居荷兰和英国还有另外一个原因。清教徒们定居的地方，从未出现或者很少出现政府和教会之间的摩擦。加尔文派和路德派偶尔会有一些小争吵，不过最后都是弱小的一方退到森林的另一处去建自己的住所。整个殖民地在很大程度上受益于英国影响范围的扩大。

而在加拿大，教会和政府永远处于不和状态。在殖民地刚刚建立的时候，耶稣会修士们就来到了这个地方，接管土著人——无疑他们急需神父们的教导。但这群非凡的、圣人般的、博学的耶稣会修士们（天主教的突击部队），绝对不能接受国家权力在教会权力之上的观点。

耶稣会在南美洲的巴拉圭成功建立了自己的政权，还受到认可，成为一个独立的国家，拥有自己军队，并像君主制国家一样存在了近一百年。在加拿大他们不可能做到这样，但是他们和其他教派的传教士一样，很怨恨皇家总督们对他们工作的无尽干涉。只要加拿大归法国管，他们就和国内的达官贵人们不共戴天。

法国政府当然想要从美洲这片土地上谋取利益，殖民地官员们的职责就是在每年年底向政府呈上不菲的收益。他们要求一定数量的皮毛，至于用何种办法弄来，他们丝毫不感兴趣。法国政府认为，只要有源源不断的熊皮和海狸皮装满蒙特利尔的仓库，土著人全部死于饮酒过度也无所谓。

教会看到在这样的政策下土著人日渐式微，于是这些正直的神父们决定竭尽全力阻止悲剧的发生。在很长一段时间里，法国殖民地一直由魁北克主教掌握实权，因此，贸易活动开始停滞不前。但是那些土著人并不理解神父们的善行，反而把这种帮助看作是对自己的蔑视。后来，在易洛魁的领导下，他们差点把全部法国人赶进大西洋，这让塞纳河两岸的人民大为悲愤，于是急急忙忙地派出强壮的路易·德·弗朗特纳克去圣劳伦斯河镇压异端分子。他屠杀了大量的印第安人，使他们闻风丧胆，不敢再有所动作，不过就在这时，法国国内的操纵戏码开始了。国王的那些美丽的女人们，在国王面前哭得梨花带雨，诉说她们的神父在美洲的悲惨遭遇。于是一个接着一个，主教们都回国了。之后很快，那位干劲满满的总督也被国王叫回巴黎去"汇报他最近的活动"。此后，一切都回到了从前，所有的努力都白费了。

17世纪曾经有一段时间，在查理二世的统治下，法国很容易就可以把整个大西洋沿海地区都吞并为自己的领土。当时英法战争刚刚爆发，法国有一支精锐部队就驻扎在蒙特利尔，而英国却没有驻军。

而就在这个关键时刻，在新法兰西历史上最为严肃的时刻，国内某个愚蠢的人应了愤愤不平的教会的要求，把加拿大总督召了回来。当法国意识到犯了错想要去弥补时，入侵新英格兰的绝佳机会已经一去不复返了。

不过从地图上看，新法兰西帝国还是很宏伟的。

从北极圈一直延伸到墨西哥湾，土地之宽广很是夸张。边界线是由一块一块厚重的铅板埋下的，国王的仆人们在铅板上刻了字样，将铅板埋下，意味着这片土地世世代代属于路易家族。

不过实际上，这是一片贫瘠荒凉、教士横行的土地，长久以来，这片土地上的民众一直被成片累牍的教条教规压迫着，从不可能按照自己的意愿来开发土地资源。这块土地充斥着王室的阴谋诡计。

直到17世纪下半叶，法国人有了一次拯救这片土地的机会。1685年路易十四废除了《南特赦令》，这项法令是由亨利四世颁布的，旨在给予清教徒和天主教徒一样平等的政治权利。在法令被废除之后二十年的时间里，胡格诺派教徒再一次遭到了残忍、愚蠢的迫害。他们再也无法忍受故土的生活，于是向国王请求批准到别的地方去。那些勤勉的教徒们，如果当时被允许到大西洋彼岸建立一个忠诚的新法兰西王国，他们一定愿意放下现有的一切，但他们的请求被简单粗暴地驳回了。当他们一再坚持要出去时，边境的大门对他们关闭了。

当然，一旦人们铁了心要离开一个国家（或进去），他们总能找到办法出去（或进来）。在此后的五年间，逾五万户胡格诺派家庭设法逃出了法国。他们逃到了英国和荷兰。他们一无所有，只有自己的能力和勤俭节约、诚实守信的好品质，这对他们来说就足够了，凭借着这些品质他们可以生根立足。很快，他们便重新开始了商业和贸易活动。这些人原本可以为法国效力，在世界遥远的地方发扬法国文化，而现在却在为那些伺机夺走法国每一块殖民地的势力效忠。

16. 充满希望的地方

人们总是会惊奇于那些"突然"而至的命运，比如隔壁街道有一栋房子"突然"倒了，邻居有一位老人"突然"去世了，欧洲一个很有名的王朝"突然"崩塌了。事实上，正如所有科学家、大多数的新闻记者以及小部分历史学家都知道的那样，任何事都不会"突然"发生。邻居的身亡、房屋的崩塌、王朝的覆灭，这些看起来好像是顷刻之间发生的事，其实是长年累月一点点积淀出来的。

回顾一下历史进程，你就会发现，一个共和国"突然"崛起、一个家族"突然"获得财富、一位原本并不出名的小提琴手"突然"被称为旷世奇才，这些全都是他们长时间默默筹划的结果。在之前的很长一段时间里，他们有无限耐心，付出了无限努力。

很快就要讲到那场政治大动荡了。这场"突然"发生的大动荡让十三个冲突不断的小殖民地集结起来成为一股强大的政治联合势力。那么这场"突然"的巨变到底是如何发生的呢？是一场耗时许久的艰苦战争导致的吗？是出于大规模经济合作的需要？又或者是仅凭一位政治家的一人之力就促成了这场动乱？

当然不是。

尽管革命总是喧闹嘈杂，吸引大多数民众的眼球，但它毕竟只是意外发生的事情。而早在几百年以前真正的基业就开始铺垫起来。新事业的铺垫工作总是静悄悄地进行，而且做铺垫工作的人大多是平平无奇的民众，所以当时很少有人意识到世界上正在发生一些不寻常的大事。

我们关于17世纪和18世纪移民的数据还不是完全可靠。我们非常了解其中一小部分的移民，而对另外一大部分的移民实际上无甚了解。

但是我们获取了足够的信息，可以很精确地了解到历经艰难险阻跨海而来的民众到底是什么样的——他们带着不同的缘由，来自社会的各个阶层。

首先是黑人，英国和荷兰的奴隶公司进行了恶性竞争，导致黑人被卖到美洲来，不过这些不幸的黑奴并不在我们讨论的范围中。他们之所以来到这里是因为他们被逼无奈，无法为自己做主，注定要为自己从未犯过的错而受苦。

接下来要说的是"契约奴"。17世纪的契约奴包括那些打零工的人、小工匠以及没有钱支付船票的破产的小商贩们。为了获得一定数量的钱财，他们自愿和一些殖民主签订契约，时间为5年至7年不等。总体而言，在我看来，这些可怜的人们并不没有得到公平的待遇。早年间船票确实比现在贵很多，正常价格也高达单程四百美元，但就算这样，做七年杂活苦工就为了换一张统舱票，似乎太不值当了。不过满怀希望的移民也许认为这是唯一一次可以逃离悲惨境遇的机会。他们认为，七年时间一过，就可以恢复自由身了，然后就可以随心所欲想做什么就做什么，自己的职业生涯又得以重新开始。

另有一些是小资本家。他们很幸运，有的有点积蓄，有的赚了一些钱，有的继承了一点遗产，反正有小几百块。他们看到了整版广告，上面是佩恩所描述的美洲森林"天堂"的秀美景象，于是决定趁早到那里去瓜分地产和资源，坐拥免费的农田宅院。

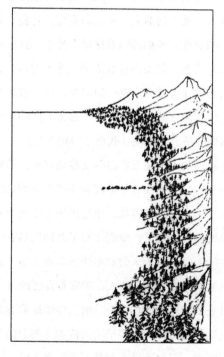

山、树林和平原

还有一些是教徒，他们在家乡受到当地长官无穷无尽的迫害，想要在美洲荒原找到僻静之所，想在那里随心所欲地祈祷和布道。

还有那些生来就有"流浪癖"的人，乐于遭受苦难，他们想要去美洲大陆仅仅是因为待在家里很无聊，觉得有必要改变一下。

还有一些人，他们同样觉得急需改变现状，因为一直有法警在追捕他们。

总的来说，移民者鱼龙混杂，举家搬迁，从世界的一头搬到了另一头。

但当他们一登陆上岸，所有的人，宗教狂热分子、契约奴、光明磊落的年轻人、破产的商人、不满的贵族、逃犯、私逃的水手以及被剥夺财产的农民，他们都同意这样一件事：这个地方要比他们刚离开的地方好很多。但要在这里活下去并不容易，这些殖民者中只有最吃苦耐劳的才有希望生存。但同时，这个世界充满了无限的机遇，这里有广阔无垠的土地，有十年都走不完的原野和森林，人们可以展开双臂欢呼："看呐，我终于自由了！"

在大西洋沿岸的人民还没有想到要将相互抗衡的殖民地凝聚成一个完整的国土时，生活在查尔斯河和切萨皮克湾之间的那块土地上的人们便有了一个共同的特性，正是因为有了这个共同特性，在接下来艰苦卓绝的许多年里，他们才有了共同的信念。我认为这个信念就是新大陆上每个人未来的幸福快乐取决于他个人的努力。这些自愿选择生活在美洲大陆上的人，主宰着自己的命运。

在领港员登上进港船的几个小时前，昏暗的岩石海岸线的轮廓便开始显现。这种情形对于那些早期去西番戈淘金的探险者来说，意味着延时和灾难；但对于后来的百万移民者来说，这意味着希望的曙光。

很多论文都深入探讨过这些对未来充满希望的移民者们的心理发生了怎样的变化，也探讨了这又是如何影响了美国人性格的形成。不过在本书中，我不用参照这些鸿篇巨制的内容也可以讨论下去，因为我也见到了那条纤长的幽暗的海岸线。

17. 国王和帝国抢夺土地的游戏

不记得什么时候,我听过一个关于鱼类学教授的古老的故事。

有一天,教授向他的学生介绍鲟鱼,他左手捧着一堆稿子,右手拿着一根短短的小棍子,讲到哪里就指到哪里。这些内容都是他辛辛苦苦从所有关于鲟鱼的文献资料中摘抄下来的。时间慢慢流逝,教授滔滔不绝。

"先生们,"教授跟学生们讲道,"这鲟鱼……"

就在此时,教室的门开了,一条亮闪闪的老鲟鱼悄悄地游进了教室,游上了讲台。它浑身长满了水草,还散发着智慧的光芒。

这位教授愣了好一会儿,面对这突如其来的打扰,不知道该怎么办。好不容易才冷静下来,摆出威严的样子问学生:"请问哪位先生可以把这条鱼赶出去,我们还要继续上课。"

我每次读到一些欧洲同胞的论著时,都会想起这个故事。他们勤勤恳恳做研究,一丝不苟。他们会耗尽毕生心血去搜寻某个遗失的文献;为了解释诸如大规模移民这样的重要历史事件,或者研究封建体制下一些鲜为人知的事件,或者研究朝代更迭,他们可能会在广阔无垠的文献资料（无论是印刷出版的还是手写的）世界中跋山涉水。不过他们似乎容易忽略一个较为明显的事实：在大西洋彼岸，中世纪制度依然盛行，现代的美洲是研究社会、精神和经济现象的理想的实验室；而这些现象，正是旧大陆在哥伦布诞生以前就已经普遍存在的。

我举几个例子来解释一下。

早在1200年前，欧洲人就不再居无定所四处漂泊；而在美洲，移民活动到现在依然盛行。在1927年，华盛顿依旧面临着大量土著人聚众喧闹，要求居住权的问题，而这个问题早在227年，罗马也遭遇过。

第一次世界大战铲除了欧洲最后的封建势力残留，而在美国的各个城市，封建制度依然活跃。如果有人不相信我说的话，那就去好好研究一下坦慕尼厅①或者是我国其他任意一个大的政治组织。

17世纪到18世纪这一段时间内欧洲各个王朝之间的惨烈斗争，现在正以改良过的全新形式继续在美国出现。持续不断的暴力事件已经占据了我们报纸三分之一的版面。当然，1927年斗争的方式与1727年的方式大不相同，不过哈布斯堡家族、波旁家族、罗曼诺夫家族、霍亨佐伦家族和瓦萨家族争夺欧洲土地的厮杀方式倒是可以给现在的那些金融团体很大的启发。这些金融集团就在今天早上还在为石油、粮食、煤矿和电力等资源的垄断经营权的归属问题大打贸易战。

过去发生的事现在看起来总是栩栩如生。距离产生美，所以时间用灰尘仁慈地遮住了国王羽毛帽上的油渍，正如它掩盖了国王品

---

① 19世纪和20世纪初期操纵美国纽约市政界的腐败政治组织。——译者注

行上的污点。两百年之前王朝之间的你争我斗既愚蠢又劳民伤财，现在金融集团为了争夺水资源和橡胶资源而相互算计也是如此。

不过有一点不一样。18世纪的战役都是从马背上发起的，而今天的这些贸易战是从一栋摩天大楼的17层发起的。

乔治王朝和路易王朝构成了一段重要的王朝历史，这两个朝代的故事广为人知，也没有什么好说的了。

宗教改革之后，一个时代的宗教狂热已经消磨殆尽。当人们想到他们打着兄弟之爱的旗号而自相残杀、血流成河时，就开始觉得自己有些愚蠢了。他们不再愿意为《圣经》中某个晦涩难懂的段落而大动干戈。不过，他们渴望为了所谓的"合法继承权"这一含糊其辞却看上去很崇高的说法而斗争。之前浪费在熟读官方教义上的时间，现在都用来研究家族史和家族名录了。

时代的标语口号在改变，但人类本性依旧保持未变。现在人们为了"维护路易或者乔治的正当权益"而冲锋陷阵，他们的大无畏精神和一百年前他们的祖先为了维护上帝的荣光所做的一切是一样的。

几百年来，欧洲王朝实际上就是一个紧密的王权团体，他们一直是和表亲联姻，所以从一个王朝的十几个候选人中挑出哪一个是"合法的"王位继承人确实难上加难。那些"最接近于合法"的继承人通常都会有一个叫作"司法咨询顾问"的小团队，团队里的人出于自身利益的考量心甘情愿为自己当时的雇主做任何事，解决任何问题，以巩固他的继承地位。

18世纪的这些冲突稀奇古怪，就和现在大型国际纸牌类游戏一样。参与这场战争中的所有国家（按照常规，整片大陆都会被卷进这场斗争，直到战争结束）都费尽心机使用尽可能多的诡计，等到了谈判和解的时候，他们就跟对手说："现在我手里有你四个省、九个大城市、一万两千平方英里的印度殖民地、一万四千平方英里的美洲殖民地、两千平方英里的非洲殖民地和384名商人。让我看看你有什么，你手里有我五个省，不过只有六个大城市，一万平方英里印度殖民地和两万五千平方英里美洲殖民地。你在非洲没有殖民地，但有279名我们的商人。现在四千加上九千，再加上一万二……"如此等等，整个争论的过程就像市井上的"马匹交易"，直到他们达成一个看上去对各方都很公平的协议。

非洲和亚洲的原住民以及美洲的殖民者不可避免地被卷入这些争论中，尽管他们对这些丝毫没有兴趣，但也要表达自己的观点，不过那些在巴黎、伦敦、维也纳和阿姆斯特丹的统治势力根本没有把他们的意见考虑在内。

我必须要再提醒你们一次，不要对我们愚昧的祖先要求太过严苛。

就在前几年，我们还把非洲的中心变成了战场，让卡菲尔人为了德国人或者协约国的更大利益而自相残杀。我们为了争夺那些本不属于我们的土地财产，在中国屠城。我们迫使无数的印度人和非洲人卷入一场与他们的生活丝毫没有任何联系的冲突中。当一切都结束后，一小群坐收渔翁之利的人瓜分着一片片的土地和一桶桶的石油，还厚颜无耻说自己是为了"保障世界的和平"才费尽心思偷抢殖民地的。

发动这些战役并从中获利的王朝已经不复存在了。我们伟大的祖先用来做赌注输掉的、丢弃的或者当作失败的投资和别人换掉的那片美洲大陆，现在有了响亮的名字，如"加拿大自治领土"或者"美利坚合众国"。

英法百年战争最终的结果是北美大陆全部归英国所有，法国势力一败涂地。这段历史已经被后世描写了上百回，研究得很透彻，我没有什么细节可以补充了。为了方便大家的学习，我们还在教科书中描述了几场战争，有"威廉王之战"（1689—1697）、"安妮女王之战"（1702—1713）、"乔治王之战"（1744—1748）、"法印战争"（1754—1763）等，并且还说我们在这些著名的战役中赢得了"道义上的胜利"。书中也稍微描述了几场战斗，如英国士兵攻下了一个堡垒，孤立无援的法国士兵被迫撤退；英国士兵击败了一支由三十七名士兵和三十八名印第安妇女组成的军队，等等，诸如此类的英国的"光荣事迹"。

不过那些穿着红蓝军服的军队之间偶尔的暴力冲突，要是和美洲荒原边境上的悲剧事件相比，就显得微不足道了，那是一个到处都充满了痛苦的年代。

18世纪的政治家们只关心协议书、契约以及官方备忘录，他们从不考虑现实发生的事情。当他们在新世界的地图上画着美丽的线条，告诉别人谁拥有哪片土地时，其余的势力正在蠢蠢欲动，很快他们将会无视官方的命令，破坏这些官员们的心血之作。这些势力就是快速增长的欧洲移民。

总体来说，那些离开旧大陆人口爆满的城市和村庄，来到宾夕法尼亚森林空地定居下来，或者来到满是石头的马萨诸塞的农场里种植庄稼的人们，其实都是很平凡的人。除了《旧约》，他们没有读过其他的书。他们对政治的关注，也只局限在他们生活的乡村范围里。在我们看来，他们的生活单调乏味，吃的是他们自己种的，喝的是他们在自家厨房蒸煮出来的，穿的也是妻子织给他们的。但是他们知道自己想要什么，他们想要的只有两个字——"土地"。

有一百个罗德岛的居民要向西边行进，远在伦敦的一位极度焦虑不安的官员听说后大叫道："噢！天哪！他们不能去那儿！那块地方是属于法国的！""为什么我们不能去？"罗德岛人回应道。他们给自己的牛队带上装备，然后就出发了。确实，他们很快就遭遇了不幸。法国派出军队要赶他们回去，或者图省事干脆把他们就地正法。

天哪，从地图上看，那些法国堡垒坚不可摧，守卫着从圣劳伦斯湾到莫比尔湾的边界。但实际上这些堡垒相隔甚远，堡垒和堡垒之间有很大的空缺，一群根本无法控制的移民就通过这些空缺涌向了西部茂密的森林和肥沃的土地，他们势不可当。

同样的事情在大西洋沿岸已经发生过了，不过是很小的规模。当时荷兰人占领了很多的土地，但却管理不过来，于是新英格兰过剩的人口很快就占据了康涅狄格怡人的山谷。英国农民在荷兰人的堡垒旁边种着庄稼，然而什么事都没有发生，因为双方人民相互需要，对欧洲故土虚伪的忠诚，丝毫不能影响他们之间的关系。

直到18世纪，法国人突然明白了，与自然规则抗衡是白费力气的。巴黎政府最终开始意识到美洲领地的重要性，于是便派了大量军队驻扎魁北克、蒙特利尔、新奥尔良、温森斯堡和底特律堡。这些军队远比英国军队强大，但东部那些没有土地继承权的流民们朝西部免费农场进发时带着的那股冲劲，使法国士兵的勇敢和战斗力黯然失色。1759年，好运最终降临在英国人身上，他们攻占了魁北克。守护大湖区和密西西比河山谷的法国堡垒链条被永久地破坏了。

现如今，只有一个古老的法国名字可以提醒我们，在我们祖先们生活的那个年代，在那遥远的地方发生了一些悲剧。仅此而已。

18. 1769年1月5日，人类步入现代纪元

这一章我要说一个新的想法，但可能会帮助我们更好地理解过去两百年来的历史。

一个新想法的出现

文艺复兴时期有一位历史学家为了叙述历史的方便，也为了炫耀自己的成就，把人类历史分为三个时期：古代、中世纪以及现代。"现代"，当然代表的是他所生活的年代。他省略了"史前人类"是因为他从未听说过有这样一个时期的存在。他认为，罗马帝国的陨落就是古典时期的终结，他把土耳其人攻占君士坦丁堡当作是中世纪的结束与现代的开始。

长期以来，这种划分历史阶

段的方法急需彻底的修正。罗马帝国从未灭亡,"罗马帝国灭亡"这样的说法容易给人们造成错误的印象。当土耳其人攻占君士坦丁堡时,中世纪可能已经结束了,也可能没有结束。与苏莱曼大帝成功侵略欧洲相比,其他一些事件可能对中世纪生活概念的瓦解有着更深的影响。

不过在本书中,我主要关注的是美国历史。

我想说的是,在美洲大陆上,中世纪的结束是在这一天:1769年1月5日。

这一天,詹姆斯·瓦特为自己制出的"蒸汽机"申请了专利。

19. 乔治·格伦维尔成为"效率专家"

帝国的分崩离析，主要是因为其保留了应该被废除的旧制度的残余。确实，没有什么比严格遵循僵化的不合时宜的旧制度更容易招致失败了。这套旧枷锁上得越紧，越容易导致整个体制的崩坏。

这么说吧，只要大英帝国一直在扩张的道路上，一切都很顺利。那些被派到全世界各个角落的人，都在抗争着教会的精神统治和西班牙的经济垄断，所以本国政府没有施加给他们很多的限制。政府允许他们有自主权，可以采取独立行动，于是当时他们所做的每一件事都是切合实际、方便妥当的。有时候，他们的野心变得有些大，为了满足个人私欲，他们不惜冒着成为国王的替罪羊、被送上绞刑架和断头台的风险来造势。不过人们对于这样的事也是司空见惯了，他们并不会以幸存者的激情来过多干预。

到了18世纪中叶，大英帝国的殖民扩张已经基本走到尾声，是时候开始采取中央集权制度、促进社会组织化、完善等级制度了，这不可避免地导致了一个结果，那就是苛捐杂税。罗利家族从历史舞台上谢幕了，当舞台大幕再次拉开时，人们看见的是乔治·格伦维尔作为"爱国男孩"、身穿海军上将制服的高贵形象。

如果只把格伦维尔一个人的名字拉入现在的讨论中,似乎有些不公平,这样做就好像是说英国丢掉美洲殖民地是他一个人的过错。不过,格伦维尔确实是那种官方思维的一个完美的代表,他能在更短的时间里比其他我们所知道的历史上的那些人物做出具有更大伤害力的事情。所以他必须出现在历史剧本中,而且免不了要占四五页的内容。不过不要简单地认为这是一场喜剧,这从头到尾都是一场悲剧,这个悲剧很完美地诠释了什么是"竹篮打水一场空"。

确实,乔治是一个勤勤恳恳有才华的忠臣。整个英伦三岛没有哪个人能比他起得早睡得晚,他把一天的大部分时间都花在工作上,但是现在他沦为备受谩骂的财政大臣了。

如果在伊丽莎白女王时代,他一定会是某家冒险公司的记账员,而且很受重用。然而他生在了乔治三世时代,他被任命去专门管理美洲殖民地,负责通知美洲殖民者们何时、何地、以何种方式上缴税款,这些税款被用在大英帝国各个方面的维护上。这个工作将他置于十足的危险之中。

受到查尔斯·汤森德的影响,格伦维尔可能会相信殖民者是"英国播种的幼苗,在祖国的恩泽关照下茁壮成长,所以他们现在才能如此富裕如此强大"这样的说法。不过老巴尔上校提出了质问:"他们是我们精心培养的吗?不,绝对不是的!是我们的压迫把他们赶到了美洲,是我们的漠不关心促使他们在美洲茁壮成长。"不知道格伦维尔听了这些话后是如何应对的,如果他知道美洲人为老巴尔上校这颇具煽动性的言论而掌声雷动,他又会作何感想呢?

尽管新英格兰人、弗吉尼亚人和卡罗来纳人深深根植于为国王效忠的古旧思想中，做梦都不会想要去建立一个属于自己的国家，但是在内心，他们是很不满的。他们当初离开祖国为的是寻求个人自由，为的是赚取更多的钱养家糊口；可当他们好不容易自由了，他们的政府竟然跨过大西洋来管理他们。美洲的殖民先驱们发现自己再一次深陷政府的控制中，这让他们很是厌恶，要知道他们正是因为要逃离政府、追求美好生活才从英国的布里斯托尔逃到马萨诸塞的波士顿。

不管他们愿不愿意，尽管荷兰和西班牙市场上的商人会给他们开更高的价，他们还是得将自己所有的产品卖给英国中间商，然后流入英国市场。除了他们在自己的庄园里造出来的工具或者农具，其他的所有用品都得买英国制造的，不然什么都不能用。

无论是进口还是出口，他们都必须用英国的船只装载，船上必须是英国水手，必须由英国船长指挥管理。

若是在英法边境战争的后五十年，这些规定相对来说很容易就能蒙混过关。不过现在形势稳定，国家安全和平，因此情况有所不同。英格兰为扩建陆军和海军借了上亿的债务，乔治·格伦维尔受命来征收充足的税款，以偿还这些债务利息。

格伦维尔和他所在阶级的大多数人一样，缺乏充分的政治实操能力。他宁愿在离家乡三千英里之外的地方与人发生争执，也不愿在故乡与人争吵。他坚定地认为，给美洲殖民者（生活在地球另一端的思想单纯的农民们）增加赋税要比在国内实施这一举措容易得多。要是国内那些人生气了，就会嘲弄他，把他赶出议院，甚至可能会砍下他妻子的头，让他的儿子们无法接触到高薪职业。

格伦维尔为了增加查尔斯顿和费城的赋税，采取了一些措施，他为这些措施打了个幌子,说祖国母亲为了保护在新英格兰和弗吉尼亚的她亲爱的臣民们免受法国和印第安人残忍的侵害付出了很大的代价,所以就要增收税款,只有这样,才能帮助英格兰快速将损失的财富弥补回来。

首先,那个在克伦威尔时代就被废除的《航海法》,再一次被严格执行起来,走私犯们将被押上海军法庭进行审判,而且陪审团不再采用他们的走私犯团伙,因为这些人会认为被告人是无罪的,因此会判他们的走私行为是爱国主义行为。

其次,那些刚从法国手里抢过来的广阔的美洲西部土地不能有移民活动,需要等英国政府探查完这片新领地,制定好相关的保障措施,以保障移民能在这块新得的印第安人的土地上获益,然后才能对移民开放。

最后,移民们大部分的生活必需品,比如糖浆、蔗糖以及之后的茶叶同时开始征税,以这样一种形式增加收入。于是,所有的官方文件、报纸、纸牌、契约、合同、抵押收据都贴上了印花。这些印花只能在国王的财政代理点购买,价钱从一便士到几英镑不等。

我们现在,即使是最贫穷的人,都得向华盛顿联邦政府缴纳税款。与如今的巨额税款相比,早期殖民者们从兜里掏出来的那些税款显得有些微不足道。但这不关钱的事,而是关于原则的问题。殖民地上那些专业的演说家们群情激愤地批判了这些惨无人道的税收政策,他们呼吁自由,声讨死亡,以及那些令人厌恶的、一点也不为他们考虑的征税原则。他们忘记了,如果他们留在自己的家乡,也不会在议会中有一席之地,议会也不会考虑他们的需求,他们留在家乡的情况并不比之后搬到新泽西和佐治亚生活的境况好很多。在那些幸福的日子里,也才只有不到10%的英国人拥有选举权,其他90%的人则只能默不作声,他们只能听从政府的命令缴税。他们替国家弥补了赤字,然而却只能选择沉默。美洲殖民地反对派的领导们对这个情况很是了解。他们讨厌缴纳任何税款,还想出了一句标语:"无代表,不纳税。"这句标语形象生动,还将逃税人塑造成真正的为了政治正义而进行无私斗争的斗士。

然而很长时间过去了,什么事都没有发生。

英国政府依旧不停地出台新的法规。殖民者们也依旧不停地在这些法规一出台的时候就废掉它们。

乔治·格伦维尔不眠不休地"研究这个问题",然后向国王做了个口头报告,他的报告很深刻,很严肃,也很枯燥。之后,乔治三世把他赶走了,没有其他原因,就是因为他啰啰唆唆,让人受不了。

20. 荷兰茶叶和法国糖浆

在美洲的英国殖民地上，居民们很多的日常必需品只能从国外进口。

想要买这些东西就一定要有钱。

想要赚钱，他们就必须出口自己的产品，把它们销到国外。

这些听起来很简单，实际上做起来也不难。当然，假设你能弄到制造你想出口的这些产品的原材料，然后做成成品，再以一个比成本高一点的价钱卖出去，就可以赚钱了。但如果你被迫只能从某个单一的市场上购买原材料，而且市场上出价多少你就得付多少，那你就有可能破产了。

18世纪的美洲殖民者和当时其他地方的所有人一样，消费着大量的被我们的父辈叫作"小酒儿"的东西。在新英格兰，人们喜欢喝朗姆酒；在纽约，人们喜欢喝杜松子酒；在加拿大，人们倾向于喝科尼亚克白兰地酒。总之，全美洲的人都喝酒。不过要想制造朗姆酒，清教徒管理的酿酒厂就需要大量的蔗糖和糖浆。这些必要的原材料本可以从邻近的西印度群岛以相当便宜的价格买入，但这些岛屿大多数都被法国或者荷兰掌控着。而根据当时英国的法律,如果他们从西印度群岛进口原材料,就等于"违法"。新英格兰人只能从自己的宗主国那里买蔗糖和糖浆,而在英国国内,商人们利用政府好心赐予他们的权利完全垄断了市场。

问:新英格兰人,国王乔治三世忠诚的子民,有没有因此漂洋过海到伦敦或者布里斯托尔购买每吨一百块钱的蔗糖呢?

答:他们没有。国王乔治三世的子民尽管忠诚,但都不笨。他们会到瓜达卢佩或者圣欧斯塔修斯以每吨三十块钱的价格购买蔗糖。

问:国王乔治会同意他们这么做吗?

答:当然不会。

问:那政府的态度能阻碍新英格兰人继续贩卖朗姆酒和非法进口蔗糖吗?

答:绝对不可能。

以上可以为一场持久的辩论提供一个很好的话题。

有一个奇怪的现象,哪怕追溯到古巴比伦,这样的现象也会成立。那就是只要政府不干预老百姓的吃喝问题,老百姓无论遭受多少虐待都能忍受。有的时候我甚至会怀疑因酒而起的血腥事件可能比因宗教而起的暴力事件还多,这很能说明问题。当英国政府和一群反对团体争论不休的时候,总会出现其他反对者站到国王的一方,幸灾乐祸地看着自己的竞争对手遭遇不幸。不过当议会决定对朗姆酒、茶和咖啡征收税款时,各方都处于危险的境地。因为它触及了贵格派教徒的根本利益,浸礼会的根本利益也受到威胁,甚至也威胁到了最顽固的不可知论者的利益。实际上,税赋并不重,按重量计,每磅只要交3便士的税。但这就很讨厌了,那些心平气和的人们每喝上一杯可口的酒,就会想到自己是在助长那些无正义可言的法律。

走私的人

茶叶

最后,这些渺小的茶杯(众多小风暴的比喻性说法)汇聚成了一场飓风,威力之大可以掀动整片海洋,而出人意料的是,这场飓风就起源于每年仅仅二十万英镑的财政税收。

但谁能预料到这样一个结果呢?

老实来讲,没有人能预料到。

起初美洲的殖民者们公开发起戒茶活动,但他们常年习惯喝茶,茶瘾已经深入到他们的体质内了。他们必须喝茶,他们离不开茶。

"很好,"南特基特和普利茅斯的船长们说,"我们可以像走私蔗糖一样走私茶叶,很容易的。"然后他们就向库拉索驶去,返航时船上载满了茶叶,价格非常低廉,是从荷兰的东印度公司直接进口的。这样人们就可以端起茶杯,而不会觉得喝茶是违背自己的原则了。几个月内,新英格兰沿海地区的货舱里都装满了荷兰东印度公司的茶叶。这意味着英国茶商蒙受了巨大的损失,他们震怒了。悲愤交加的英国商人是一群破坏力极大的危险分子。英国议会决定要对此采取一些措施,于是英国东印度公司大量的茶叶被不断地运到美洲海岸,在政府的补贴下,人们能够以比荷兰茶叶还低的价格买到英国茶叶。

那些正直的走私者们(他们是社会阶级中最具影响力的一群人)感觉到,政府的低价倾销策略并不遵守贸易礼仪,会破坏贸易的公平性。于是,这些走私者们的"公关部门"忙了起来。新闻报纸满篇都在谴责那些喝英国茶叶的人是"叛徒"。

想要煽动清教徒们的情绪很容易。他们平时太习惯于压抑自己的真实情绪,所以只要有一点点可以展示"合理的兴奋"的场合,他们绝对会放纵开来。于是,装着英国茶叶的船只被一群群兴奋的暴民点燃。波士顿有一群年轻人(看上去很不错的年轻人)打扮成印第安人的样子,偷偷登上了三艘刚刚从英属印度驶来的大船。他们毫不在意船上有天花病患者,勇敢地潜入了船舱,兴高采烈地把一包一包的茶叶扔进了海港。这群年轻人在马萨诸塞成了英雄,大受群众的欢迎。但在英国,他们被贬成下贱的强盗,应该被抓起来送到治安官手中绞死。不过最后什么也没有发生。

但是,人们发现如果打着爱国主义的旗号发起暴力事件,是不会受到惩罚的，这个时候就突然涌现了一大堆专业的爱国主义者。

一些运气不好的卖印花的官员每隔一段时间就会遭到一群无赖的袭击，他们的房子会被洗劫一空，他们卖的那些印花券也会被烧成灰烬。

这片土地上遵纪守法、扭扭捏捏的民众，以及那些已经购买了印花票并且将其贴在法律文件上的人，不管他们内心赞不赞同这项法律，他们都随时面临着被全身涂满柏油、粘上羽毛的危险。此时要想让法庭为他们采取保护措施是不可能的。

反抗者

忠实的代价

当然，英国政府是不可能容忍这种暴乱事件发生的。一个不再进行"统治"的政府，一个出台了法律又任由无知的民众废除法律的政府是不可能长久存在的。在这样的情况下，政府要么采取极端的强硬手段来逼迫民众实行国家政策以维护自己的统治，要么就完全置身事外。

不过隔着一片大洋，如何强制推行法规呢？

美洲殖民地有很多法院。当然，它们是真正的法院。但这些法院就和英国国内的法院一样，由陪审团来决定被告有罪还是无罪。陪审团是由与被告关系非常亲密的朋友组成的，是由对嫌疑犯抱有打心底的同情的人组成的，毫无疑问他们会宣称被告无罪。无论国王的律师们手里的证据多有说服力，被告通常都会被判无罪。

事情发展至此，那么接下来该怎么办呢？

那就通过一个紧急法案，以后凡是有类似的案件一律送到英国去审判。这个方法看上去可行，但是如果真的实行了，必会招致民众更多的不满和怨恨。因为英国法律有一条古老的原则，那就是任何人都不得在自己活动范围以外的地方被审判。

好吧，那么还有一个办法，政府通过了另一项紧急政策，不让被告的邻居作为他的陪审团出现。这个方法也有一定的可行性，但也有一定的危险。这样做意味着以一种不公正来审判另一种不公正，意味着以恶魔之火来烧恶魔，这项举措非常危险，很容易就会导致叛乱的爆发。

但必须采取一些措施了。殖民者们对待这个问题异常的严肃，他们忘却了彼此之间小小的争吵，挑选出自己的代表来到纽约城的联合议会上抗议宗主国政府的不合理政策。事件快速升级为一场危机，在这样的情况下，最好的办法就是把过去的政策都推翻，一切重新开始。只有这样，议会尚可以保留一点颜面而不至于输得太惨，不过他们坚持声称自己将一直保有为英格兰和英国殖民地立法的权利。他们表明自己的态度，说议会从未想过做一些不合法的事情，他们愿意倾听民众的意见。

然而议会本身从不愿意倾听民众的意见，他们开始小声恐吓民众，威胁他们，说将会倾尽全力重建过往的秩序。现在，"权力"对于政府来说，就意味着两样东西，那就是警察和士兵，由此我们发展到了独立战争的第二个阶段。

英国政府派了大量的军队来到动乱地区，他们在税务官们遭遇袭击的那些城镇和村庄里巡逻。不过巡逻是一件很无聊的工作，即使是训练有素的优秀士兵在巡逻时也容易失去耐心，在一群抱有敌意的人群中很容易失控易怒。何况他们还戴着真枪实弹，他们是可以开枪的。当一群调皮的波士顿男孩往他们身上砸雪球时，他们再也控制不住自己的愤怒，于是对那些柔弱的民众大开杀戒。他们的枪声给整座城市带来了恐慌。

这些都是很老很老的故事了。过去一直都在发生。

历史不断重演，许多历史学家开始怀疑，现代人从未从历史中学到什么道理。每一代人都会犯同样的错误，然后在自己犯的错误之中总结同样的经验，但是后人并不会吸取教训。

"太悲观了。"你可能会这么说。

朋友啊，抱歉，我只能说，世界并不是由我创造的。

21. 边境质朴的智慧

此时此刻我们可以听到枪炮声,可以看到一群一群疲惫不堪的农民,艰难地在乡间泥泞的道路上蹒跚,还可以看到一路咕哝抱怨的英国士兵在危险的乡间小路上拖沓行走。我们还会听到这样一个问题:"现在这样悲惨的局面到底是谁的错?同样是英国人,我们为什么要自相残杀?为什么双手要沾上至亲的鲜血?"

如果要我回答,我只能再一次说,我不知道。在人类历史的进程之中,有很多特定的事件似乎是无法避免的,美国大革命就是其中之一。

如果美国大革命没有在1776年爆发,那么它可能会在1777年爆发,就算1777年有一位政治能人有能力扭转局面,避免动乱的发生,那么这场革命依旧会在1778年爆发。

因为这不仅仅是利益上的冲突。

是意识形态、思想方面的冲突。

面对这样的局势,唯一的答案就是战争!

如果坐在宙斯的座位上对祖先的所作所为大放厥词,说类似于

"这样做或那样做是不对的,其他人都是无辜的"这样的话,总归是有点尴尬的。

在此恕我斗胆发表一下自己的意见,我认为英国政府应该承认自己犯了严重的判断失误。国王、议会以及他的大臣们都把美洲殖民者当成英国人。从法律和政治的角度来看,他们无疑依旧是英国人,但他们是有着悲痛回忆的英国人。他们清楚地记得自己出生的那个救济院,也清楚地记得埋葬自己母亲遗体的那个破败的墓地。他们永远不会忘记忍饥挨饿的痛苦,以及父亲被人追债时自己所遭受的毒打。他们记得所有的事情,回忆中充满了深深的怨恨,他们自己并没有犯错,却遭受着苦难。之后他们坐着肮脏破败的移民船,吃着腐烂变质的食物逃离故土,他们眼睁睁地看着船上病死的同伴被直接扔进大海。他们好不容易在新大陆的海岸上登陆,结果却成了宾夕法尼亚吝啬农场主的农奴,或者在恐怖的清教徒主妇手下干杂活。干活,干活,干活,要干五至七年他们才可能带着两套衣服和一桶面粉重获自由。

接下来,等待他们的是荒原中的痛苦"旅程"。他们住在脏兮兮的小木屋里,不停地砍树,落下了背疼的毛病;他们忍着腰腿的酸痛,在种植谷物之前把田里数不尽的小石块搬走;他们的妻子由于没钱买药而病死,孩子们吃不饱,也没人照顾;虫灾会毁掉庄稼,老鼠会咬死小鸡,还有嗡嗡不停的恼人的蚊虫……这一切将他们的生活变得有如人间炼狱,比贪得无厌的乔纳森·爱德华兹所描述的地狱中的场景还要凄惨。

之后,他们终于能够攒下一点小钱,可以重新娶一个老婆;第三个或第四个孩子也长大了,可以种地喂猪了;他们盖了大一点的房子,不再只有一个房间,还能修上一条小路直通大路;附近也有了几户邻居，要是生病或者生孩子还能请到人帮忙。能在灌木丛中开辟出自己的一块小田，他们感到很开心，再也不用对其他人低三下四地说："好的，先生！"

再之后，在某个风和日丽的早上，突然寄来一封信，巨大的信封上盖着官方的印章。这份官方文件上的内容令人难以解读："在某年某月某日，尊贵的国王根据议会颁布法令'特此命令忠诚于国王陛下的子民们……不然，则会受到……'"

虽然这种行为看上去是正确的、公正的、合法的，但是却让移民们想起他们一直想要忘记的东西——他们的过去。

一个勤俭持家，靠自己的双手辛勤劳作养活自己的人，一般对权势都不屑一顾。对于他们来说，"权势"这个词就等同于"压榨"，那么只有一个办法来抚慰他们压抑已久的情绪，那就是公然反抗。

在沿海城市，很容易就可以控制住平民百姓。因为这里的商人手里攥着90%的居民的借条，这样就可以给他们施加压力，让他们忍气吞声，对于一些不该问的问题保持沉默；还有那些传教士，他们到处宣扬官员和私有财产是神圣不可侵犯的，这就控制了剩下的10%的民众。

但在俄亥俄河与密西西比河之间的广阔土地上，交易单很容易就被弄丢了，那些传教士们宣扬的教义并不受民众的欢迎，民众要求他们"滚回文明世界"。因为在那里，自由的农民既是商人，也是传教士；既是士兵，也是国王。他们可以随心所欲地管理这个王国。

当时，那些英国人（约占总数的97%）并不了解那里的情况。在田纳西的某个小城，会有贫穷的百姓对着乔治三世下达的命令说，瓦陶加人不再承认英国国王至高无上的权力。每当这个时候，英国人就像在议会里举手发言一样，滔滔不绝地谈论贫穷问题。

不过把这些顽固的叛乱分子抓起来绞死以儆效尤，也不是那么简单的事。确实，形势很快就明了了，想要抓到这些叛乱分子根本不可能，因为他们很会抓住时机逃跑，知道政府是抓不到他们的。

那些整天挥舞铁锹斧头从早到晚在田里劳作的人，每天都筋疲力尽，没有多余精力将自己的想法写在纸上。他们没有读过什么书，更不会写字，但他们有的时候会把自己的想法说出来，这样我们就很清楚他们到底是怎么想的了。

他们对政府统治的那一套并不是很感兴趣，但他们知道哪些政策适合他们自己，知道哪些政策适合他们在大英帝国之外建立自己的小社区。

他们住的地方离枪战区太近了，那里的人好斗，总是枪不离身。

不过这片荒原给了他们一次机会，可能是他们人生中唯一的一次机会。他们是不会轻易放弃这次机会的。

一百年前，清教徒把自己当作"天选之子"，而现在，这些人并不会像清教徒一样。他们没有那么高的情操。他们对自己的缺点认识得很充分。他们亵渎神明；长年累月的精神摧残让他们沉迷于酒精；他们多愁善感，有时候会哭泣，有时候会爆发出残忍的一面；他们的脾气难以自控，他们无视所有的书面法律条文。

但他们并不奢求世界的温柔以待，也不奢求别人把他们称作模范市民。他们想要的不过是不受约束的自由。

当这个世界无法满足或者不想满足他们的愿望时，他们便会说："好吧……"然后给枪装满子弹，静待良机。

他们在与大自然的无休止的斗争中磨练出了极强的耐性。所以在这样的情况下，他们会让敌人先乱阵脚。

22. 亚当斯和堂兄塞缪尔转向现实政治

1775年如果英国政府能够多熟悉一下美洲殖民地的情况,他们很有可能会避免很多麻烦。他们可以利用于城镇(放贷方)和农村(借贷方)之间剑拔弩张的局势,置身于事外,不用出太大的力气便能坐收渔翁之利。无论是商人还是农民,他们只要取得任意一方的好感与支持,便能轻而易举地获得在当地立足的基础。

但是从另一个方面来讲,多亏那些愚蠢的英国官员们犯了大错,美洲的自由事业才得以发展。英国官员们一系列错误的殖民政策使美洲的沿海城市和内陆城市忘记了(至少是暂时忘记了)彼此之间存在的经济差异。他们停止内斗,为了共同的事业团结起来,对抗英国政府。无论是在沿海地区还是在内陆,新英格兰的银行家们在农业社会并不受欢迎,就像国王陛下任命和钦点的"印花税税收官"一样。

于是,革命在以下情况中一点点发展起来:

有10%的人愿意为了他们的正义事业奋斗牺牲。

另有10%的人也愿意为了正义事业牺牲,但是他们对局势的发展前景并不看好,因此考虑是否可以用非暴力手段来达成目标。

还有40%的人(他们自称"切合实际"的人),他们坐山观虎斗,等哪一方快赢了,就加入这一方的阵营。

这加起来就是60%的人,其余40%的人甘愿过"循规蹈矩"的生活。如果闹事者失败了,这些没有参与闹事的人就安然无恙,而那些闹事者会被处刑;而如果闹事者胜利了,这些站错队的人最后就会被处以绞刑。

革命者

可能会有人斥责我写得有些血腥。对此我只能说声抱歉,因为任何读过那段时期文献(无论是欧洲的还是美洲的作品)的人都会明白,在那些投身于革命参与起义的人心中,以及继续效忠国王的人心中,早就给自己立了绞刑架。

可能对于有些人来说,他们羞于谈论"革命"这个字眼,所以他们可能不接受"美国革命"这样的说法;他们对于邪恶的德国元首坐上高尚的英国王位这么严肃的事情,只是小声说一些无关痛痒的话;1778年,当他们听说在英国人眼中,乔治·华盛顿是一个十足的专权者的时候,他们也只能瑟瑟发抖。不过,为了特别地安慰他们,我可以老老实实地说,美国大革命是所有革命中最彬彬有礼的,最体面的。美国大革命没有攻占巴士底狱的悲壮,也没有攻占冬宫时的烧杀抢掠;没有对俘虏的大肆屠杀,也没有为了营造恐怖气氛而建立的秘密法庭。

恰恰相反,参与起义的都是很好的民众,当战争的局势迫使一方向另一方投降时,整场革命就变得彬彬有礼起来,然后双方互相表达了友好的意愿。要是兴登堡①和福熙②看到了这样的局面,也会感动得热泪盈眶。

可能是因为18世纪参加战争的人都是绅士,他们是按照一套既定的规则展开行动的。那个时候谁也不能预见下一场战斗的胜负,所以得胜的一方都能谨慎行事,每一步都小心翼翼,而且对待敌人

---

① 兴登堡(1847—1934),德国元帅、总统,"一战"期间曾任参谋部长、陆军总司令。1925年、1932年两度当选总统,是保皇派和法西斯组织的支持者。——译者注
② 福熙(1851—1929),法国元帅,曾在"一战"中任法军参谋总长、协约国总司令。——译者注

也很友好，生怕哪天自己失败了会遭到对方的报复。

再者，美国的战争很少有个人仇恨，不像欧洲的战争，必须决一死战。一些英国总督和他们的下属的确很令人厌恶，他们脑子愚笨、吹毛求疵，却偏偏是达官贵人。他们把殖民地上的所有人都视作比自己低一等的贱民。这些人对待美洲的民众颐指气使，那副嘴脸即使是我们当中脾气最好的人看了也恨不得想杀了他们。他们会让民众待在阴冷昏暗的接待室里等上几个小时，直到自己酒足饭饱后才出现。

不过这种人，只有身处恐慌中才会表现得非常残忍凶暴，平时倒没有那么坏。所以发生在美洲大陆上的残暴事件，很大程度上要归结为殖民者自身的宗教狂热，并不能完全责怪那些英国官员。

因此，美洲人之所以会奋起反抗宗主国，倒不是因为过去英国对他们做了什么，而是因为害怕将来英国会对他们做什么。除非美洲殖民者们的特权和权利能得到保护，不再受王室和政府的侵害。

所有这些道理，革命军的首领们（商人和种植园主是革命军的领军人物，属于贵族阶层，但他们当时对自身阶层之外的民众几乎没有什么影响力）都很清楚，所以他们愿意暂时放弃对民众的控制，对暴民们放任不管。不过贱民们和平庸之辈要想让独立自主的自耕农社会继续存在，就必须团结起来，所有的计划都必须井然有序地执行。

本章的标题中出现了约翰·亚当斯及其堂兄塞缪尔·亚当斯的名字，但请不要认为只有这两个人促成了独立宣言的诞生。约翰和塞缪尔，尽管两人相差十万八千里，但都是典型的爱国主义者。他们一步一步地指挥着革命，就像所有人一样，为了独立的共同目标不懈奋斗。

亚当斯家族原是一个古老的英国家族，在17世纪30年代后期从德文郡搬到了马萨诸塞。他们以种田为生，辛勤劳作，努力生活。哈佛学院一成立，他们就把孩子们送进去读书，想让孩子们学习所有需要学习的东西并要求他们精通一门学问，日后可以继续钻研。约翰（哈佛1755年毕业生）学的是法律，毕业后做了一名律师，我们称他为"有着坚定信念的人"。在那个动荡不安、艰难困苦的年代里，他是不可多得的栋梁之材，不苟言笑，为人冷淡，就像佛蒙特大理石一样坚毅、冰冷。他全然不顾皇家是否开心，也不在意民众是否支持他。

塞缪尔与约翰·亚当斯截然不同。他比约翰早十五年毕业，认识镇子上所有的人。他一听说有革命可能要发生，就欣然关了自家的啤酒厂。塞缪尔是一位很明智的领导者，无论是在家乡，还是在波士顿港口的倾茶事件中，抑或是在马萨诸塞城镇的正式会议上，都表现出了不凡的能力。

这两个人加入革命军的队伍，对英国并不会造成什么伤害。殖民地的人们，尽管他们知道很多事，但他们本就是英国人，而且还想继续保持英国人的身份。他们相信人类理性的力量。他们只想让大洋彼岸的同胞们知道美洲正在发生的事情，这样就够了。

同时，为了好好开导他们在英国的亲戚同胞，他们想写一些小册子，达成一些决议。于是，他们召集所有殖民地的代表开了一个"大陆会议"（1774年9月5日在费城召开），建立起一个自警团①，即"通信委员会"，以保证所有爱国主义人士能够及时了解官方的每一个新动向。他们还自导自演了一个完美的事件，成功地

---

① 民间维持治安的组织。——译者注

让顽固的英国托利党相信美洲殖民地的主张是正义的。

时间是1775年的4月。

第二幕准备登上舞台,大幕即将拉开。

23. 殖民军司令不得不报告的坏消息

大约四十年前,查尔斯·博伊科特上尉在管理梅奥郡的时候与那块土地上的农民发生了纠纷。结果是,农民们宣布查尔斯·博伊科特被"驱逐出境"。于是,没有人再跟他讲话,没有人再从他那里买东西,也没有人卖给他任何东西,没有人给他送吃的、送信,没有人帮他挤牛奶。简言之,在他的爱尔兰同胞们看来,这个人已经不存在了。

自此,博伊科特这个名字,就变成了人们常用来向某一个人或者某一群体施加压力的一种非常手段的代名词,也就是常说的"联合抵制"。这个手段一旦运用了,就说明这个地方一定要有大麻烦了。

首先,对于被抵制的人来说是很丢脸的。不久之后,这个行为就会刺痛他们的神经,接着他们便会勃然大怒,因为他们已经没有了补救的办法,事情也没有了回旋的余地。

比如,如果中国广州的人都不吃美国的菜豆,不用英国的棉花,换句话说,就是他们决定抵制英美的货物,那么英美两国的商人们就只能束手无策,他们没有办法解决这个问题。商人们没有办法,因为不管是中国人还是因纽特人,只要有人不想吃美国菜豆、不想用英国棉花,别人是无法逼迫他们去做的。正因为他们走投无路,而且深知事态的严重性,商人们就很容易失去耐心,做出一些愚蠢的举动,吵吵嚷嚷地说要动用军舰,并写信给报社要求立即发动战争。

美洲革命军的领袖们深知这个道理,在费城召开的大陆会议上各殖民地代表统一通过了《人权宣言》,宣言里一一细数了各殖民地人民遭受的不幸,这是美洲人民朝着正确方向迈出的第一步。但是普通民众很少去看那些官方文件。最多这些文件会在小部分官员当中引起不安,他们惊呼:"看看!这是反动言论。我们必须做点什么了!"但很有可能,这些文件很快就被人们遗忘了。

在会议散场之前,有一项重要的决议被通过了。会议代表团宣读了该项决议:凡是想要自由的同胞,从今往后都不能再进口或出口英国的产品,也不能再消费他们的商品。

这一抵制举措在美洲殖民地上掀起了轩然大波。当时有许许多多的商人依然想忠于宗主国。他们认为自己有权决定自己怎么做生意、和谁做生意、在什么地方做生意,但现在这些权利都被"凌迟处死"了。他们的店铺也被革命军砸了,货物全都被损毁。更为常见的是,他们全身被涂满柏油,粘上羽毛,然后被打着爱国主义旗号的暴徒和流氓无赖赶出了自己出生的地方。

美洲的动乱之风刮到了大洋彼岸的英国。英国的商人和工厂主们哀号一片,叫嚣着要求政府立即采取措施,把这些陷入反叛冲动中的殖民地民众拉回理智。

英国的报纸到达了美洲,上面通篇都显示出宗主国人民激烈的反殖民地情绪。波士顿、费城和诺福克革命军的领袖们开始意识到局势的严重性。他们预料宗主国会立即实行报复政策，便派军队驻扎在马萨诸塞并对整个美洲海岸进行封锁。此时"通信委员会"在美洲各地积极活动起来，他们成桶成桶地购买火药，把能用的枪全部拿出来做数量统计，为了避开英国政府的视线，他们找了几处适合藏武器装备的地窖。据说，英国政府官员一直乔装出巡，目的是四处监视民众，这样的行为让美洲人怒火中烧。

信号

关于官员乔装出行的说法尽管是基于传言，但也不是没有根据。托马斯·盖奇中将驻扎在波士顿，他的手下很聪明，工作也很尽责，所以英国总督不仅知道殖民地的人们在康科德村藏有大量的武器，还知道革命军里最得力的两位领袖是塞缪尔·亚当斯和约翰·汉考克，此时他们正在米德尔塞克斯县煽动一场起义。托马斯·盖奇立刻决定派出军队摧毁革命军的弹药库，顺便逮捕了那些违法的爱国者，把他们送到伦敦的法庭进行审判。

在那个群情激愤的年代，局势复杂，间谍丛生，双方的间谍互相渗透，所以想要保守什么秘密是根本不可能的。

就在史密斯上校开始北上远征的前十二小时，波士顿"安全委员会"派出了保罗·里维尔、威廉·道斯和塞缪尔·普雷斯科特三名美洲青年，去给米德尔塞克斯人通风报信。他们一路跑到了莱克星顿，以便让汉考克和亚当斯抓紧时间撤离。

第二天一早，当第十步兵团穿过莱克星顿的时候，一群怒气高涨、意志坚决的农民拦住了他们。

谁先开的第一枪，这将永远是个秘密。

但确实是有人开了枪。

紧接着枪声从原本安宁的绿野上空划响，八名美洲人倒了下去。

好像全国人民都在等待着这声枪响。

英国军队顺利地到达了康科德，但在返回波士顿的路上，他们接连遭遇枪击。没有办法，盖奇只能让皮尔司勋爵带上两门野战炮以保护他那被打得落花流水的后卫部队，这才把掉队的士兵和伤者带回去。

革命的士兵

如果殖民地的人有更强劲的武器,而不是用他们祖先传下来的性能不稳定的鸟枪,那么这些英国军队必定会全军覆没,没有一个士兵能活着回去。尽管这样,英国军队在到达查尔斯顿渡口,进一步撤退到波士顿要塞之前,就已经损失了二百七十三人(伤亡和失踪人数),占了他们总兵力的三分之一。

战争的消息像森林大火一样迅速传播开来。"通信委员会"的通信员们快马加鞭四处散播这个消息,他们用这个好消息来激励那些还在犹豫的民众投身到伟大的殖民地解放事业中来。从西部到南部的最偏远的角落,饥寒交迫、瘦骨嶙峋的先锋们带领着民众统一朝马萨诸塞进,他们想要在下一场战斗中为在康科德牺牲的烈士们报仇。

盖奇突然发觉自己与外界的联系被切断了。于是他想从反抗军那里夺回邦克山的制高点,但他还是失败了,损失了一千五百余人。他竭尽全力想通过友好谈判来避开战斗回到营地,不过也失败了。

这还不是最糟糕的事。

1775年5月10日,第二届大陆会议在费城召开。这次,所有十三个殖民地的代表全部出席,这在美国历史上还属于首次。形势很紧张,这些善妒的小小的独立王国忘却了彼此的猜忌和较量,在一个房间里团结一心。

到了这个时候,一切都已成定局。

让代表们感到意外的是,殖民地的所有民众突然间都不由自主地加入了这场公开的叛乱。他们可能并不是很欢迎身边那些长老会教徒、贵格派教友以及荷兰改革派分子,但正如反对派领袖所说,不是一起被绞死,就是一个接一个地被送上绞刑架。面临着可能会上绞刑架的未来,人们很容易就能团结起来一起战斗。

因此,人们迫切地想要寻求合作。那些沿海地区的惹人讨厌的贵族老爷们——银行家、当铺老板以及放债人,他们也很愿意和那些脏兮兮的、从边境地区过来的、不修边幅的苦工们一起做事。这些苦工通常被称为"民主人士",很害怕那些从大城市来的衣着讲究的人。尽管革命是由新英格兰的商人们发起的,但如果没有这些"民主人士"的真心支持,是不可能成功的。这些人就是在波托马克河岸边种植烟草的农民和在俄亥俄河谷驱赶印第安人的移民。

1775年6月初约翰·亚当斯提出建议，美洲独立事业的全军总司令应由弗吉尼亚地区费尔法克斯郡的尊敬的乔治·华盛顿代表来担任。

人们纷纷表示赞同。

这项提议通过了。

当天晚上，拥有美洲最值钱的土地的乔治·华盛顿裁了一支新的鹅毛笔，给自己的妻子写下了如下的话："亲爱的珀西，你要相信我，我很严肃认真地向你保证，我从未想过要争取这个职位，我甚至尽全力想要避开它。不仅是因为我不想与你和家人们分别，而且还因为我觉得以我的能力不能胜任。"

写完后，他就整理好自己的皮箱，骑马去了纽约。

整座纽约城的人民都来到街上，欢迎华盛顿阁下。

一支当地的民兵队伍担任他的护卫队。

几天后，城里的百姓以同样的热情来到街上，欢迎从英国伦敦来的新总督。

担任护卫队的还是那支民兵队伍。

1775年7月2日华盛顿到达坎布里奇。

他的口袋里揣着正式的委托书。在那一刻，这张小羊皮纸是美国大革命唯一能摸得着的资产。

24. 乔治·华盛顿将军重新穿上了军装

新官刚上任,人们就开始窃窃私语。这个弗吉尼亚人说话的语速很慢,看上去很有威严;他占据了克雷吉旅馆的底层;那些民兵有制服,但没有枪;而住在偏僻莽林地区的人没有制服,但却有枪。

当时社会一片混乱,世人看不到出头之日:战争贩子想要大量的订单;职业爱国主义者总是怀抱着过高的期望;国外的冒险主义者有着巨大的野心;委员会的成员满腹猜疑;英国逃兵掌握着敌军堡垒的防布图;赌徒们手中的骰子都是灌了铅的;城市中到处都是传教士的声音;保皇派心中还满是幻想;军人们满脑子想的都是"在哪里可以买到便宜、实惠的东西"。

这种乱象很难用三言两语描述清楚。华盛顿呕心沥血想要将这个社会带到正常的秩序中。他当时四十四岁,赤脚量6.3英尺高,体重220磅[①],尽管如此,他却是个技术精湛的骑手。华盛顿出生

[①] 1磅约等于0.45千克。——编者注

在威斯特摩兰县的里奇斯克里克，一个古老的弗吉尼亚家庭中。他后来居住在芒特弗农庄园，在托马克河附近，名字来源于英国海军将领爱德华·弗农。这个庄园原本属于他同父异母的哥哥劳伦斯，他们兄弟二人关系很好，当年劳伦斯患上了肺结核（整个家族都有肺结核病史），乔治带着他到西印度群岛疗养，不过劳伦斯最后还是于1752年去世了，乔治也患上了天花病。你可以在乔治的脸上看见天花留下的疤痕。这可能就是他很少笑的原因，否则不会有人从来不爱讲笑话，也不爱去教堂做礼拜。不过，只要你做了自己该做的工作，他就会对你赞赏有加；如果你遇到了麻烦，比如一个好事的市政委员来投诉说自己家的养鸡场被两个饥肠辘辘的士兵抢劫了，这时，乔治就会站在你这边替你说话。但是，如果你在工作的时候打瞌睡或者有了"三急"，让英国士兵钻空溜了进来，那你就只能求上帝来帮忙了，乔治会对你破口大骂，骂人的功力和水手有得一拼，不过他骂得都是对的，句句在理。因为现在所处的环境不是悠闲的茶会，而是战争。你听过有人在战争中骂人吗？没有。乔治还毫不吝啬地自掏腰包把士兵喂饱，因为他认为只有吃饱了才能工作，这么做也很有道理，但他做这些公众服务的工作从来不要报酬。有人说，他很富有，所以他做这些事情并不是为了赚钱，而仅仅是考虑到要履行自己的职责义务，而且他本身并不是很稀罕这份工作，他在弗吉尼亚有一块好地方，拥有大量的土地和奴隶能满足他的所有需求。乔治敦里的人都知道他是一位百万富翁。好吧，这可能并不是事实，不过他确实很富有。他还娶了一位拥有几十万财产的女人。那个女人叫玛莎·丹德里奇，是一个寡妇，长得十分漂亮，嫁给华盛顿之前就有两个孩子。华盛顿上校接纳了他们，并视如己出，认真教育他们。总的来说，他是个很好的绅士，根本不是那种你会在背后随意指摘的人。如果他决定要去什么地方,那么别人也会想着跟他一起到那里去。人们把这个特质称作"领导魄力"。是的,他就是有领导魄力。他在过去的日子里很需要有这样的魄力。他以前参加过印第安人战争,也曾被法国军队俘虏。他曾经竭尽全力解救布拉多克大部队于水深火热之中,几年之后他从老路易手上接管了杜克斯内堡并将其改名为皮特堡;年仅二十三岁便被推荐为弗吉尼亚地区联军总司令;他不是长老会的教徒,而是圣公会会员,但他并没有什么宗教狂热劲头;"活着和想办法活着"是他的座右铭。作为他的下属,只要你尽心尽责做自己的工作,他就不会打扰你,如果你有什么重要的事情要告诉他,最好长话短说,言简意赅,因为他很忙而且不喜欢长篇大论。

关于他这个人,要讲的就这么多了。

那么当时的"环境"是什么样的呢?

情况太糟糕了,简直可笑。

首先,他们当时一门大炮都没有。

莱克星顿大撤退这件事告诉我们,无论是多勇敢的民兵,都没有办法抵抗炮火。只要盖奇的部队有野战炮,那么他就会占领波士顿。

在这生死攸关的时刻,好运降临在了革命者的一边。

纽约北部有两座堡垒,分别叫克朗波因特和蒂康德罗加,是以前英国的殖民者们为了防止法国和印第安盟军从加拿大入侵这片土地而建的。现在,既然加拿大已经不是法国的殖民地了,这两座城堡以战略的眼光来看也就没有什么用处了,于是被改成了武器仓库,只有几个老兵驻守在这里。

堡垒

1775年5月10日，有一个名叫艾丹·爱伦的佛蒙特人带领着一支青山军（特指美国独立战争中的佛蒙特士兵）占领了这两座堡垒。一个叫本尼迪克特·阿诺德的人把一艘旧帆船改装成了应急战舰，乘着它沿着尚普兰湖向下游驶去，占领了圣约翰堡。恍然间，革命军很自豪地发现自己拥有了四十门野炮。到了秋天，厚厚的积雪覆盖了整座伯克希尔山。一个聪明的波士顿书商成功地把那些很有价值的战利品从纽约中心地区运到了马萨诸塞的多切斯特高地。士兵们把从英国军需船"南希"号上缴获的炮弹装到了这些大炮中。就这样,最终大西洋沿岸的大部分地区都落到了美洲人手中。

1776年3月17日,英国人和那些依旧想要为乔治国王陛下效忠的美洲人,乘船来到了新斯科舍的哈利法克斯。他们攻占了哈利法克斯,有一支部队来到了城中。这支部队和一年前阿特马斯·沃德将军在剑桥公地的农场上推荐给司令的那些不懂规矩、纪律松散的暴徒截然不同。不过现在的群众也和以前不一样了,之前只要有英国国王的士兵在街上巡逻,那些善良的人们就不得不说自己是一名英国人,而现在,他们可以自由选择自己是美洲人还是英国人。

此刻,美国军队似乎是更胜一筹,但在做下一步决策时,他们想多了解一下周边的形势。

"现在,费城的情况怎么样了?"

25. 托马斯·杰斐逊证明传统教育的优越性

大概五六十年前,中世纪在人们的眼中宛如一幕时长千年的戏剧,里面有落难的公主和圣人,有各种各样的刑具和让人炫目的盛大集会。

面对中世纪别致危险的历史废墟,现代史学家翻开看似乏味的故纸堆,进行了细致的研究。然后我们明白,8世纪、12世纪和14世纪的男男女女与现代人并无二致。那些看似惊人的差异名不副实。穿着锁子甲和天鹅绒外套的祖先们和我们同样有着无法遏制的生存欲望。

得出这个观点的依据之一就是建筑。

我们的先辈们这样点评中世纪的要塞:"那些高墙巨塔很有意思。建造它们的目的当然是保护市民,抵御他们的敌人、巨寇和国王们"。

今天我们知道这只是真相的一部分。中世纪的防御体系有两个目的：御敌于外，囿民于内。

沃尔特·司各特爵士在他的小说中描写了有关荣誉决斗和围城之战的精彩场景，这在当时的普通人看来无比凄凉。

中世纪的人们并不了解什么是民族主义。他们的忠诚属于自己的家庭，很少从民族和国家的角度思考问题。他们看待皇帝和国王，就如同我们看待诸多并不喜欢但已然根深蒂固的制度一般。

当法国国王与西班牙国王交战时，法国国王的军队自然应该去围困西班牙国王的要塞，西班牙军队反之亦然；法国国王要塞的守军必须为远在巴黎的君主效力并且全力死守，西班牙国王要塞的守军也被期望能够守护城堡免于瓦卢瓦王朝雇佣军的染指。

与此同时，惶恐不安的可怜市民只能默默承受，忍饥挨饿，直到战争结束。他们要么遭受获胜敌军的劫掠，要么被迫向英勇的守卫者贡献大笔财富。不管结果怎样，他们的生活都会被毁掉。当市民们被逼到靠捕食老鼠充饥以证明对君主的忠诚时，他们宁可打开城门对交战的双方疾呼："你们想做什么都可以，但看在老天的份上结束这愚蠢的杀戮，让我们回归正轨吧。"

守军自然有义务阻止此种叛逆行为。因此，如前所述，中世纪的堡垒有两种目的，能让守军将枪口对准敌人以及自己人。

美国的革命者们类似堡垒的守军。他们不仅要抵御英国人，同时还要防范亲英派与英国人串通合作。

革命过去很久之后，我们倾向于忘记效忠于英王的人数实际上非常大的事实。革命的麻烦制造者几乎都属于富裕阶层，这也成为他们覆灭的原因。很早以前他们就是专业放贷者，长期以来招致小农户深深的憎恶。小农户参加反抗军之后，终于有机会进行清算。他们在公开场合大声宣布任何"叛徒"的命运，亲英派只得保持沉默。如果美国战败了,很难说这些亲英派会做什么,但革命者守住了自己的城池,亲英派从未得逞。

在革命中死去的人

英国人的问题没有那么容易得到解决。根据伦敦的最新报告,英国政府正在召集所有能找到的大陆雇佣军以图镇压殖民地。但英国人的这一攻势并没有给华盛顿及其部下增加太多困扰。他们见过太多的英国职业军官,对英国并不畏惧。此外,他们更熟悉自己的国家，熟悉野战技巧，同时离己方补给基地更近。没错，对抗英王陛下笨拙的德国农民雇佣军对他们来说轻而易举。

然而，真正让他们感到焦虑的问题是：动员整个国家的激情能否持续到最后，军民之间的团结能否坚持到敌人被击败的那一天。

这一切迟早将见分晓，不仅是指最后是英国人还是美国人统治大西洋沿岸这些肥沃的土地，还有在新成立的国家中，对立的双方谁将成为主导力量——城市的贵族、商人和放贷者，还是边疆的民主派、农民和小店主。

现在，敌人兵临城下，胜利的关键在于通力合作。为了使合作得以开展，必须搭建一个双方可以团结一致的平台，哪怕是临时的，哪怕只维持几个月或几年。

华盛顿正忙于训练新兵而无暇他顾。约翰·亚当斯缺少那种个人魅力和说服力，从而无法凝聚众人。正如在威廉·潘的古都[①]进行的第二次会议所展示的那样，这一次，另一位弗吉尼亚人成了救星。

这个人就是托马斯·杰斐逊。和乔治·华盛顿一样，托马斯·杰斐逊也来自南方，来自这块土地上最上等的家族之一——他的父亲娶了一名伦道夫家族的女子。但两人之间并没有可比性。华盛顿无论出身还是背景都是一名"贵族"——他是早先少数占据低地丰饶土地的农场主的一员；而杰斐逊是一名真正的边疆的孩子，童年在遥远的蓝岭山脉度过，成长于农人之间，上大学之前很少接

[①] 即费城。1682年，英国探险家威廉·潘发现并命名。1774—1775年两次大陆会议在此召开并通过《独立宣言》。在华盛顿特区建市之前为美国首都。——译者注

触东部的文明。他的大学①是荷兰摄政威廉和他的英国妻子于1693年在威廉斯堡建立的。

16世纪早期,伟大的人文主义者伊拉斯谟说,他喜欢天主教的生活方式与路德宗的思考方式。与此类似,杰斐逊喜欢贵族的思考方式与民主的生活方式。

正与英军血战的华盛顿很乐意被人尊称为阁下,还喜欢参加浮华的盛会。在他敌人的眼中,所有爱国者都应该从心底里厌恶他的这些王族做派。

而杰斐逊完全相反。早在童年时期,在阿尔伯马尔郡的邻居眼中,杰斐逊朴实无华。他十分反感生活中那些矫揉造作的贵族做派。然而,独立的心灵多见于那些不为衣食发愁的人。在这一点上,杰斐逊是贵族中的贵族。

革命的创造者是来自贫民窟的受压迫的贫民,这是一个常见的误会。那些贫困且营养不良的老百姓只是次要角色,只有在需要的时候才被当作炮灰派上战场。真正左右局面的人有着不同的身份。在那些真正舍弃舒适的生活,甘冒风险为理想而献身的激进贵族当中,杰斐逊是最杰出的一个。

和华盛顿一样,杰斐逊也承受着人们对其误解所带来的痛苦;和华盛顿一样,他忍受过后人难以想象的嫉妒、中伤、诽谤和羞辱;和华盛顿(以及所有真正的伟人)一样,他接受了人们的忘恩负义,却依然保持初心。杰斐逊深刻理解为国家尽职尽责的真谛,而且他知道(如我们今天所知道的那样),是他精明的头脑为十三

---

① 威廉与玛丽学院,是美国第二个历史悠久的高等学府,仅次于哈佛大学,是公立常青藤名校之一。——译者注

个争吵不休的小殖民地设计出一个共同的信仰宣言,从而为美国人撕掉了世人眼中"叛乱者"的标签,为他们争取到了长久以来为之奋斗的当家做主的权利。

远征

第一届大陆会议的成员花了很长时间讨论"忠诚"问题。激进派能够预见与宗主国的分道扬镳是不可避免的,但他们很难说服那些保守派的邻居。之后，英国人在与爱国者的第一次交锋中败下阵来，但"城市"和"乡下"的裂痕变得更大，在很多地方出现了市民暴动的迹象，甚至糟糕到要陷入无政府状态。

在这种情况下，只有采取抛弃旧政府、宣布成立独立共和国的非常手段才能消除派系之间的争斗。这一大胆的举动将导致和宗主国的裂痕不可避免，但也可以给半心半意、不冷不热的人以新的勇气，让他们选择或者光荣地战死沙场，或者在英王的威压下可耻地屈服。

1776年6月7日，理查德·亨利·李（和华盛顿出生于弗吉尼亚的同一个郡）在和殖民地政治领袖进行漫长的协商后，提出了以下决议：

第一，"各联合殖民地基于应有的权利，成立自由而独立的国家，废除对英国王室的效忠，同时完全且理应取消与英国所有的政治联系"。

第二，"采取最有效的方式建立政治联盟是权宜之计"。

第三，"筹备邦联的计划提交各殖民地讨论并批准"。

马萨诸塞的约翰·亚当斯表示附议，成立一个委员会来起草正式的文件，向国内以及全世界说明，英王的恶行已经引发天怒人怨，这些原本忠于他的臣民迫不得已才采取这种激烈的手段切断与宗主国的一切关系。

这个著名的委员会包括本杰明·富兰克林、罗杰·谢尔曼、罗伯特·R.利文斯顿、约翰·亚当斯和托马斯·杰斐逊。

谢尔曼和利文斯顿进入委员会是为了争取纽约（有强烈的效忠英王的倾向）的支持，两人在初稿讨论中并没有发挥什么作用。富兰克林和亚当斯提出了些许建议，对几个句子的结构进行了微调。

因此，流传至今的《独立宣言》主要出于托马斯·杰斐逊之手，宣言不仅展示了他的政治信仰，也表达了他对生命的基本理念。

与华盛顿不同，杰斐逊博览群书。很少有人能像约翰·洛克那样给他留下如何深刻的印象。洛克是斯宾诺莎的同代人，也是最早在英国提出"人有权决定自己信仰"这一惊人新观点的人。我们不知道洛克一开始是从哪里获得这一观点的，但在17世纪后期他流亡于荷兰，此时这个国家摆脱西班牙的统治已经有一百年了。荷兰在独立的文件中宣布："所有君主都是上帝所任命的，像牧羊人看管羊群一样统治自己的臣民。臣民的产生不是为了君主的利益，但君主的产生是为了造福臣民。"

杰斐逊在《独立宣言》中沿用了荷兰先驱们使用的方法。首先，他阐释了生命与政府理论的一般思想。接着，他列举了英王乔治三世（替代荷兰文件中的腓力二世①）给长期遭受迫害的臣民，即美利坚合众国人民（替代尼德兰联合省人民）所造成的苦难。最后他总结道，上述臣民别无选择，唯有宣布独立。

大陆会议对宣言进行了充分的讨论，对一些细微之处提出了修改意见，这又花费了一些时间。直到7月4日晚上，委员会尚未完成最后一稿的修改。7月5日，几份复本被打印出来送到革命军各指挥官的手中。最后在7月8日，宣言终于成形，可以对汇聚在市政厅广场的费城民众进行宣读。

直到7月9日（因为纽约代表团工作进展缓慢），才最终决定将宣言抄写在一大张羊皮纸上。

---

① 腓力二世，西班牙国王，对尼德兰各省进行铁腕统治。——译者注

独立自主

到8月2日，抄写员完成抄写任务的时候，签名的工作才可以进行。在这份杰出的文件上签名的人当中，有八名出生于殖民地以外，十八名有外国血统，其余半数可以说是英格兰人的后裔。

自我们的国家诞生以来，就真正体现了四海之内皆兄弟的理想。这种理想通过拓荒式的艰难生活施加在来自旧大陆的一无所有的人身上。

26. 英王乔治三世在自己国家成为备受欢迎的英雄

与此同时,宗主国人民如何看待这一可耻的叛乱呢?

他们一开始没有说什么。他们仍然忙于从长期的战乱中恢复过来,既没有时间也不愿意聆听"少数殖民地居民"的抱怨。

然而,他们逐渐意识到,这并不是普通的森林中的居民进行争吵,这件事要严重得多。当他们一旦了解冲突背后的根本原因时,怒火油然而生。

究竟谁从在加拿大击败法国人的战争中获利最大?美洲人。

那么是谁为这支获胜的军队买了单?英国人。

这公平吗?

在诚实的英国人看来这当然不公平。他们的看法很清楚:新英格兰人和弗吉尼亚人应该为这场耗资百万的战争分担一些经费,哪怕只有几便士或几英镑。

他们很熟悉殖民地的口号:"无代表,不纳税"。英国人本身在议会中也很少有代表,但依然在纳税。对伦敦居民来说这是理所应当的事情,对波士顿居民来说也是如此。

但这里还有更深一层的含义。

不管他们在议会中是否有自己的代表,他们认为议会是全体英国人自由的保障,理应被视为大英帝国所有政府机构的权力之源。

他们的祖辈历经漫长而血腥的内战,终于使议会高于王权。现在一个来自弗吉尼亚乡下的名叫杰斐逊的无名之辈,居然大言不惭地宣称英国议会的管辖权仅限于英国本岛,也就是说,英国议会并不比他自己那个愚蠢的市民议会更重要,他们要在获得好处或有了理由之后就自己管理自己。这简直是彻头彻尾的叛国行为。如果放任这种观点肆虐,那么支撑克伦威尔①和他的铁骑军在马斯顿荒原和纳斯比②浴血奋战的崇高理想又有何意义?

因此,殖民地人民应尽早明白,他们和普通的英国人一样,都要服从议会的权威。

尽管英王乔治三世陛下是个非常迟钝的人,但他并非傻子,并且和他大名鼎鼎的堂兄——普鲁士国王腓特烈,有着相似的政治能力。他对于自己在美洲财产的看法与其臣民的偏见完全一致。现在能够让他以王权捍卫议会权力的机会到了,同时还能获得议会的支持以对抗讨厌的辉格党人。这一大多数君主一生难逢的契机,被乔治三世很好地把握住了。在接下来的七年间,国王和他臣民之间缔

---

① 奥利弗·克伦威尔(1599—1658),英国资产阶级革命领军人物,曾逼迫英王查理一世退位并最终处以死刑,建立英吉利共和国并加封护国公,成为英国的军事独裁者。——译者注

② 马斯顿荒原战役(1644)与纳斯比战役(1645)均为英国革命时期的重要转折性战役。两次战役中,议会军都打败了国王军,为内战的胜利奠定了基础。——译者注

结了最为亲密与和谐的关系。只要涉及美洲叛乱的事情，人民与君主都保持一致。

的确，少数大臣，特别是威廉·皮特，曾经质疑施加于殖民地人民之上的某些法律条款。此外，一位名叫埃德蒙·伯克的议员发表了精彩的演讲，对美洲激进分子悬而未决的权利进行了辩护。然而一旦涉及原则问题，皮特与所有人都一致认为议会有权且理应是帝国政府所有事务的最终裁决机构。至于伯克，因为他出生于都柏林，所以自然是"与政府唱反调的"。

因此在这种情形下，我们不难理解为什么英国人不太在意镇压反叛者采取什么样的手段。在当时，英国军队的生活，或者说生存状况，是异常艰难的，因此很少有英国人愿意参军。虽然那些被定罪的小偷和劫匪在面对要么进监狱，要么参军的选项时，都选择了后者，但他们的人数相对来说很少，因此有必要征招一定规模的外国士兵。

一开始，英国试图向沙俄的叶卡捷琳娜女皇借两万哥萨克士兵（当然报酬不菲）。在经过最初的沟通后，女皇陛下拒绝了这笔生意。我们应该对她心怀感激，因为几年之后她步子迈得更大，给新生的合众国提供了一笔数额不大但备受欢迎的金卢布贷款。

现在英国只能求助于德意志北部的小君主了。这些身居尊位的人，尤其是黑森-卡塞尔、布伦瑞克和安哈尔特-泽布斯特的大公们，正在徒劳地效仿法国凡尔赛宫改造自己简陋的居所，因此需要大笔现金。英国的这笔能把钱仓填满的意外之财让他们欣喜若狂，在接下来的七年间，他们将不少于三万名臣民卖到海外当牛做马。这些尊贵的君主们还能获得死伤者的额外补偿，因此更希望这场战争能够漫长而血腥地持续下去。

这就是英国白人同盟者的情况。

至于他们的印第安盟友则没有体现出多大的价值。法国人早已发现这些可怜的野蛮人在真正的战场上用处不大。当战事进展顺利的时候，他们像雄狮一样大杀四方，但只要遭到一点挫折，他们就立刻消失在密林中无影无踪。在独立战争期间，英国人也利用过他们，但从来不会当作正规军使用。不过，用大笔现金和美酒来悬赏殖民地人的头皮，的确能唤起许多红种人的热情，并导致了几次大屠杀，其中著名的一次屠杀发生在1779年纽约州怀俄明谷地，有三百名定居者被塞内卡人所杀。在有些地区，这些痛苦的屠杀记忆一直影响至今。

对革命军来说幸运的是，1779年之后随着法国、西班牙和荷兰的参战，英国无法用全部精力来应对美洲大陆。但是总的来说，宗主国人民大多能清楚地认识到这场战争的重要性，在最初遭受一系列挫败的新闻抵达伦敦之前，人们普遍期望政府竭尽全力镇压革命者。

尽管如此，英国的失败是由多种原因造成的。首先，英国人在远离补给基地三千英里以外的地方进行作战。其次，英军士兵一直没能很好地适应并找到适合这个国度的小规模战斗方法。最后，英国使用雇佣兵作战，而美军则是由志愿兵组成。

有人说，上帝总是站在拥有更大号火炮的那一方（多少有些道理），但就这场战争而言，双方都武装了不错的火炮，因此胜利会属于勇于献身的一方。追随华盛顿在特拉华州的泥浆和雨雪地艰难跋涉的佛蒙特人和罗德岛人知道，如果他们不拼尽全力作战，他们的农庄将会被敌人烧毁，他们的牲畜将被抢掠，他们的妻儿很可能会被驱赶到加拿大或新斯科舍。

而可怜的黑森士兵则是为了7英镑4先令4分半便士来参加这场战争的（这些钱还都溜进了贪婪主人的口袋里）。除维持生命的口粮和偶尔一壶麦芽酒以外，他们别无所得。

他们扪心自问："我们为什么要卖命呢？"所以他们作战的时候，一只眼睛盯着敌人，另一只眼睛则在寻找最近的逃跑路线。

他们在与自身无关的战争中度日如年，饱受炮火的摧残，没有理由去投掷手中的手榴弹。

在我看来，这些黑森人是十分聪明的。

27. 诺斯勋爵不得不保持清醒

弗雷德里克·诺斯勋爵出身于英国的名门望族,他的家族为英国贡献了一大批杰出的政治家和一家名为埃普瑟姆的盐业公司。诺斯勋爵是一名和蔼可亲的政治家,他将赌注押在帝国的命运上,但是输掉了。他从不惹是生非,也不会投机取巧,即使面对最为激烈的辩论,他也能谈笑风生。当国王陛下最忠诚的反对派对他进行痛骂时,他只是拉下假发遮住眼睛,然后安静地入睡。

唉!在1775到1785年这段时间里,这位可敬的勋爵几乎没有机会发挥他的聪明才智,而且常常失眠。因为殖民地发生了糟糕的事情,他要承受指责。

首先,从北方再次征服美洲的尝试失败了。本来波士顿应该作为占领军的主要补给基地,结果被迫投降,整个新英格兰地区落入革命军的手中。

经过谨慎的策划(这段平静的时间是华盛顿长期以来求之不得的,能够用来组织自己尚未成形的军队),第二份作战计划被拟定出来。这项咄咄逼人的计划多少有些拿破仑的风格,但执行起来却远不及拿破仑，最终完全失败。这项计划是想从蒙特利尔到纽约布下一条笔直的军事封锁线，将美国北部一分为二。两支部队同时部署，一支从加拿大向哈德逊河口挺近，另一支从哈德逊河口向加拿大挺近，这是一个不错的计划。

纽约市是亲英派的温床，没费什么力气就被占领了。但华盛顿和他的大部分军队逃出生天。这导致英军的西部侧翼永久暴露于革命军的打击之下，并且英军很快就在特伦顿和普林斯顿的战役中吃到了苦头。

荒野

与此同时，另一支生力军沿着尚普兰湖的旧边境线行进，并重新占领了提康德罗加要塞。然而接下来，指挥这支军队的生性开朗且广受欢迎的剧作家约翰·伯格因就在纽约北部的荒野遭遇了惨败。

他的所有军队和辎重（后者比前者更受美国人的欢迎），连同他本人一起在萨拉托加（美国建国初期知名的矿泉疗养胜地）附近被俘。

这一仗基本宣告了第二次战役的结束。虽然英军在其他地方赢得了一些胜利，甚至占领了革命军的首都费城，但这些胜利并没有扑灭殖民地人民的抵抗。相反，却使大陆会议中态度摇摆的成员产生了背水一战的勇气，并使大陆会议（在英军迫近的时候就已经朝宾夕法尼亚的兰卡斯特方向转移了）通过了一系列关于邦联和永久联合的法案，让"美利坚合众国"这一名称不再仅仅是个空头名号。到战争的第二年，英军速胜的前景已经变得愈加渺茫了。的确，华盛顿和他的军队在费城24英里外的富吉谷地度过了艰难的寒冬。大陆会议效率低下，态度冷漠，还有一小撮麻木不仁的宾夕法尼亚农民把全部农产品都卖给了英国人（后者满口袋都是金币），而让自己的同胞挨饿（因为他们没有钱），这让华盛顿和他的军队承受了太多的痛苦。但无论如何，他们经受住了这一严峻的考验，当战斗一打响，这些不愉快的经历很快就被忘记了。

冬天里的兵营

就拿指挥这场生死大战的统帅来说，华盛顿在这段困难时间里的表现是令人崇敬的。面对连续不断的中伤和诽谤，一百个人中有九十九个会选择辞职。新英格兰的民主派非常厌恶且不信任这位弗吉尼亚的贵族，甚至针对他进行了一些阴谋活动。他们想为查尔斯·李（布雷多克远征军①的幸存者，表面上站在革命军一边，但暗中却试图将革命军出卖给自己原来的同胞）或者其他吹嘘自己立下战功的冒险家谋取总司令的职位。

但华盛顿从不受这些小事的影响。他知道自己应对费城的陷落负责。他知道新英格兰人将他们自己的盖茨将军、萨拉托加的英雄看作是更有实力的战略家。他明白所有的一切，一直保持着平静，做好自己的工作。当士兵有鞋穿时，他带他们出门操练；当他们没鞋穿被迫待在室内的时候，他就教他们战争理论。他坚信局势迟早会有转机。

第二年年初，转机出现了，而且是以一封信件的方式到达他的面前。在这封信中，富吉谷地的孤独者得知，在去年12月22日，他的宾夕法尼亚州好友本杰明·富兰克林已经抵达巴黎，并在风景宜人且租金低廉的帕西郊区租了一个房间。

---

① 爱德华·布雷多克为英法七年战争期间英国派往北美的指挥官，于1754年组织军队远征法属加拿大，次年兵败身亡。华盛顿曾是他的上校副官。——译者注

28. 著名的费城印刷匠富兰克林拜会圣路易的后人

现在有一种趋势,社会中某些阶层的人非常怀念合众国的早年时光,那时上帝从天堂向人间播撒恩惠——劳动者每天辛勤劳作十个小时,赚取一个大大的银元;生活中质朴的美德无处不在——查尔斯河与波多马克河畔呈现出一片世外桃源般的景象。

然而喜欢怀旧的这些人却忽视了真正缔造美国文明黄金时代的一个小小的元素(这一元素恰恰会激怒他们),那就是每个个体都有的高度独立性。

在我们现在单调且标准化的神佑文明中,哪里还能找到一百五十年前汇聚在伟大革命舞台上的那些了不起的人物呢?他们的创造力是那么让人震惊!

他们并非我们在故事书中喜闻乐见的那种一本正经的英雄。他们喜欢到酒吧里寻找温暖、舒适、惬意的社交氛围。他们爱好广泛,哪怕有时并不明智。他们对每一笔商业交易都斤斤计较。他们经常在赌博时把大笔金钱押在一匹马身上。他们使用标准英语写作的时候妙笔生花,不用查字典就能阅读拉丁文,并且毫不脸红地承认偏爱希腊经典作家的某句话。

他们疾恶如仇,但也会为朋友两肋插刀。他们会用兜里的最后一便士来救济朋友,也会为朋友打破产官司。

他们有时也会表现出小气、恶意和粗俗的一面,但不管他们做什么,都无比坦荡真实。你也许并不喜欢他们,但你知道自己应该怎么做。

必须承认,他们并不完全是现代意义上的好公民。他们的穿衣品位也特立独行,完全不顾当下的流行趋势。他们只管自己吃喝,不在意邻居如何评价他们的口味,甚至涉及宗教和政治等重要议题时,他们也是按照自己的想法行事,完全不在乎那些并没有受过教育的人的窃窃私语,甚至不在乎被指控为异端。这一做法非常危险,即使在现代也会让普通公民的事业陷入窘境,并使他们无法和人正常交往。

但是这些国家的缔造者们看上去从不纠结于所谓的"事实上的成功"——这个词在过去的七十年间我们已经听到太多了。

他们认为:"珠宝、房子、股票、债券、骏马和马车当然多多益善,永远没有止境。这个世界是一条泪水流贯的溪谷,所有的有形财产都会烟消云散。今天我们富有,明天也许就会贫困。但有一点却是上帝和旁人无法夺走的,那就是我们的尊严,是先天就有或后天获得的特征的奇妙组合。我们称之为'品格'。让我们培养这种超越一切的美德,这个世界的一切都会变好。"

我们会在某一天认识到(我们的确已经开始认识到了)伟大的开国元勋们(他们如果能听到这个头衔一定会发出怒吼)留给我们

的珍贵且令人愉悦的遗产。现在,这些遗产被无数煽情的废话所掩埋,我们只能从充满爱国主义热情的教授们所未触及的少数文献中重建这些遗产。如果我们比本杰明·富兰克林同时代的人更加了解他,那也是因为这位乐天派的天才有意展露自己灵魂的秘密。即使他的官方"传记"有六十多部,也不及他在《自传》中的直言快语给人留下的印象深刻。

富兰克林不是贵族出身。尽管与出生于大西洋西岸的其他人相比,富兰克林见过更多的国王,与更多的公爵吃过饭,给更多的伯爵夫人讲过逸闻趣事,但他的出身却非常平凡。

他是一个贫穷的英格兰移民的第十个孩子。他的父亲在17世纪末从英国的南安普顿郡移民到马萨诸塞的米德尔塞克斯郡。

富兰克林在牙牙学语的时候,就开始学习阅读和写字了。还不到十一岁,他就跟随父亲在波士顿的肥皂厂工作。

三年后,他的一位同父异母的兄长给了他一份更令他开心的印刷所的工作。他的兄长是著名的《新英格兰报》的编辑和出版商。

从那一天开始,直到他漫长且活跃的生命终结(他以八十四岁的高龄去世),他从未远离过排字盘。要知道,一旦对排字间的热爱进入你的血液,如果你听不到周围满身油污的学徒不时大喊着寻找某个字母,你就不会感到开心。

然而,这个年轻人并未久居波士顿,因为他的"自由思想"过于激进、过于直率,很难取悦当地的牧师。十七岁那年,富兰克林背起不大的包裹,来到纽约,开始过流浪学徒的生活。之后,他从纽约去往伦敦,最后来到了费城,把它当作自己的家乡。他做过无数的工作,以至于我们更容易列举出到底还有什么工作他没有做过。最终,他全身心地参加了革命,并成为一名政治家。

他发明了一种新的字体,开发了新的油墨来印刷他的《宾夕法尼亚报》。他自学了拉丁文、西班牙语、法语和意大利语,还协助成立了美洲哲学学会。他在任殖民地邮政总长期间,提高了邮寄速度,使纽约能每周三次收到来自费城的邮件。他是第一个成功反对清教安息者规定的革命者。他经常在星期天埋头进行自己的学习研究,而非去吸收别人转述的二手智慧。他研究了地震的成因,改进了著名的富兰克林壁炉,并给自己的家乡费城安装了完善的街灯系统。他所发明的富兰克林棒为其赢得了伦敦皇家学会颁发的科普利奖章,并作为避雷设备被全世界采用。他用理查德·桑德斯的笔名出版了《穷查理年鉴》的年度小册子,这本书在18世纪后半期出现在美国各家各户的圣诞祭台上。美国第一家公共借阅的图书馆就是他创立并运营的。他担任宾夕法尼亚议会的议员长达十三年之久,还曾任佐治亚、宾夕法尼亚、新泽西和马萨诸塞等殖民地驻伦敦的代表。他在国内总是亲自驾驶马车将众多出版物需要的纸张从仓库运往印刷所,这样他的邻居就能够看出他并不想让大家认为自己有多么了不起,他希望自己就是那位平凡的老印刷匠富兰克林而已。

当宗主国与殖民地就征税问题陷入纠纷时,他首先竭尽所能居中调和,试图能让双方达成某种妥协。当他目睹英国政府不能或不愿理解美洲人民的立场时,他又成为主张最大限度使用武力的倡导者,而且倾其所有甚至借钱来兑现自己的观点。革命的领袖们心照不宣地把他当作非正式的革命元老。当人们开始认清(很快就认清了)没有外国支援就没有胜利希望的时候,他们派遣富兰克林出访海外以寻求援助。

此时,这个新生的国家正面临严峻的财政困难,但其生产的某些原材料恰好是欧洲所亟需的。本杰明·富兰克林曾在清教徒和贵格会的学校中受过教育,因此很了解如何进行讨价还价。虽然他已过七十高龄,但看上去丝毫不显老,而且他倡导自由的名声远播海内外。仅凭他的个人声誉,就不会被法国、西班牙、荷兰的大臣及银行家们拒之门外。

在他两个孙子的陪同下,这位老人搭乘一艘名为"复仇"号的小船,克服晕船的痛苦,在艰难的航行后,于1776年12月抵达法国。

他所接受的指令非常模糊。大陆会议甚至没有给他提供一封介绍信。但幸运的是,"复仇"号在途中捕获了两名英国商人,把他们的木材和白兰地出售后才为美国代表团提供了足够一两个月使用的零用钱以渡过难关。

那时的法兰西王国类似十五个世纪之前的罗马帝国。法国人(这里特指上层社会,下层社会不在讨论范围之内)的文明已经达到了危害自己国民特性的程度。几个世纪以来,他们住在建筑师精心设计的豪华的房子里,围绕在最杰出的园艺师设计的最美的花园周围。他们拥有世界上最出名的厨师。他们的文学被大陆所有作家效仿。法国宫廷是西欧、北欧和中欧最优秀的年轻人学习礼仪的最好学校。即使在最边远的村庄,法国人也能展现出标准和规范的言谈举止,让外国访客目瞪口呆。总之,他们在很长时间里一直享受着最好的一切,以至于生活变得索然乏味,往日的每一种激情都仿佛寄宿学校的土豆泥一样没有滋味。他们愿意倾其所有,体验一种新的快感和刺激。

就在这个时刻,富兰克林出现在他们当中。这位老印刷匠从未学过心理学,但却了解男人和女人。如果他想赢得这个富裕且强大的国家的好感,那么必须迎合法国人喜好戏剧的特点。因此,他成

179

为一名演员,展现了无与伦比的演技,从而使法国在两年之后与反叛的殖民地缔结了同盟关系,并向英国宣战。

他是如何做到这一切的呢?

最简单的办法,就是绝对保持自己的本色。

法国国王路易身边那些百无聊赖的大臣,已经对凡尔赛宫里的繁文缛节和矫揉造作感到非常乏味。突然,一位和善的老人出现在了他们面前。他头上戴着海狸帽,身着1730年的古董外套,和他们说话的语气仿佛是对自己的孙辈一般。如果特别投缘,那么他就给他们一个核桃或者苹果,说"这是他自己的果园里长出来的"。

感谢上帝,终于出现了一位新鲜人物了。

这位来自蛮荒之地的哲学家迷倒了法国。

一个月以内,全法国都知道了这位老人的到来。从比利牛斯山到默兹河,连小贩们都在叫卖富兰克林的版画像和石膏半身像。为了赶时髦,每一个鼻烟壶和剃须盒都印上了这位"自由信徒"的慈祥面容。美丽的女士们也戴上了富兰克林式的手镯和耳环。举国上下都在为富兰克林而疯狂,也只有这位拥有老印刷匠强健身体的人,才能吃遍为他——这位最尊贵的客人所安排的无穷无尽的正式晚宴、午餐而不至于被撑死。

与此同时,这位可怜的老外交官也遇到了一些麻烦事。如果不是拥有强大的政治敏感度,面对这些麻烦一般人很难招架。

当他抵达法国的时候,他发现之前已经来过两个美国代表。其中一个叫塞拉斯·迪恩,是一位来自康涅狄格的正派人,已经与欧洲大陆建立了几个极为有利可图的商业关系。迪恩发现路易十六宫廷音乐钟表匠、大受欢迎的戏剧《费加罗的婚礼》和《塞维利亚的理发师》的曲作者皮埃尔·德·博马舍是一名坚定的美国支持者,愿意以各种方式帮助殖民地的人民。当然,所做的事情必须对法国政府保密,因此迪恩和博马舍设计出了以下绝妙的方案。

在巴黎,一家名为"罗德里格斯·奥塔莱斯"的商业事务所开张了。它与西班牙马德里的"迭戈·加尔多奎"公司有密切的往来。很快,大量的火药、火枪和军服开始运抵法国在西印度群岛的港口。幸运的是,运送这些珍贵货物的船只经常和来自纳罕特和普罗维登斯①的快船并排停泊在一起。两周以后,没人知道这些本应该发给瓜德罗普岛或海地某位正直商人的火药桶和火枪是怎么被华盛顿将军军需部的手下搬走的。这些本应该给法属巴斯特尔群岛的居民打野鸭用的枪支,现在却落在宾夕法尼亚民兵们的手里。

不管英国驻法国大使如何激烈地谴责这一严重违反战争中立的行为,法国外交大臣——以人格担保!——都无法向他解释这到底是怎么一回事。

当然,像这种绝对违法生意的成功依靠的是绝对保密。不能保留任何记录或账目,也不能交换任何有关公司受到法国和西班牙政府积极支持的字条。走私者只能相信彼此说的话,相信彼此的诚实。

在迪恩的运作下,事情进展一切顺利。但当他被迫与大陆会议秘密通信员亚瑟·李进行合作的时候,麻烦就来了。这位亚瑟·李是理查德·亨利·李的兄弟,而理查德·亨利·李正是提议《独立宣言》的人。亚瑟·李的职业是医生,也是律师,但他缺乏医生和律师所应具有的沉稳持重的品质。他疑心过重,认为所有他接触过

---

① 纳罕特镇位于马萨诸塞州,普罗维登斯位于罗德岛州,为美国著名的港口。——译者注

的人都是骗子和小偷。他认为:"博马舍并不是真心想帮助殖民地,因为他对人民自由的问题一无所知!没错,博马舍就是冲着钱去的。迪恩也不是无私的革命者,别相信他愿意将个人收入的最后一便士花在革命的事业上!迪恩就是一名贪污犯,当他的爱国同胞在富吉谷地的山洞中忍饥挨饿时,他却在巴黎花天酒地。"诸如此类不胜枚举,只有亚瑟·李才是正派人。

大陆会议总是非常期待丑闻的发生,因为在进行正式"调查"时能够让某些成员有出风头的机会。因此,大陆会议对亚瑟·李的指控非常认真,并要求迪恩提交一份账目。迪恩在过去几年里同时做着无数的事情,如何能够记得清十个月或十四个月前到底经手了多少钱?

但这样的回答无法令法官满意。迪恩被召回了,虽然很快就证明了自己的清白(富兰克林从未怀疑这一点),但他还是自我流放去了英国,最后在英国去世;而亚瑟·李却比他活得久,并成为美国宪法最尖刻的反对者,成为一切想让这个国家变得更好的人的绊脚石。

这一不愉快的事件以及其他一些小的争吵,都是由李的自以为是和缺乏手段所导致的,富兰克林刚到巴黎的时候就注意到了这一点。他不能让自己受到影响,因为之前已经遭遇过类似的事情。侠肝义胆的博马舍已经听到很多人称呼他为流氓和强盗,而他之前做出那么多牺牲正是为了同样这些人。因此他没有心情再主动提供帮助,但其他人还在帮助富兰克林。法国民众非常喜爱这位美国代表的人格,因此成为他坚定的后盾。宫廷中的那些人受了上一代与英国交战失利的教训,变得更聪明了,因此需要一个切实的理由才能被说服。理由终于等到了,一名年轻的波士顿人匆匆从大洋彼岸带来了一个消息：伯格因的全部英军都被美国人俘虏了，基本上整个北方地区都在革命者的手中。

本杰明·富兰克林在凡尔赛宫

这一振奋人心的消息抵达巴黎四天后，法国外交大臣传话给富兰克林，说愿意在他方便的时候与他见面。两个月后，法国承认了美利坚合众国的独立，而英国以宣战作为回应。

然而，富兰克林在欧洲的使命并未结束。在接下来漫长而焦灼的七年间，他一直在欧洲购买补给，安排贷款，武装私掠船，处理下属间的矛盾，说服其他国家加入商业或政治联盟。富兰克林凭借他的个人声誉为迫切需要获得认可的革命事业添砖加瓦。

至于他本人，已经步入晚年，别无所求。伟大的思想家伏尔泰曾当着所有法国名流的面拥抱过他——对一名真正的哲学家来说，这一奖赏已经足够了。

29. 卢梭的著作，拉法耶特的研究

拉法耶特侯爵吉尔伯特·德·莫蒂勒，这位拥有法国最悠久、最尊贵名字的男孩，十三岁的时候就成了孤儿。他是如此富有以至于不知如何处理庞大的资产。

本章的第二位主人公是让·雅克·卢梭，他也在童年的时候就失去了父母亲的呵护。他做过雕刻匠学徒、男仆和流浪者，十五岁以后在很长一段时间里依然过着吃了上顿没下顿的生活，这些经历让他很早就了解了生活的真相。

然而冥冥之中，两个出身、成长以及社会阶层都有着巨大差异的人，却因为国家的利益而产生了奇妙的交集。

卢梭后来成为作家、预言家和哲学家，主张一种非常新颖有趣的理论，认为所有的现代文明形式都是邪恶的，真正有价值的东西只有在未被白种人破坏和影响的野蛮人那里才能找到，人类最终获救的唯一希望就是回归自然。

这些信条注定会吸引法国人，因为他们完全沉浸在享乐之中，对生活失去了激情（就像前一章所讲的那样）。他们不必为维持眼前的生计而忙碌，因此愿意拿出自己收入的四分之三来换取新的情感体验。

即使匆匆浏览卢梭的著作，也会让人感到精神震颤，就像乘着新式气球腾云驾雾一般。

因此人们看到整个法国社会都在过返璞归真的生活。王后亲自给自己的小奶牛挤奶。国王去铁匠铺打铁。公爵夫人去管理奶牛场。著名的画家们都在画纯真的小女孩抱着咩咩叫的小羊，脖子上还系着粉色的丝带！

在这种轻松愉悦、追求善与美的狂热氛围下，法国最大领地之一的继承人（拉法耶特）自愿投身其中，岂非再自然不过的事情？

紧接着，发生在美洲的为了自由而战的首条新闻让巴黎人激动不已。对当时（以及今天的）普通的法国人来说，任何发生在国界以外的事情都是异常遥远的：斯德哥尔摩位于人间的边缘，是黑夜和因纽特人的领地；至于费城，那是通往火星的最后一站。

现在最出人意料、最难以置信且最不可思议的事情发生了。在无比遥远的陌生大陆上，一群卑微的庄稼汉居然不知天高地厚地与强大的英国军队进行斗争，而且还打败了那些衣着华丽的士兵。

这种事情绝无可能发生，除非这些高尚的英雄们从童年开始就抵制那些导致欧洲腐化堕落的奢侈和享受。

震惊之余，法国人惊讶地发现，这位新哲学家（卢梭）所描绘的天堂真的存在——就在萨斯奎汉纳河和詹姆斯河的岸边，名叫美利坚。之后，法国人唯一要做的事情就是穿美利坚的服装，吃美利坚的食物，还要装扮成"宾夕法尼亚森林中的乡巴佬"的样子。

年轻的拉法耶特对龙骑兵团中的枯燥生活早已感到厌烦，与其他军官相比，他对返璞归真的生活的向往"中毒"更甚。最终，他无法抵御这种冲动。他公然违抗国王的命令（他希望拉法耶特在国内多待几年），先逃到了西班牙，之后辗转抵达南卡罗来纳。

当时他的英语并不太好，在去费城的途中，同行的人都对看到这样一个英俊温和的法国男孩而感到奇怪。大陆会议也感到有些困惑不解。塞拉斯·迪恩在一封信中详细介绍了拉法耶特的情况，说他的家族可以追溯到恺撒时代，他是一名非常和善、积极的年轻绅士，如果他能够成为华盛顿将军的幕僚，不仅在法国，在整个大陆都会产生巨大的舆论效果。

这听上去不错。但在那时，几乎每一艘抵达美国港口的船都装满了饥肠辘辘的欧洲军官。他们吹嘘自己卓越的战斗技巧，炫耀君主给他们颁发的各种勋章。他们想凭借过去的荣耀来索取准将或者海军上将的头衔，并获得相应的薪水。

一开始，大陆会议的确从这些酗酒的混账中雇用了几个人。但他们却不堪一用。所以，一旦有人来到这个国家的首都，在人前炫耀波多里亚①埃米尔赠予的宝剑，或者中国皇帝奖赏的鼻烟壶，就会被人怀疑为骗子。

但是年轻的拉法耶特让美国人相信，他的动机最为纯粹。他来美国严格按照志愿者的标准行事，一分钱也不要。大陆会议开始关注他。1777年7月31日，"鉴于他的热情、显赫的家族和广泛的联系"，拉法耶特侯爵被任命为美国陆军少将。

第二天，他被引荐给华盛顿。

一开始，总司令不知道该如何对待这名十九岁的少将。他没法

---

① 波多里亚位于东欧平原，在第聂伯河与喀尔巴阡山之间，历史上曾归属波兰、奥地利、奥斯曼帝国、沙俄、苏联等，现为乌克兰的一部分。——译者注

很好地说服手下的粗汉认真对待这个孩子。但他很快就开始欣赏这个年轻法国贵族的优秀品质,也明白为了自己的理想远离妻儿、祖国以及数百万年收入的人并非等闲之辈。

如果想让一名在欧洲小军营里受过训练的龙骑兵少尉一夜之间成为一名伟大的战略家,能够指挥军队进行野战,那将是非常荒谬的。拉法耶特的价值也并非体现在那里。他最大的价值在于鼓舞士兵的士气。他的出现让美国革命事业成为时髦的话题。在欧洲贵族(旧大陆每个国家最为重要的阶层)的眼中,革命已经降临。

自那时起,其他地位显要的外国人以及战斗经验丰富的真正的军人,开始关注这场在世界尽头进行的奇特而力量对比悬殊的战斗。腓特烈大帝时代的将军,普鲁士男爵冯·施托伊本成为美军的教官,通过训练步伐,将他们从一群乌合之众变成了一支真正的军队。

另一位德国人,约翰·卡尔布(即大家熟知的让·德·卡尔布男爵),他和拉法耶特同时来到美国,也被任命为少将。他在组织方面做出了巨大的贡献,但也为自己的热情付出了生命的代价。当他训练不足的军队被击溃的时候,大家四处逃散,而他最终落在了康沃利斯率领的正规军手中。

此外,科苏兹克和普拉斯基伯爵在纽约附近以及萨凡纳河的几次战役中的表现,使波兰人的无畏精神在战争中大放异彩。

还有很多值得尊敬的盟友也为革命贡献了一臂之力。狄德罗及其友人所编写的著名的《百科全书》整理了自由和平等的理念,强化了卢梭的新观点,这个观点传遍了欧洲的每一个角落。在荷兰,他们的思想为一个政党的诞生打下了基础,这个政党希望将政府从寡头制改为民主制。英王乔治曾向荷兰请求租借两个苏格兰兵团,这两个兵团在荷兰反抗西班牙统治时期就在荷兰服役，但由于反对党的极力反对，最终荷兰议会拒绝了英王的请求。

没过多久，一本名为《常识》的小册子被翻译成荷兰语出版，作者是一个毫无名气的英国人，名叫汤姆·潘恩。这本书为美国革命的原则进行了辩护。英国驻海牙公使对在荷兰出现如此明目张胆的亲美主义表达了惊讶与痛心。

就在此时，大陆会议的代表与阿姆斯特丹的商人进行了接触，谨慎地试探他们能否为美国提供一笔贷款并缔结商业联盟。商人们非常愿意讨论这一计划，但由于他们的国家保持中立，因此要求所有的谈判在国外进行，并且要严格保密。美国人答应了，不久之后，一份草案被撰写出来并送到费城等待批准。不幸的是，这份做出很大妥协的协议草案落到了英国人手中。当时亨利·劳伦斯正在赶赴阿姆斯特丹的途中（寻求一份一千万美元的贷款），完全没有防备，敌人抓住他后，从他的箱子里搜出了这些外交文件。

伦敦对这一事件恼羞成怒。另外还有一件事，在美国革命爆发前不久，一位英国船长约翰·保罗·琼斯大胆地驶入了一个荷兰港口，现在他成为一名成功的美国船长，带着他的战利品"塞拉皮斯"号驶进了荷兰特塞尔港。荷兰人不仅没有按照英国驻海牙公使的要求逮捕这名"海盗"，还把他当作民族英雄一样看待。不管他和他的船员（二百二十七名船员中只有七十九人是美国人）出现在哪里，都会听到当地民众的喝彩。

在荷兰政府拒绝将"塞拉皮斯"号归还旧主（在美国同情者的压力之下）之后不久，英国人发现了荷兰给美国人贷款的密谋，最终导致英国对荷兰宣战。

在战争期间，荷兰并没有派遣一兵一卒到大陆与美国人和法国人并肩作战,但荷兰派出了海军,在北海与几支英国舰队进行作战。最为重要的是,当合众国陷入财政困境的时候,年长的共和国将自己的巨额财富交给年轻的姊妹国家使用,从而保证了革命的胜利。

当时,由于缺乏强有力的中央政府,因此无法建构一种财政体系让革命进行下去。十三个殖民地大多已经破产。美元的价值甚至比不上印钞纸的价钱。由于缺乏最基本的生活供应,军队经常处于叛乱的边缘。法国曾经承诺提供援助,但国库也已经空虚,路易十六的大臣们尽力施为,但却无法达到收支平衡以供两国使用。所以,富兰克林和亚当斯筹到的借款基本上都是汇票,能够在法国领地购买补给品,但无法兑换成现金。因此,在荷兰筹到的七百万美元的现金就成了名副其实的上天的恩赐。

促成这笔交易的银行家们实际上并非对美国革命事业有着无私的热爱。作为生意人,他们相信人们有感情,但不相信有高尚的情操。他们期待在和平恢复之后,他们的国家能够因慷慨的行为获得某些回报,美国政府也表达了感恩之情,与荷兰签订了一份优惠的商业条约。从这一点来看,他们后来可能非常失望,但当时没人能够预见这一切。与此同时,从荷兰起运的黄金跨过大洋,直接送给了华盛顿将军(而非大陆会议),正是这些钱好几次阻止了叛乱的爆发。在战争最后的四年里,由于大陆会议的怠慢和无动于衷,叛乱经常发生,有时华盛顿甚至会担心自己可能会变得无依无靠,单枪匹马进行独立战争。

30. 宗主国与边疆人民的博弈

战争仿佛陷入了僵局。事实上的确如此。英国与法国、荷兰以及西班牙之间的战争（西班牙加入战争的目的在于夺回直布罗陀以及地中海的岛屿）让它在欧洲忙得不可开交。英国对中立国家在公海上权利的漠视，迫使几个更为强大的对手组建了一个保护性的同盟，即所谓的"武装中立"。这几个国家成为这些表述模糊的道德准则（即国际法）的保护者。

但战争进行三年之后，整个世界都注意到，美国人一直在接受一个盟友的帮忙。这个盟友在其加入的任何一场冲突中都会大发神威。他就是"距离"准将。

似乎只有古罗马人才能够和这个战无不胜的对手抗衡。

在中世纪，当这个可怕的武士率领两个冷酷的手下——著名的"英里"和"公里"上尉——出现的时候，那些军事领袖们总是吃败仗。现在，这位"距离"老爷子加入了华盛顿将军的阵营。之后，不管英国人如何努力，作战如何勇敢，战场上总是会被敌人抢占上风。他们在之前的所有战争中，一直依赖自己的海军，然而在阿勒格尼山脉中军舰起不了任何作用,也没有哪个战士能指望乘船驶入伊利诺伊的"沉没之地"。徒步行军成为这场战争的决定性因素。两三年之后,徒步变得如此乏味艰难,足以摧毁最严格的军纪。

就连一向乐观的诺斯勋爵也开始谈论妥协,认为宗主国和她犯了错的孩子可以让过去的事情过去,在更新更合理的基础上重新建立关系。

我们必须承认,美国人已经普遍感觉到三年来贸易停滞所带来的后果。财政状况已经非常糟糕,大陆会议过于虚弱和低效,无法将国家的各派势力团结起来,而做不到这一点的话,就很难取得战争的胜利。

亲英派(他们依旧占据人口中相当大的比例)·如既往地乐意听取来自英国的关于和平和善意的甜言蜜语。简而言之,一股"失败主义"的逆流明显正在席卷全国。

一名美军将领甚至准备发动一场"奇袭",让这场革命合乎逻辑地降下帷幕,让美洲再次回到英王乔治的怀抱中,而他本人也将成为这一事件的英雄(作为对他的奖赏)。但幸运的是,负责谈判的英国军官落入了一群随军杂役的手中。他们隐约感觉到从这个年轻军官靴子里搜出来的神秘纸张有些不对头,因此把他交给了正规军的一名军官。

就这样,这个涉及广泛的阴谋大白于天下。和其他许多案例一样,倒霉的中间人安德烈少校被处以绞刑,而试图把自己的祖国出卖给敌人的阿诺德准将、重要的西点要塞的指挥官,却成功地逃脱了惩罚,成为英军的准将,最后平静地去世。

这一骇人听闻的事件成为美国历史的转折点。此后不久,"距离"将军就开始显露自己的威力。在整个大西洋沿岸的战线上，腿脚酸痛的英军开始变得缓慢下来。他们的行进被队伍后面紧跟的长长的难民队伍所拖累。亲英派开始明白，这场博弈即将终结。他们投错了方向，或者说在这场鹰与狮的较量中，他们选择了支持后者，而现在这头猛兽正在偷偷地准备逃回家中。亲英派把能带走的财产都装到大车上，把它们运到新斯科舍或者新布伦瑞克。但他们丢在身后的房屋、花园、农场和祖传的物品都落入获胜的西部内地的穷小伙子们手里。在1775年到1787年间，有几个州不少于一半的地产都换了新主人。这些新主人大多是来自边疆地区的穷苦农民。他们突然间暴增的财富极大地增强了民主派的力量，而被迫背井离乡的亲英派则削弱了贵族的力量。

民主派也通过其他方式增强了对国家的掌控。他们现在有机会解决谁应该拥有广袤西部边疆原野的问题。法国人早已离去，但他们修筑的工事落入了英国人的手中，这一点可不妙。因为主导革命的新英格兰人、纽约人、弗吉尼亚人和宾夕法尼亚人看上去并不在乎居住在边疆地区农民的未来，所以让他们直接去对付当地的英国守军。他们对地处遥远地区的同胞的感觉就类似于今天我们对爱达荷人和怀俄明人的感觉一样。当我们从报纸上读到他们遭受了洪水或地震的时候，我们非常遗憾地说："我们必须为他们做些什么。"有时候我们甚至会给他们寄去一张支票，但他们离我们小小的后院距离实在太遥远，除表示同情并发去一封慰问信之外，他们的遭遇很难让我们去认真面对。

拓荒者们明白这一点。

迄今为止，他们一直被法国官员、耶稣会的神父或英军的军官们所控制。现在，法国官员和神父们都走了，但英王陛下的军队还在。当战争接近尾声的时候，边疆地区的哨所逐渐被放弃。最终，边疆人民获得了自由。

对于居住在这片荒蛮之地的原住民来说，这是一个悲伤的日子。出于某种模糊的自我保护的直觉，他们加入了英国人一方。喝饱了英国人的朗姆酒之后，他们对手无寸铁的北美农民进行了残酷的屠杀。

现在他们要为此付出代价了。

一个接一个的印第安部落遭到了攻击，或者被全部屠灭，或者被迫向西部迁徙。居住在纽约北部森林中的文明程度更高的印第安群体已经发展出了一种联邦制的政府。富兰克林曾在大陆会议的同事们面前赞赏这种创造，认为合众国可以从中借鉴。这个印第安群体试图进行抵抗，但很快就被新罕布什尔的约翰·萨利文所率领的庞大美军所击败。为了获得彻底的胜利，萨利文甚至毁掉了他们所有的果树和玉米地，这样一来，即使是幸存者也一定会饿死。很多人对这种暴行进行了抗议，但大陆会议像对待英雄一样迎接萨利文的凯旋，并通过了一项决议以表示对他的感谢。

就这样，印第安人的威胁被解除了，美国从此不用担心来自后方的攻击。在东方，美国人也取得了胜利。法国的士兵、德国的教官、波兰的志愿者与荷兰的钱，再加上我们的老朋友"距离"将军，逐渐把英王经验丰富的兵团拖垮了。

1781年，英国人部署了最后的战略。他们在北方的战争以撤离波士顿而宣告失败，他们通过占领哈德逊河谷从而把东西部分开的努力也因为伯格因在萨拉托加的战败而结束。

现在他们想把南部的军队集中起来，然后向北方挺进。

这一远征的结局是灾难性的。康沃利斯勋爵以及他的整支军队在1781年10月19日于约克城向美国人投降。

当这一灾难性的消息传到伦敦后,英王乔治说:"这没什么大不了。"他还说,即使有更大的失败,在英国也没有人对他以往的指导性原则有所怀疑。但诺斯勋爵沉默良久,用低沉的语气伤感地说:"一切都结束了。"之后,他请求辞职,将休战谈判事宜留给了他的继任者洛金汉侯爵,以及几年前被他赶下台的辉格党人。

1782年春,在巴黎召开的和平会议持续了近两年之久,似乎成了某种地理学和经济学的辩论赛。当中,富兰克林和约翰·亚当斯表现出了远超其他对手的实力。

最终,在必要的程序之后,大不列颠与美利坚合众国正式签署了和平条约。

两年之后,亚当斯被任命为驻英国公使。

在他作为这个新生国家的代表觐见英国国王时,他的言行非常粗鲁无礼,但这种言行在他的国家被视为诚实的表现,而且会被尊重。

然而,英王讲了一段简短但令人难忘的话。

"先生,"他说,"我希望你能相信(而且我希望我所说的话能够被转达给你的美国同胞)在这场已经成为历史的冲突中,我所做的一切都是在履行我对子民们应当承担的责任。我可以非常坦白地告诉你,我是最后一个答应两国分离的人。但分离既然已经发生,而且是不可避免的,我将会像一直以来常说的那样,第一个接受美国作为独立国家所传达的友谊。"

宗主国最终接受了这一不可避免的事情。

31. 拯救了一个国家并缔造了一个帝国的妥协

美国终于获得了自由。但用鲁布·戈德堡（一个周薪十五美元的职员、学识渊博的哲学家）的话来说："现在美利坚合众国的人民获得了自由，他们准备用它来干什么呢？"

我认为，这句话对亚当斯和华盛顿这样的人来说并非一句笑谈。亚当斯预计这个国家马上会陷入无政府状态，而华盛顿则发现自己被要求承担警察的职责，而且只有自己的大批追随者才能将国家从非常危险的叛乱边缘挽救回来。

即使我不说你也知道，革命也有其消极的一面。有时它是必须的，甚至是令人向往的，但就其最终目的而言，革命即意味着否定和废除，就像一次外科手术，或者拆毁一栋超龄服役的老建筑一样。

美国革命者在同一种理想的感召下聚集在一起，但这种理想的实现包含了很多他们不想做的事情。比如说，他们不想给英国政府缴税；不想要英国教会正式委派的主教；国王命令他们不得进入某些西部的土地，因为要留给印第安人，他们也不想遵从；他们不想让议会对他们的茶叶、玻璃和油漆征税。他们这也不想要，那也不想做。

但是现在说"不"的阶段已经过去了。

没那么让人激动的"做"什么的时代开始了。胜利的革命军很快就发现，一切与以前都不一样了。

首先，他们不再是外国君主的臣民。他们已经成为自己国家的公民。

但是这个国家应该如何治理？它应该成为一个怎样的国家？它如何才能筹集足够的资金，以维持独立的陆军、海军，以及外交部门、邮政部门和卫生部门？又该如何处理其他数以千计的问题？

直到最近，美国人才明白"赤字"这个词是什么意思。英国政府曾经非常周到地处理了所有的细节问题，如击败法国人、防止野蛮人袭扰白人的农场、维持法律与秩序、花钱供养军队等。那种日子已经一去不复返了。因此，美国人开始问自己（但并没有多少热情）并在彼此间互相询问："我们应该建立一个什么样的政府？"

很快，城市和乡村、沿海与内陆本就存在的意见分歧又暴露出来了。

从民主派的观点来看，托马斯·潘恩呼吁建立一个"共和国"（Res Publica），即众多拥有主权独立的小国的邦联，一个真正的"联合体"（Common Wealth）。它将成为全人类的避难所。

贵族们并不喜欢这个想法。一个由众多主权独立的小国组成的松散邦联乍一看好像不错，但在这个恶劣到极点的世界中，一个没有强大武力的民族又能有何作为？武力不正是意味着拥有一个强大的全国政府吗？甚至到现在，各个殖民地不正是因为无力维护自己的权益才被其他力量所侵害，从而遭受重大损失的吗？

英国关税成了一大问题。自巴黎和约签订之后，宗主国开始像对待其他国家一样，坚持要求所有进入英国港口的美国货物缴纳税款。美国人想要报复，但要怎样做才能报复呢？让十三个小国家都各自制定自己的关税法案吗？这太荒唐了。

美国货币成了一大问题。各州议会发行了数以百万计的美元纸币在全国泛滥，导致很多居民区的信贷与生意都陷入完全瘫痪的状态。那么，有没有人希望这些州议会撤销这些没有价值的纸片，恢复殖民时代的金银本位？当然没有。对于很多狭隘的政客来说，这里有很大的暴利可以谋取。

军队的借据成了一大问题。这些借据是军队在饥寒交迫的压力下，为解决食品、衣物和其他军用物资需求所签署的。可怜的农民和商人如何去处理手里的这些借据呢？让他们去找宾夕法尼亚或特拉华的财政部门来解决吗？这些借据需要大量的资金才能够兑现。那些部门早在几年前就破产了，而他们的票据也早就被用来糊墙或装订成记事本了。

跨州贸易出现了无穷无尽的困难。纽约能向所有从新泽西运来的货物征税吗？反过来说，新泽西也可以向所有从纽约运来的货物征税吗？

1777年的《邦联条例》让各个州联合在一起，形成了某种形式的联盟。这正符合欧洲大国的利益，他们能够（有时也乐意）承认这个独立的联盟为一个正式的国家。但如此一来，民众对美国的热情也慢慢地消退了。现在战争已经结束，外国债权人开始叫嚣着索要现金或者至少拿到他们借款的利息。根据《巴黎和约》，美国得到了西部广袤的土地（正像人们希望的那样，这里最终将会变成几个邦），如果能将这些土地出售，将会获得不菲的财政收入，但是由谁来处理这笔钱呢？

诸如此类的问题层出不穷，直到最热衷于纯粹民主制的人也开始明白，有些事情必须做，而且马上就要去做。

第一次调解马里兰州和弗吉尼亚州关税争议的会议在安纳波利斯城召开，只有五个州的代表出席了会议，他们对建立一个强有力的中央政府的愿望进行了讨论，但无果而终。不过，华盛顿原先的助手汉密尔顿（出席会议成员之一）坚定地支持贵族们对政府的观点。这个极为聪明的人知道，现在是时候进行大刀阔斧的变革了，否则一切都会失去。

因此，一些谨慎的绅士在几间简陋的宾馆房间集会，频繁地进行信件往来，最后宣布，明年五月将在费城召开一次正式的会议。

一开始只有七个州派出了代表，后来其他几个州也派出了代表（除罗德岛之外）。最后，会议在6月1日正式开始。

在这一危机关头（这个国家从开始到现在已经十二年没有中央政府了），各个州把过去的争议暂时搁置，派出了最优秀的公民代表，而且没有用很多指示来束缚他们的手脚。

这次会议是秘密进行的，但从1827年印制的辩论报告和之后出版的许多私人回忆录中，我们可以发现在国家生死存亡的关头究竟发生了什么。极端的民主派和贵族派都没有参加这次会议。参加会议的五十五名代表大都持有温和的观点，他们有的是律师，有的是商人，有的是士兵，在革命的困难岁月里他们都做出了自己的贡献，都希望建立一个合乎情理的共和国政府，但绝对不想尝试某种新奇的政府模式。

和所有精明的商人一样，代表们明白任何一个委员会都无法得到什么成果，除非委员会里只有三名成员，其中一人生病，另一人缺席。因此，大部分必要文件的起草工作都交给了来自弗吉尼亚的詹姆斯·麦迪逊。他写过一本名叫《合众国政治体制弊病》的小册子，在安纳波利斯会议的召集工作中也起到过非常重要的作用。这次，他带着一份非常合理且务实可行的宪法方案（所谓的"弗吉尼亚方案"）来到费城，但立刻被所有小州的代表攻击为民主的敌人，他们认为所有集权的建议都是对小州权利的侵害。于是，小州代表们提交了一份自己的方案，即所谓的"新泽西方案"，但这份方案被大州代表贬斥为试图以满足小州利益来奴役重要大州的行为。危机产生了。看上去小州的代表想退出此次会议。

然而，这次会议是由华盛顿将军主持的。只要有他在，就没有人会退出。没有！一个人都没有退出。

此外，富兰克林博士也出席了会议。他年事已高，但依然充满了智慧。当事情进展顺利的时候他笑容可掬，当人们争论得面红耳赤的时候，他就讲笑话给火热的气氛降降温，并且不时地邀请心情不佳的代表到他的小休息室里轻松一下，直到笑容再次出现在他们的脸上，从而让制宪会议能够继续进行下去。

不管怎样，最重要的是会议并没有中断。1787年9月，一份由康涅狄格代表提出的妥协方案获得了通过，美利坚合众国宪法终于可以面向公众征求意见。

宪法在各个州的批准进程非常缓慢，制宪会议避免了很多不愉快的事情。

"出身低微的人"认为"出身高贵的人"在他们身上强加了一些东西，合众国总统只不过是君主的代名词，宪法所设立的国会将会是另一个英国议会,将会凌驾于各个小州的主权之上来统治这个国家。而"出身高贵的人"认为,所有这些反对意见不过是暴民对统治精神的廉价表达,这个国家的新政府设计得十分精巧,行政机构、立法机构和法院永远无法篡夺本来就不属于它们的权力。他们发表了一系列的文章并结集出版了一个单行本,名为《联邦党人文集》。后来,这本书成为那些不怀偏见的人研究宪法的可靠手册。

在那些民主派和贵族派冲突最为激烈的州,宪法的批准又让老一套的争议沉渣泛起。在某些州,赞成的人数仅比反对的人数多出一点点(马萨诸塞州赞成与反对的票数为187对168)。不过,各个州还是陆陆续续地批准了宪法,甚至拒绝派代表参会的罗德岛州也对过去的行为表示悔意,同意继续作为合众国的一部分,而不是成为一个独立的国家。

对于那个值得纪念的日子,已经有众多学识渊博的人撰写了相关的著作,也发表了很多言论,现在我再来谈论这件事情,就仿佛让一个小孩子告诉弗里茨·克莱斯勒①如何演奏小提琴一般。然而,撰写任何一本有关美国历史的书,都不能回避这件事。

在我看来,美国宪法就属于那种看的人虽不多,但获得的赞誉却非常多的文献(比如歌德②的《浮士德》、但丁③的《神曲》或弥尔顿④的《失乐园》)。

人们有时候会赞叹:"啊,宪法!"但即使在这些热情洋溢的人当中,也很少有人认真研究过这部文献。当然,上学的孩子不属

---

① 弗里茨·克莱斯勒(1875—1962),奥地利小提琴演奏家。——译者注
② 歌德(1749—1832),德国著名思想家、作家、科学家。——译者注
③ 但丁(1265—1321),意大利文艺复兴时期著名诗人。——译者注
④ 弥尔顿(1608—1674),英国诗人。——译者注

于此类人,他们被迫学习宪法,结果大部分人都讨厌它,觉得整部文献枯燥乏味到令人发指,就像高中或大学时期大量令人厌烦的文献一样——它们被指定为"必读"书目。

但宪法的确是过去两百年间最有意思的文献之一。它是妥协的产物,没有任何神的启示的痕迹,仅仅是一份论述政府规则的条文集,但它却经历了一百四十年的科学、经济和政治风云变幻而没有发生大的变化。即使在1927年,这部文献也能保持和1787年一样的活力。这一顽强、坚韧的生命力的确不同凡响,完全不同于一般的政府文件。

今天的世界上,诸多宪法层出不穷。除英国①以外,每个国家都有一部或者几部宪法,但我们似乎是唯一始终受惠于一部宪法的国家。

这份功劳首先应该记在1787年费城那些具有理性、健康思想的人身上。

当时,这个正准备升帆远航的国家眼看就要因为党派分歧而在无政府状态的湍流中沉沦,是麦迪逊和他的同事们挺身而出,出手拯救了这个国家。他们更正了罗盘的方向,为船员们提供了精准的航海图和航海指令,让这艘小船免于倾覆之难,获得了成功的保障,从而在无边无际的海洋里继续远航。

1789年3月4日,首届根据新宪法选举的国会齐聚纽约。三周之后,在联邦大厅的台阶上,在举国欢腾的气氛中,乔治·华盛顿将军宣布就任美利坚合众国总统。

---

① 迄今为止,英国没有一部成文的宪法。所谓的"英国宪法"是长期以来习惯法的总和,最早可以追溯到《自由大宪章》,即英国封建专制时期的宪法性文件之一。——编者注

又过了几周，法国国王路易局促不安地站在凡尔赛宫的宴会厅中，面对周围死一般的寂静，他寄希望于法国国民的代表，希望他们能够拯救祖国于危难之中。

这是一个奇特的世界，需要各种各样的人与方法才能够使其运转自如。

亚当斯、拉法耶特、富兰克林、华盛顿、卢梭、汉密尔顿、杰斐逊、琼斯、波旁家族安德玛那长着鹰钩鼻的后代，他们匆匆登上历史的舞台，讲了简短的台词，然后"砰"的一声就被历史女神克利俄①装进了古老的密匣。

随后，这位女神又悄悄地布置起下一幕剧的舞台，可能是一幕喜剧，也可能是一幕悲剧，我们可能开怀大笑，也可能流下感动的泪水。不过我可以确定，只有我们才能看到如此精彩的演出。

---

① 克利俄，古希腊神话中九个缪斯女神之一，司掌历史。——编者注

32. 汉密尔顿商业兴国，华盛顿返回故乡

在希腊语中，"Aristo"意为"最好的"，"Kratia"意为"政府"。因此Aristocracy（贵族制）理应是"最好的政府"，或者就像汉密尔顿所说的那样："贵族制意味着由聪慧、富有和善良的人来管理政府。"对此，他的政治盟友表示赞同。

贵族制一直以来都是一个崇高的理想。的确，我们很难找到比"最好的政府"还好的替代品。但是这里存在一个问题，那就是我们通常很难发现共同体中谁才是最聪慧和最善良的（最富有的人则比较容易被发现）。而且，在困苦的岁月里，人们的情绪并不稳定，雄辩的口舌往往会让最聪慧的头脑丧失理智。因此，人们会对口号信以为真，使其成为当下道德标准的一部分。

现在，我们已经接受民主制是各种政治妥协方案中最好的一个，因此可以理智地回顾这段历史，不偏不倚地去研究当时所发生的事情。我们清楚地发现，宪法的制定者竭尽全力设计了这套体系，它很接近选举君主制，但他们在其中做了各种预案，以防这一类似临时君主的职位落入不能胜任它的人手中。

不仅如此，他们也非常小心，不让人民——理论上讲他们应该爱人民，但实际上他们既不信任又厌恶人民——有能力对政府首脑的选举施加任何直接的影响。他们没有胆量将这种意图说出来，但是他们将这个问题交给各州的立法机构来裁决，要求他们设计出各种方法，让公民只能选出少数几个人来参与政府官员的选举，从而避免让穷人掌握太大的权力。选举成员都是德高望重的公民，他们聚集在一起，不受任何选民的束缚。他们会说："在我们看来，那里的某位尊敬的先生最适合担任总统。我们会选他在接下来的四年里担任这个国家的首脑。"

在1789年，各个地方的选择都是一致的。所有地方各个角落都在呼喊同一个名字："乔治·华盛顿！"

但是，没有人能够事无巨细地过问所有四百万人民的事务。他需要帮手。

华盛顿在选择自己的部长时，体现出了异常的细心与卓越的智慧。他不允许人才的选拔受到自己个人好恶的左右。约翰·亚当斯已经当选副总统，因此无法参加选拔；托马斯·杰斐逊此时已经从法国回国，他除对祖国忠诚这一点之外，和他那费尔法克斯郡的邻居在一切事务上几乎都有分歧，他被任命为国务卿；而亚历山大·汉密尔顿则处理无所作为的大陆会议所留下来的最令人头疼的烂摊子：一个彻底被掏空的国库。

汉密尔顿被证明非常适合这个工作。他孩提时代在圣克罗伊岛与亲戚们生活在一起，当他的老板临时外出时，年轻的汉密尔顿会替代老板管理日益兴旺的生意。他做得如此出色，以至于吸引到了一些好心人（不是他的亲戚）的注意。他们给了他足够的钱以供他前往纽约的哥伦比亚大学求学。如果不是这么幸运的话（这种幸运是他靠自己的能力换来的），很难说他之后会变成什么样子。他的母亲有法国血统，一开始嫁给了圣克罗伊岛的一名丹麦种植园主，后来她离开了他，和一个苏格兰人同居。这个苏格兰人名叫詹姆斯·汉密尔顿。他们一起搬到了尼维斯岛，亚历山大和他的弟弟詹姆斯就是在那里出生的。

1768年，亚历山大的母亲去世了，父亲也陷入了破产的境地。就像我们之前所说的那样，他或多或少只能靠自己生活下去了。

他来到哥伦比亚大学不久，革命就爆发了。他作为志愿兵加入了革命军，并表现出了非凡的军事才能。在很短的时间里，他成功加入了华盛顿将军的幕僚并晋升为陆军中校。在其后的四年里，他成为华盛顿的机要秘书和首席副官。

1780年，他与纽约上州的一个古老的荷兰家庭联姻，开始安定下来从事法律方面的工作，同时努力挽救这个社会免遭有组织的无政府主义（极端民主派对此非常热衷）的戕害。这项工作对他来说正合适，因为他就是一名移民。因此，他不会效忠于任一特定的州或国家。他的那些本土出生的同胞们则不同，他们首先是田纳西人或者罗德岛人，其次才是美国人。当时的人认为他肯定对西印度群岛某一火山小岛有着"本能的效忠"。但是他十五岁就离开了那里，而且有着充分的理由憎恨那个地方。因此，他并没有所谓的"地方爱国主义"的狭隘情感，从而可以很轻松地将美国整体看作一个国家，而非众多独立小国——每个小国都认为自己比邻州强——的松散联合体。

不仅如此，汉密尔顿也是见过世面的。华盛顿之所以如此器重他，是因为他不仅能说流利的法语，而且从事过好几年的对外贸易，因此他了解所有的商业关系都是建立在相互信任的基石之上，也就是所谓的信用。

国外的商人

在各个州的立法机构中，有相当一部分成员是农民，习惯了简单的以物易物的交易方式，自然非常容易对复杂的商业事务感到茫然。他们打小就被教育去讨厌和不要信任大城市来的放贷人，因为他们可以随时取消抵押品赎回权，从而毁掉一个家庭。有关货币、汇票和支票的实际操作对他们来说过于神秘莫测，是非常令人怀疑的事情，是撒旦的发明。当然他们也喜欢钱，越多越好。有钱就可以买有用的东西，如果没有钱，也就没法进行战争了。然而，一旦法国的法郎、荷兰的弗罗林被送到美国后，它们就成了外债。当它们作为工资支付给陆军和海军后,就不会再产生利润了,外国银行家们也收不到任何利息,面对眼前的风险,想到美国人的忘恩负义,他们不禁泪流满面。

从这些债权人的角度来说,他们有充分的理由感到担忧和生气。当汉密尔顿就任财政部长时,这个国家的债务高达七千七百万美元,在当时这是个天文数字。这些债务中的大部分都是美国公民手中的票据,欠外国银行和政府的钱是一千二百万美元,各州的债务则是两千万美元。

在这当中,对美国公民持有的债务偿还起来最为困难。因为持有这些票据的民众通常需要现金,而且经常被诱导以实际价值的十分之一乃至二十分之一的价格将票据卖给投机商。如果现在政府兑现这些票据(当时是这么计划的),投机商会大发特发,而原始持有者(他们当时满怀崇高的爱国主义信念,将自己的积蓄托付给大陆会议保管)则会变得一文不名。

很快就出现了两个派别。一派支持汉密尔顿的计划,认为政府应该承担所有的债务。另一派由托马斯·杰斐逊领导,反对这种政策。最后,他们又达成了妥协。杰斐逊答应支持汉密尔顿有关债务的计划,而汉密尔顿则答应支持杰斐逊在波多马克河畔建设新首都的计划。这个新的首都将远离东部邪恶势力的污染。

但是汉密尔顿并不满足一开始的胜利。除非合众国的财政能够打好一个坚实的基础,而且这个国家能够让自己的收支平衡,否则永远不要希望能够获得真正的独立。汉密尔顿(在这个问题上他的思想更偏向于欧洲式而非美国式)无法想象一个没有中央银行的国家会发生什么。威尼斯受益于里雅托银行才得以发展繁荣;英国在危急的时候依靠英格兰银行;瑞典从17世纪中期开始就有了国家银行；而荷兰，自人们能够回忆的时间起，就靠阿姆斯特丹银行进行贸易。但美国却没有自己的银行，因为农民无法理解比经营一家杂货店更为复杂的原理，也不相信"把所有的钱放在一个地方"的想法，所以反对中央银行。

这种想法无疑是荒谬的。

因此到了1792年，作为华盛顿内阁中坚力量的汉密尔顿在费城建立了他的银行。银行的原始资本很少，但已足够使用。

银行

但是仅靠一家银行是不够用的。

联邦政府必须要为自己的财政收入寻找稳定的来源,因为政府现在承担了许多过去由英国议会承担的职能,因此对现金的需求也会不断增加。

对外国商品征税的观念并非新鲜事物。关税(Tariff)这个词来自阿拉伯语(原意为"存货"),说明这个制度可以回溯到中世纪早期。

当时几乎所有的国家都有关税。

汉密尔顿提议,美国也应该建立关税制度。

然而,南方和西部的农业地区对这个提议表示强烈反对。农民和种植园主认为,关税只对沿海的制造业有利,对农民则会增加额外的税务负担。

但是汉密尔顿有自己的办法。他开始对威士忌收税。在宾夕法尼亚的边远地区,人们对酒的口味刚从朗姆酒变成了威士忌。那里的人喜欢酿造各种各样让他们愉悦的美酒。结果,征税令导致了大规模的枪击事件和骚乱,直到华盛顿总统动员一万五千名民兵部队才将其弹压下去。

在所有"靠谱的人"(华盛顿总统喜欢这么称呼他们)眼中,合众国现在是一个体面而懂得自重的民族。但是,有些人并不在意自己被称呼为"靠谱"或"不靠谱",他们只是对眼前独立的联盟变成一个高度集权的准君主国而感到忧心忡忡。

因此,沿海与内陆、放贷人和借贷人、城市和农村、贵族派和民主派之间旧有的争吵又一次被全面激化。直到这个时候,两个党派才开始设定自己的议程,而且也有了自己的名称。选择华盛顿、亚当斯和汉密尔顿这一派的人,即相信出身富贵、受过良好教育和富有的人所主导的强有力的中央政府的那些人，被称为联邦党人；另一派则将杰斐逊尊为精神领袖，厌恶各个州将自身的主权让渡给新成立的联邦政府，认为出身低微的人才具有高贵的品格，他们被称为反联邦党人。然而，当联邦党人逐渐显露出倾向于回归某种温和的君主制时，反联邦党人也迈进了一步，采取了一个相对应的名称，称自己为共和党人。

1795年，当杰斐逊从内阁辞职之后，两党之间的争吵让华盛顿在接下来的日子里非常不愉快。

双方的争吵已经不被文明社会的基本礼节所束缚。

纽约、费城、波士顿、哈特福德和查尔斯顿等大城市的人希望美国成为世界上制造业领先的大国，他们将杰斐逊贬低为一个危险的煽动家，一个自由派思想家，一个主张性爱自由的人，说他在巴黎待的时间太久了，以至于对法国的思想过于迷恋而不再是一个靠谱的美国爱国者。

那些生活在边疆地区的人们则讨厌所有来自东部的所谓天赐的事物，因为这让他们联想起很多欧洲的风物，他们费了好大力气才摆脱欧洲，对此十分反感。他们对此进行了报复，给华盛顿和他的顾问起了很多言辞低俗的恶劣绰号。

这一切非常不幸，但仅仅只是开始。

几年前，一群来自法国的年轻人跨越大洋投身于美国的革命，而现在革命烧到了他们的家门口。他们的国王被斩首，君主制被摧毁，国家宣布成立共和国。他们当中没有死于革命的开始浪迹海外，为了生计而去做法语老师、面点师或者教授礼仪规范的老师。

法国革命

  君主制的英国勉强认同那些饥饿和被忽视的底层人民用最残忍的暴力惩罚那些他们眼中的施暴者；而美国殖民地人民的老朋友艾德蒙·伯克[①]则反应比较激烈，他号召对那些反抗合法君主的野兽们进行一场十字军东征，他认为那些人满脑子都是理想主义，他们想清除世界上一切有关中世纪和封建主义的事物。

  两国关系迅速恶化，战争已经不可避免。1793年，英法两国陷

[①] 艾德蒙·伯克，爱尔兰政治家，曾反对英国国王，支持美国革命，对法国大革命进行了批判。——编者注

入公开的冲突当中。

对普通的法国人来说，美国人民所应承担的责任是不言而喻的。十几年前，法国非常高尚地伸出援手，对处于困境之中的美国提供了援助，为殖民地人民赢得独立无偿贡献了黄金与热血。

现在，法国陷入被敌人包围的困境之中，美国人理应马上给予回报。唉！可怜的法国人大失所望，美国人什么也没做。纽约唯一的动作，就是华盛顿稍微动了一下手指，签署了一项公告，命令所有美国人在法国督政府和英王乔治的冲突之间必须"严守绝对中立"，不管言论还是行动都不允许选边站。

这项决定看上去与两国之间最为神圣的条约背道而驰。该条约规定美国是法国的盟友，也赋予美国人民保护法国在西印度群岛财产的义务，美国所有的港口都应向法国私掠船及其战利品开放，同时对法国的敌人关闭。

在法国人看来，这一中立公告看上去有悖于古老高尚的行为准则。但很快法国人就从他们新任命的外交官发回国内的报告中得知，这就是那个国家的处事原则。

这位友善的年轻人名叫爱德蒙·夏尔·爱德华·热内。当他抵达美国的时候，已经完全做好了要做本杰明·富兰克林第二的准备，想要在哈德逊河畔再现这位著名的印刷匠在塞纳河畔取得的成就。富兰克林当时在法国享有行动自由，被允许借款、武装私掠船、对法国人民直接演讲，以便赢得他们对美国的同情。

当然，热内比富兰克林年轻得多，没有那位和蔼可亲的费城老人所拥有的魅力。但美国政府仍然欠法国数百万美元，热内认为，现在这笔钱可以被法国拿来使用，从而对英国和西班牙发动小规模的战争，美国能够成为法国在西半球的补给基地，一如十几年前法国成为美国在欧洲的补给基地一般。

在一开始，一切都非常顺利。

热内在查尔斯顿登陆。那个地区的人民在英国侵略者手中遭受了很大的痛苦，他们用欢呼声表达对法国的热爱和感激。热内的费城之行就像一场盛大的凯旋集会。然而，一旦他踏上美国临时首都的土地，他的麻烦就开始了。

中立公告并没有被撤销。当他询问他的国家与美利坚合众国所签署的神圣条约时，给他的答复是，他必须理解该条约是合众国与法国国王签署的。既然法国人民已经处死了国王，条约自然就失去了效力。

当他要求美国偿还部分欠款，以便"他能将其用在西印度群岛一次奴隶起义的受害者身上"（实际上他也许想武装一些海盗对英国和西班牙进行远征）时，汉密尔顿见了他并直接回绝了他的要求。

当他的护卫舰满载战利品抵达美国的港口时，英国公使马上发动律师要求美国发出禁令，禁止将这些战利品出售。热内在绝望之中，直接向美国参议院与众议院进行交涉（在他看来这些议员是民意的代表）。国务卿退回了他的文件并附上一封简略而无礼的信作为答复，并向巴黎传递消息，要求他们召回这位外交官。

事情还不算完。根据对条约的义务（按照法国人的理解），美国应该与英国作战。但在第二年，美国政府派首席法官约翰·杰伊到伦敦讨论两国之间缔结友好、通商和航海条约，让之前的敌人变成最亲密的朋友。

当这件事被欧洲报纸报道之后，巴黎的咖啡馆充满了对这个卑鄙无耻的国家的咒骂之声，美国国内也燃起了怒火，这种怒火即使在革命之初最恐慌的日子里也是很罕见的。

众议院甚至要求对这份几个月前就在伦敦签署的条约进行审查。但他们被告知,众议院并没有制定条约的权力,直到需要执行条约条款的时候议员们才能够参与讨论,在此之前早一天也不行。

汉密尔顿(有一次他差点被愤怒的民众打死)和其他总统的顾问们试图一同对公众进行劝说,让他们相信杰伊条约是绝对有必要的。没有这份条约,欧洲大战的复杂性很有可能会把英国和美国带入敌对状态。但他们白费口舌。共和党人不接受他们的解释。动荡直到1796年新的大选来临的时候方告结束。

人们请求华盛顿连任三届总统,但他拒绝了。这并非因为他相信没有任何人应该连任三届以上,而是因为他感到非常疲惫。他希望回到老家,睡在自己的床上,在自己的饭桌上吃饭,在一切还来得及之前,享受和家人在一起的简单的快乐时光。

他已经六十四岁了。在过去的二十年里他一直奔忙,不得休息。这二十年的时间里充斥着无穷无尽的战争、辩论、会议,以及各种误解和羞辱。

在离开那辆著名的四轮马车和他的四个高级职务之前,他发表了一份告别演讲。这是他留给这个他所钟爱且付出巨大牺牲的国家的某种政治遗嘱。

他劝告他的朋友们少想一些本州的利益,多考虑一下这个所有人共同的国家。

他恳求大家不要让狭隘的党派纷争影响了他们的决策。

接着,他也告诫他们要警惕欧洲大陆的人,因为他从来不相信欧洲人,也不认为欧洲人能为美国带来什么好处。

"欧洲,"他说,"有许多和我们无关或关系不大的利益冲突。鉴于欧洲总是陷入各种各样的争端，而这些争端的起因从根本上讲与我们无关。所以，如果因为人为的关系而使我们卷入欧洲各国变化无常的政治、友谊或敌对中，是非常不明智的。因此，我们的政策应该是不与外部世界的任何部分缔结永久的联盟关系。"

1797年3月4日，马萨诸塞州的约翰·亚当斯就任美国总统。华盛顿出席了他的就职典礼。典礼结束后，华盛顿转身离开大厅，登上一辆马车，驶向弗农山庄。

两年后，他平静而安详地去世了，就像以往一样从容。

华盛顿的芒特弗农

33. 亚当斯明白此革命并非彼革命

根据《牛津简明英语词典》,"革命"一词释义如下:"一场根本性的变革;上下翻转;形势的大转变;根本性的重建,尤其是指被统治者强行更换一个新的统治者或政体。"

如果我们接受这个定义(看上去似乎很全面且公正),那么1775—1783年的美国以及1789—1795年的法国都经历了完全意义上的革命。两个国家都发生了根本性的变革和重建,被统治者强力更换了新的统治者和政体。

没有比这更好的理由能让两个国家结成兄弟般的友谊。

这两个国家分别处于世界的两端。从严格的意义上讲,两国并非商业对手,而且美国在反对宗主国的起义中,法国为美国提供了非常重要的援助。

但最终的结果却完全出乎意料。大洋两岸的领导人都明白,即使是革命,也会有所不同。

当这种重大事件发生的时候,当时的观察家很难搞清楚实际发生了什么。他们就像战场上的士兵,周围一片混乱,硝烟弥漫,声音嘈杂。如果他们能够有幸活下来,那么五十年或一百年之后,才能从某位称职的历史学家那里了解到战事的细节。

这些大事已经过去将近一百五十年了。法国和美国之间的嫌隙究竟是什么,在当时令很多正直的法国人和美国人疑惑不解。但现在原因已经非常清楚了。

美国革命的本质是一次主权的变革,新国家的权力交到了有产阶级、贵族和上流阶层的手中。而在法国,革命也是一次主权的变革,但新国家的权力掌握在没有财产的民众、民主派和贫民窟的大众手里。

在美国,政府是由那些受人尊敬、有卓越能力的人组成的,如华盛顿、亚当斯和汉密尔顿。而在法国,掌权的都是这样一些人:一个出生在地中海半开化小岛上一文不名的人,父亲是一个破产的公证员;一个是身无分文的工程师主管;一位出身破落贵族的探险家;还有一些没有特殊社会和经济背景的政治家。这些人已经没有什么可以失去的了。

除此之外,两大革命进行的方式也有显著的区别。

美国有三千英里宽阔的海洋作为天然屏障,以阻滞敌人的脚步,而法国则与自己的敌人比邻而居。

美国人一旦赢得开始的几次战役,之后就没有太大的麻烦了。亲英派分子既没有武器也没有军队,只能远遁到新斯科舍和英国等较远的地方,很快就不再构成真正的威胁。

而法国的情况则相反。王室、贵族、教士和农民不断地制造阴谋活动,使整个社会陷入恐慌之中。民众在突然而至且无以名状的恐慌驱使下,制造了许多可怕的暴行。

结果,虽然两国都能够以"清理干净房屋"为傲,但他们的成长却渐行渐远,以至于根本无法相互理解。

美国新政府搬进了大体上体现殖民时代风貌的官邸的前厅;而法国的统治者则因疲倦和失眠而疲惫不堪,在一座古老而破败的王宫的阁楼和地下室里处理国家政务。

约翰·亚当斯和他著名的夫人①早晨一边喝着咖啡,一边阅读美国驻巴黎大使古弗尼尔·莫里斯的来信。他们从信中得知,莫里斯曾试图营救法国国王和王后逃脱那些乡下流氓无赖的控制,但是以失败告终;国王和王后被他们以前的臣民如同普通罪犯一样对待;这些穿着新近流行的稀奇古怪裤子(长度一直到脚踝)的臣民们不戴假发,却在长枪上装上刺刀,践踏整个欧洲的文明,还叫嚣着可怕的"平等"(杰斐逊先生也一直在天真地倡导着)"博爱"的理念。读到此处,他们只能摇摇头,叹息这一曾经备受尊敬的民族如今竟然堕落至此,几乎和支持卑鄙的丹尼尔·谢斯②的叛乱之徒一样无耻。

不久之后,亚当斯移居到新的总统官邸,发现数百万的美国公民都在为那些统治法国的凶杀犯和盗贼们喝彩;共和党的穷酸文人在报纸上连篇累牍地发表文章,赞扬法国宪法的道德优越性、法国士兵的勇敢,以及法国妇女的奉献。亚当斯因此坚信,美国已经处于内战的边缘,(用报纸上的话来说)是时候做些什么了。

---

① 阿比盖尔·亚当斯夫人,出嫁前名为阿比盖尔·史密斯,是美国政界人物、女权运动先驱、书简作家,也是美国第二任总统约翰·亚当斯的夫人,第六任总统约翰·昆西·亚当斯的母亲。
② 丹尼尔·谢斯(1747—1825),独立战争时期的美军军官,战后生活困苦,于1786年领导贫苦的农民进行了武装起义。次年起义被政府镇压。谢斯起义促使华盛顿复出,对制宪会议的召开起到了推动作用,对美国联邦制的建立产生了深远的影响。——译者注

但是，到底应该"做些什么"，总统和他的顾问们都说不清楚，不过他们非常聪明地利用了一个绝佳的机会。

热内在法国的傲慢自大以及莫里斯对波旁家族明显的同情，让这两个国家中断了外交往来。但是，约翰·亚当斯非常清楚，在经历了漫长而精疲力竭的独立斗争之后，美国需要休养生息。因此，他明确拒绝参与另一场战争。他轻松地说道："好吧，过去的事就让它过去吧！"他委派了约翰·马歇尔、埃尔布里奇·杰里和查尔斯·平克尼前往巴黎执行一项和平友善的使命。他对他们能否圆满完成使命并不抱太大希望，但即使是一种表面上的友好关系也比目前近乎敌对和私下里争吵的状态更符合两国的利益。

当三位美国使节抵达巴黎的时候，法国人刚痛失自己的海军，同时又听说美国港口对英国军舰和他们所携带的法国战利品开放的传言，这让法国人愤怒不已。他们向这几位跨越大洋的美国人指出，美国对待英国和法国执行了双重标准。对于法国，一旦法国人动了从美国开往英国或英国殖民地的船只，就会收到从华盛顿寄来的抗议信函；但不管英国扣押多少艘美国商船，美国政府从来没有抗议过，甚至美国驻伦敦的公使仍然与英国外相保持着亲密的关系，而且经常被看到与那位傲慢的官员友好地喝茶。

美国使节本可以就此给出各种答复。他们完全可以说，因为美国政府没有海军，因此更有赖于英国施于的仁慈，而法国帮不上什么忙；美国公使一直在抗议英国海军在公海上的非法行为，尽管他不时会与英国外相一起进餐。然而，因为他们是作为和平使者来到法国的，所以要避免引发一场没有任何结果的辩论，他们向督政府提交了一份解决目前紧迫问题的方案。

他们本来可以获得成功，但不幸的是被法国人所说的"大金融集团"注意到了。

"大金融集团"与普通的银行业和典当业有所不同,他们的发达几乎完全依靠战争。政府突然发现自己需要大笔现金。这个时候,大批国际骗子会蜂拥到这个国家的首都,用各种荒唐的援助将可怜的大臣们团团围住,用各种阴谋诡计来迷惑他们。只有意志最坚定且头脑狡猾的人才能逃过他们的骗术,以免官司或丑闻缠身。

这三位美国使节被四个"大金融集团"的人所纠缠。他们向美国人许诺,说能搞到内部情报,能给美国带来巨大的好处,当然这需要一定的花费。这一点其实非常符合18世纪后期外交活动的游戏规则。送给外交大臣一些礼物或酬劳是通行的做法。当时几乎所有人都在用鼻烟壶,可以把它放在蕾丝袖口和手绢里。如果发现鼻烟壶里碰巧装满了金币,那再好不过了,收到礼物的人可以买一些上等的"哥本哈根鼻烟",甚至还能剩一些钱来坐马车。

美国使节知道这些门道,看上去也准备要给巴拉斯先生一些钱。巴拉斯是当时很有影响力的人物,据说花钱非常大手大脚。但是除这些私下的贿赂之外,督政府暗示美国应该贷款七百万美元给法国。美国使节断然拒绝了这个要求。这一交易如果进行,将是对中立的破坏,会引发英国与美国之间的战争,况且没有哪个有自尊心的政府愿意以这种粗鲁的方式被勒索。

整个阴谋的细节直到今天仍无人知晓。但是当美国使节与法国中间人之间的信件被送到费城之后,联邦党的领导人意识到这是一个极好的政治武器,而且是由督政府慷慨相赠的。他们公开了所有的信件,略去了真实人名,以X、Y、Z三个字母来代替信中所指的法国官员的姓名。然后,他们对共和党人说:"看吧!你们远方的朋友原来是这种人!这就是你们所无比推崇的人!"

他们没有就此打住。利用当时人们的激动情绪,他们制定了一系列法律以防止共和党人发泄自己的不满。第一项措施就是通过了所谓的《外籍人法》。该法案延长了入籍美国的年限,从在美国居住不少于五年延长到了十四年;它赋予总统逮捕和驱逐任何不受欢迎的外国人的权力,并允许联邦政府逮捕或流放任何与美国处于交战状态的国家的人。

第二项措施是通过了著名的《煽动罪法》。该法案严禁发表任何针对美国政府、总统或国会的错误、丑闻或恶意的文字,禁止鼓吹反对国会或政府是合法的行为,禁止支持与美国敌对的国家所进行的宣传。一旦定罪,将处以监禁或罚款的惩罚。

这些法律的制定有着充分的现实理由。当时许多爱尔兰流放者在美国报纸上咒骂英国政府,但是他们的言辞过于激烈,在民众中间不断散播并制造了恐慌。他们在过去七年所做的摧毁专制中央政府权力的努力,似乎在联邦党人的笔下都白费了。新设立的星室法庭[①]的法令是由约翰·亚当斯总统签署的,而非乔治国王签署。现在,美国公民被剥夺了言论自由,出版业也将失去引以为傲的自由。

于是,爱管闲事的联邦法官在各地对无辜的公民进行判决,只是因为他们参加了似乎带有政治色彩的集会或者敢于怀疑政府具有上帝一般的智慧。他们把编辑也关进了监狱,只因为这些人在社论中批评某些总统政令的发布是出于私利。这个国家坚持民主的那些人愤怒了,这使整个国家切实感到了发生骚动的威胁。

反对派的核心人物是杰斐逊。他从华盛顿的内阁中辞职以来,

---

① 星室法庭是 15 世纪至 17 世纪时英国最高的司法机构,于 1478 年由英王亨利七世设立。由于后期成为专制王权迫害清教徒的工具,英国革命爆发后,于 1641 年被废除。在这里,星室法庭是专断司法的代名词。——译者注

一直平静地生活在弗吉尼亚夏洛茨维尔附近的庄园里,过着基督徒苦行一般的生活,似乎远离了他所钟爱的政治游戏。

然而,这位精明的老人和18世纪诸多哲学家和科学家一样,有着写信的嗜好。他几乎每天都和共和党的重要人物有书信往来。他指挥了所有的行动。他的话体现在共和党报纸的社论上。每当共和党领导人不知采取什么政策的时候,他们就会在周末不请自来地聚到蒙蒂塞洛,手里拿着一杯葡萄酒(弗农山庄出产马德拉葡萄酒),讨论采取什么手段和方法对付那些贵族派。

因此,当弗吉尼亚州和肯塔基州议会通过正式决议,宣布《煽动罪法》因违反宪法条款而无效的时候,所有人都从这言辞流畅但危险重重的"无效"文件中看出了杰斐逊的手笔。许多人都认为这只是共和党人的最后努力,以阻止这个国家日益增长的被联邦党人所热衷的中央集权的趋势。

这两个法律以及有关无效的争论在多大程度上影响了接下来的选举,我们很难做出判断。

政治领域似乎也存在着四季交替,如同自然界或时装界一样,冬季过后是春天,短裙子流行之后就会轮到长裙子。一届富人政府之后会迎来穷人政府。不管农民、裁缝与政治家如何努力,他们都无法改变这种自然交替的轨迹。

在1800年的大选中,联邦党人输给了共和党人。

富人阶级预测接下来国家会进入无政府的混乱状态。

边疆地区的人们点燃篝火,庆祝"富豪们恐怖统治"的终结。

亚当斯先生返回了波士顿,而杰斐逊先生收拾行装,同时给华盛顿市康拉德笔下的一家著名寄宿公寓的经理写了一封短笺,请他们在明年三月初给他预留一个房间。

34. 杰斐逊与拿破仑的购地交易

有一句俗话是这么说的:"火上的炖菜没人吃过,因为太烫。"

同理,没有一个政党在获得政权之后,还能像投票之前那样激进。

就职之前的杰斐逊反对任何政府对州权和个人权利的干预,就职之后的杰斐逊很快便认识到,政府如果不去"统治"的话就无法指望生存下去。

一个人去国会传递信件,选择乘坐马车还是步行,只是非常微不足道的小细节;一个人愿意被人称作"阁下",还是愿意被人喊作"嗨,汤姆",在很大程度上也只不过是个人喜好的问题。

但是美国总统进行讲话的时候,总会以总统的身份展示自己的权威:"公民们,这是一项国家的法律,由你们所选举出来的立法机构所指定,并由我来庄重地签署生效。"接下来,要么他看着自己的意志得以贯彻,要么他必须下台走人。

杰斐逊是我们以往的总统中受过最好教育的一位,他精通历史，博古通今，博览群书，还是一位有幽默感的哲学家。他了解普通美国人是如何生活的，就如同了解自己家里的奴仆一般。自汉谟拉比以来，所有的政治家都认为国家要有明确的法律条文并且能够坚定完整地执行下去，而不是颁布一批不切实际的法令和规则，签署过后只能停留在纸面上，同时还要遭受到大众和法庭的公开藐视。杰斐逊甫一上任，就在避免引发整个国家政治生活和商业活动剧烈震荡的前提下，尽可能多地废除联邦党人的法令并赶走了联邦党人的官员。

《煽动罪法》理所当然地被撤销了。海军的规模被压缩到接近于零的程度。可有可无的公务员也被鼓励另谋出路。政府想尽一切办法勒紧腰带，减轻国家的债务负担。

总统甚至到了连皮鞋都要节省的地步。他尽可能地不离开宾夕法尼亚大街尽头的官邸，每当需要与国会进行沟通时，他就会派一名信使为他传递消息。

不过，所有这些措施都和弹劾萨缪尔·蔡斯大法官一样具有破坏性。蔡斯是《独立宣言》的签署者之一，患有高血压，并且情绪暴躁。他利用《外籍人法》和《煽动罪法》，将自己的法庭变成了小型的私人星室法庭。

这些事情都起到了破坏性的效果。但杰斐逊的性格十分积极，不会被负面的后果所摆布。

当他展开重建工作的时候，这位来自阿尔伯马尔郡的不修边幅的农夫绅士（他摆出一副不在乎衣装的样子，用民主的高尚美德来打动民众，显示出与浮华不实的联邦党人的不同）、来自林区的质朴的人开始了解一个事实，那就是没有相匹配的经济进步，政治进步是毫无价值的，也是不值得费心争取的。这一事实也经常因各种原因被其他政治家所忽略。

在大革命之前,只有贵族才有资格乘坐四轮马车,农民只能步行。这两类人对此都没有怨言。贵族们从小就被祖母和教会教导,乘坐四轮马车是他们生活的组成部分;而那些农民,打从摇篮起,他的曾祖母(农民通常活得更久一些)和教会就对他说,他这类人从出生到死亡只能步行。

后来到了18世纪,人们对祖母和乡村教士的智慧产生了质疑。

伏尔泰、狄德罗和卢梭都在发问:"为什么这个社会中某一阶级的人应该永远乘坐四轮马车,而另一个阶级的人只能在泥泞中跋涉?"

如果贵族们能够做出妥协,能够不时提携农民一把,让他们有足够的钱买得起自己的小马车,那么危机也许就能够避免。但是贵族们受祖母和教士的毒害过深,以至于无法接受新的东西。这个阶级中有几位思想开明的人曾经提出了警告。但最终,他们被称为"肮脏的激进分子",被揪着耳朵扫地出门了。因此,革命不可避免地发生了。通过立法,农民们获得了与贵族平等的地位。

然而,农民从此能够乘坐四轮马车了吗?

并没有。

他们被告知他们只要愿意,就可以乘坐四轮马车,因为现在没有任何法律规定谁能够乘坐、谁不能够乘坐。但是如果想乘坐的话,你首先得买得起一辆四轮马车。尽管理论上可以乘坐,但贫苦的农民们根本没有实际的资产以购买和保养哪怕一辆小小的驴车。

在以前,一个阶级的人只能步行而另外一个阶级的人可以乘坐马车,但现在他们都只能行进在无人维护的泥路上。一个阶级失去了一切,另一个阶级什么也没得到。

杰斐逊认识到了一个真理，并首先将其付诸实践：如果想让一个获得政治自由的人得以享受刚获得的尊严所带来的好处，那么只有一个办法，即提高"生产力"，直到能够满足所有人的需求为止。

生产力当然是指勤劳的工作，但也意味着普通人将会得到比以往更多的必需品和奢侈品。

杰斐逊并不热衷于机器，他认为制造业体系一定会导致城市获得非自然的危险的主导地位。他相信这个国家的未来在农民手中，而且真正的力量蕴藏在边疆地区。

他的想法有可能是对的，也有可能是错的。但只要国家保持和平且没有战争的威胁，并采取联邦党人所寻求的集权政府的做法（不得不这么做），他就会恪守自己的理念，用共和党所有的力量来贯彻发展农业计划。

此时，杰斐逊面对着非常有利的外部环境。他一直以来都是一个幸运儿。如果他是一个固执己见的基督徒，那么他一定会赞成加尔文博士有关宿命论的观点。事实上他已经平静地接受了命运的眷顾，并从马可·奥勒留[①]和堂吉诃德那里寻求慰藉。

如果我们想找到最初的原因（这也是历史学家所必须做的），那么我必告诉你，当1100年古老的波拿巴家族离开佛罗伦萨的时候，奇特的命运就已经开始运转，它将使这个家族的一位成员在经过意大利的萨尔扎纳和法国的阿雅克肖之后，抵达塞纳河畔，去继承恺撒和查理曼大帝的衣钵。但是历史太过于长久，我只能假定大

[①] 马可·奥勒留（121—180），古罗马思想家，罗马帝国"五贤帝"之一，著有《沉思录》传世。——译者注

家都已经熟知法国革命战争的历史,并且对1803年的欧洲政局非常清楚。

三年之前,拿破仑在与西班牙国王交涉后签署了一份秘密协定,重新拿回了被称为路易斯安那的法国殖民地。这块土地在18世纪帝国瓜分土地的争夺中,于1762年被西班牙占据。尽管拿破仑的法语说起来有口音,但从他缺乏超越法国边界的视野这一点来看,他是一个典型的法国人。

他那经过长期训练的阅读军事地图的能力告诉他,新奥尔良市具有重大的战略价值,只要控制这里就能够控制密西西比河,从而阻断西部农产品的运输。但是,路易斯安那这个词对他来说没有任何意义,就如同加拿大对于路易十四时代的人没有意义一样。他能在早餐前推翻一个千年帝国,在午餐和晚餐之间三次改写整个欧洲的地图,但是为了做好占领新领土的准备,他却思考了十八个月的时间。

当然,与此同时,巴黎和马德里之间这笔交易的消息被泄露了出来。鲁弗斯·金,这位在英国王宫中的红人在伦敦听到了这个消息,并报告给了杰斐逊的国务卿麦迪逊。麦迪逊告知杰斐逊后,总统深感不安。阿勒格尼山脉以西数百万英亩的土地上生活着他所热爱的拓荒者。他们的生计全靠密西西比河运输他们的粮食和皮毛。如果新奥尔良是由像西班牙这样的弱国控制,那倒也没什么。即使出现最坏的情况,边疆地区的民众也能够挺近并占据被废弃的要塞,将西班牙人清除出去。但是,如果像拿破仑这样可怕的人(他是战无不胜的)控制了这一价值重大的地点,整个西部就会被封锁住。这的确是一个严峻的问题。但这个问题无法得到联邦党人的认同,因为他们根本不在乎西部,他们真正感兴趣的地方是大洋的彼岸。每当他们的同僚就这个问题进行辩论时,都会有人说:"有一点毫无疑问,美国购买西部的土地是愚蠢的行为。"然后这个人便会赢得一片赞许之声。

当然,作为一名纯粹的民主派,一个质朴、单纯而坦率的人,杰斐逊并不赞同秘密外交。不过这个问题非常棘手,因此他决定还是小心谨慎行事。因此,他请求他的朋友詹姆斯·门罗(他也是弗吉尼亚州威斯特摩兰郡人)去巴黎看一下能够采取什么措施,并看看法国是否像其他好战的国家一样不断地需要用钱,这样也许能被劝说将其在美洲的利益出售给华盛顿的朋友。门罗接受了这一使命并乘船启程了。

但他在到达巴黎之前,这笔交易就已经达成了。

这一次,恰巧有一个合适的人处于合适的位置上。

美国驻法国公使罗伯特·利文斯顿是一个天生的鼓动者。他一早就开始鼓动法国人将新奥尔良及其周边土地卖给美国。并且当时社会上的一个流言(这里的流言是指法国沙龙里那种不审慎的对话)也有助于他的成功。根据这个流言,法国和英国之间有爆发新的战争的危险,结果会导致法国丢失某些殖民地。

这份措辞精巧的宣传这样问道:"现在将这几平方英里的荒地卖出去换一些钱,要比之后丢掉什么也没得到强得多,难道不是吗?"

美国人是如此重视新奥尔良,许多人甚至愿意为夺取这座城市而诉诸战争。利文斯顿也许同时向法国人表达了这一点。但他非常清楚,法国是一个高傲的民族,因此他主要强调商贸领域,而不涉及军事领域。非常幸运的是,拿破仑的财政大臣的父亲曾经担任宾夕法尼亚的总督,因此在美国生活了很长一段时间。这一赫赫有名的人物名叫马尔布瓦，此刻正为筹集下一次战争的经费一筹莫展。当他听说门罗的船已经到岸，而且这位美国的全权代表带了整整一船的金币，便飞快地告诉了他的第一执政（拿破仑），并且向他阐释了自己的想法。结果第二天，拿破仑就派他的外交大臣（即我们的老朋友塔列朗先生，也就是亚当斯总统曾披露过的"X"先生）去请利文斯顿，从而开启了出售路易斯安那的谈判。

购买"路易斯安那"

利文斯顿因此拜访了塔列朗,问他新奥尔良的售价是多少。

塔列朗则反问利文斯顿,美国能为买下整个路易斯安那出多少钱。

这是一个让人惊讶的提问,即使对利文斯顿这样精明的人也是如此。他请求给他多一些时间以供思考。与此同时,门罗也来到了巴黎,带来了华盛顿的最新消息。两位美国使节用一整天的时间讨论下一步的计划,接着他们一起去吃晚餐。当晚餐即将结束的时候,马尔布瓦正好进来喝咖啡。他非常高兴能够认识尊敬的门罗先生,并暗示如果两位能在晚间时分来他的办公室,他也许会透露一些对他们有利的消息。

当他们来到他的办公室时,马尔布瓦告诉他们,他昨天一整天都在圣克劳德宫和波拿巴将军进行商讨,结论是美国人可以用一亿法郎的价格买下整个路易斯安那。利文斯顿认为价格太高,并提出了更低的报价。经过一番讨价还价之后,最终路易斯安那将以六千万法郎,也就是一千五百万美元的价格售出。

幸运之神降临美国,杰斐逊总统以平均4美分一英亩的价格将国家的领土扩大了一倍。即使对北方佬来说,这也是一个划算的价格。但是这帮北方佬,一群坚定的联邦党人,对这项交易横加指责。马萨诸塞州萨勒姆郡的参议员蒂莫西·皮克林先生,甚至以退出联邦相威胁,建议成立一个新的新英格兰邦联,从而摆脱南方民主派的腐败以及恶劣影响,而且他还建议时任副总统的艾伦·伯尔担任新国家的行政首脑!

然而,这些骚动最终不了了之。共和党人从联邦党人那里学到了如何让国会通过不受欢迎的议案。而汉密尔顿对伯尔先生人格的攻击(他的确是一个流氓暴发户)导致了两人之间的决斗。在决斗中,伯尔击中了汉密尔顿的心脏,不得已在流亡中度过了余生。

1803年12月20日,法国的三色国旗在新奥尔良的上空缓缓降下。

西北大开发

第二年的春天,来自弗吉尼亚州夏洛茨维尔的梅利韦瑟·刘易斯和威廉·克拉克启程对这片领土进行了一次考察。他们对这片荒野的传说耳熟能详,就像当年哥伦布被未知的大陆所吸引一样。他们探索了密苏里河,穿越落基山脉,然后沿着哥伦比亚河顺流直下,直到抵达太平洋沿岸。这项考察历时两年多,成为有史以来最令人震惊的探险之一。这次探险的损失比（二十三名成员中仅有一人没能在险象环生的三年里活着完成探险）非常小，显示出这些质朴的弗吉尼亚人非常清楚自己的工作。国家承认他们的贡献，任命刘易斯为路易斯安那北部地区的州长。现在他必须坐在办公室里，用往常投入其他工作一样的热情批阅文件，直到有一天他老得再也干不动了，才离开这个岗位，回到他的印第安朋友身边尽情地打猎。

当刘易斯和克拉克徒步考察美国北部地区的时候，另一名战士般的人物，新泽西人泽布伦·蒙哥马利·派克正在探索密西西比河的源头。他在这片尚属于西班牙的广阔土地上进行了初步的探查。当时，这块土地仍被人认为是无用之地。

在杰斐逊时代，边疆地区的人们并没有听过多少传奇故事。他们并不需要听那些故事，因为他们本身就在创造那些故事。

35. 宗主国的最后一次造访

波拿巴将军马上就开始享用从北美获得的意外之财,显示出十足的意大利做派。他放纵自己的荣耀,宣称自己是查理曼大帝的合理继承者。在教皇庇护七世勉强的配合下,在前所未有的由无数彩带、黄金蕾丝、丝绸和羽毛装扮的教堂里,拿破仑·波拿巴加冕为法国人的皇帝。

这个喜讯让欧洲各国颤抖不已。这个小个子奇人每晋升一级,都会在欧洲掀起腥风血雨。这一次,北欧和西欧的皇帝与国王们决心做好准备,建立一个同盟。法国皇帝对此表达了他的惊讶之情,战争又要开始了。

美国政府非常明智地置身事外,杰斐逊总统要求他的同胞们保持镇静,不要惹火烧身。但是很快,这个新的国家就发现,我们共同的地球只是一个小小的五等行星,空间太小了,一旦那个国家发生了什么,一定会对其他国家产生影响。当卡拉哈利沙漠中的两个布希曼部落发生冲突的时候,采取鸵鸟式的中立政策或许能够奏效。但在这样一场由法国、俄国、奥地利、瑞典、英国及其四十多个小国积极参与的战争中,无论是从新西兰到挪威的哈莫菲斯特,还是从北美的巴芬湾到南非的开普敦,都能感受到它的影响。

至于中立宣言和其他此类的严肃的文件,其用途就如同火灾时的保险政策一般。欧洲的两大敌对集团实际上已经大打出手,只有老天才能保佑可怜的中立国船员了。

事态变得更为复杂了。英国在特拉法尔加击沉了法国的舰队,而法国则在奥斯特里茨击溃了反法联盟的陆军。

狮子和大象的寓言变成了实事。英国在大海上所向披靡,而法国则在陆地上无往不利。在布洛涅的岩石上,法国水手们冲着遥远的多佛海岸摇晃拳头;在旗舰的艉楼甲板上,英国水兵在向巴夫勒尔海滩上玩泥巴的孩子们扮着鬼脸。但他们谁也抓不到对方。拿破仑没法下海,英国人也无法登陆。在这种情形下,他们必须修改相互摧毁的手段,采取所有大国都曾经使用过的古老而实用的方法:牺牲小国的权利。

1806年5月,英国首先宣布对整个欧洲西部进行封锁。作为回应,拿破仑在同年11月签署了一道命令,宣布对英伦三岛进行封锁。因此,中立国就像历史上多次欧洲大战爆发时一样,必须在法国魔鬼和海上霸主英国之间二选一。但如果中立国不是特别无助的话,也可以胆子更大一些。

给全世界饥肠辘辘的水手们雪上加霜的是,法国和英国都极力争取美国的产品,并愿意出高价收购战争中所需的粮食和军需品。不管怎么说,美国的船长也只是普通人而已,经历过独立战争的他们认为封锁没什么可怕的。但是,这种双重封锁对于他们来说是前所未有的,因此必须小心谨慎。英国必须依靠海外的货物,否则就无法养活自己的人民,因此提出了一个折中方案,即允许美国船只运送所谓的违禁品到法国,但美国船只要先停泊在一个英国的港口缴纳税款并拿到一张允许和敌国交易的许可证。

"非常好,"拿破仑说,"如果是这样,我只好把任何拿到这份许可证的船只视为敌国船只。"

最糟糕的抓捕和没收行动开始频繁进行,诚实的美国商人损失了数百万美元,不诚实的商人也损失惨重。他们中有人说"现在是时候向英国宣战了",也有人说"我们必须打法国人"。接着他们都前往华盛顿,跟杰斐逊总统说:"请采取行动吧!"

然而,杰斐逊一直致力于避免战争。他是一个爱好和平的人,战争在他看来是一件荒谬的事情。虽然美国偶尔也会向的黎波里塔尼亚的海盗船开炮,因为他们总是在勒索美国政府。但对于开化的国家,仅仅为了荒谬的利益和荣誉,就把他们最有前途的孩子送上战场抛洒热血,这完全不能接受!因此,总统并没有筹备战事,而是悄悄地把剩余的美国陆军和海军藏起来,不让他们有大动作,从而使法国和英国不再对美国有所防备。这样的话,他们就能把美国朋友当成斯堪的纳维亚小国的公民一样对待。

但是,如果认为这样做不会让大洋彼岸的两个国家感到不满,那可就大错特错了。托马斯·杰斐逊是一位哲人,而非绥靖主义者。他敏捷的头脑开始构思一个全新的方案,以此来应对那些高压的政策。如果该方案可行,那么将会让他的两个敌对集团都屈服于他。

到目前为止,所有的干预都来自英国和法国。1807年,美国突然进行了小规模的自我封锁。杰斐逊和他的部长们非常清楚,法国和英国都非常需要美国的粮食。因此1807年12月,杰斐逊下令要求所有美国的船只必须在国内停留,等候进一步的通知,并且向伦敦和巴黎传话，除非两国政府承诺能够按规则行事，不再干扰美国的商人，否则不会再向欧洲出口一粒粮食和一包棉花。

很遗憾，杰斐逊的禁运并没有奏效。诚实的商人们很快就破产了，而那些进行走私活动的人（占大多数）则谋取了暴利。但是这一过程中，多数的钱都落入了中间商的腰包。同时，西部的农民和伐木工以及沿海地区善良的水手们则陷入了前所未有的窘境。

这些人形成了一个规模和影响都很大的群体。面对破产的境地，他们持续不断地高声抗议，政府很快便取消了禁运法令，取而代之的是《中止通商法令》。该法令禁止与英法两国的所有贸易，但允许美国与"中立"的欧洲国家贸易。出于对欧洲真实情况的无知，杰斐逊在这儿犯了一个错误。这些所谓的"中立"国家名义上保有主权，但实际上已经很久不能履行独立主权国家的职能了。因此，美国的贸易仍然受到干扰和破坏，美国的船只依然会被带到某个港口并被扣押。美国国内的人们愈加感觉到，整个情况将会导向战争。当海面上依旧和平的时候，已经发生了好几次美国船员与法国或英国武装人员之间的冲突。但为了继续维持所谓"绝对中立"的局面，美国还是进行了非常多的外交工作。

即使到了这个地步，三个国家的外交官还是能够妥善地处理这些难题，直到人们所熟知的臭名昭著的英国"抓壮丁"的古老传统死灰复燃。强制征兵是一种具有破坏性的征兵方式，在欧洲大陆非常普遍，直到我们那位来自科西嘉岛①的朋友将所有人都变成士兵或水手，并将所有国家都变成军营为止。

根据中世纪的法律观念，君主有权决定战争，因此君主为了战

---

① 科西嘉岛，法国领土，位于地中海西部，是拿破仑的故乡。——译者注

争的胜利有权使用各种必要的手段，即建立军队。因为头脑正常的人一般都不愿被杀死，或将自己处于暴力的危险之中，除非受到攻击，所以想要获得足够的士兵人数从来都是很难的。英国国王惯用的方法就是让在押的犯人统统充军，并且对沙龙或酒吧进行突袭，将里面的人强行拉到就近的战舰上服役，让他们过着奴隶一般的生活，直到和平恢复为止。

不用说，小偷和强盗肯定不是理想的水手人选，那些和战争不相干的没事就喜欢喝上一杯的裁缝和职员们同样也不行。他们可能还没能学会区分后支索和顶千索就已经中弹而亡，或者死于某种疾病。这些疾病很可能是由某个囚犯带上船的，结果就是很多艘船都变成了浮动的医院。因此，有必要寻找真正的海员，而真正的海员唯有在商人中才能找到。因此，一种做法流行开来，等商船返航之后，把船上大部分的水手都抓起来充军。等到英国商船的船员都被劫掠一空之后（很多船已经没人能升起桅帆），英国官员便登上了外国的船只，他们坚称那些看上去年轻的船员都是英国逃兵，并用镣铐和脚链把他们锁起来，强制他们入伍，同邪恶的专制、独裁国家进行斗争。

这一习惯（是的，这已经成了习惯）让美国船长感到最为头疼。一位丹麦或荷兰的船长可以很轻松地分辨出谁是英国人，谁是本国人。但查尔斯顿的一位船长如何能够得知到他这里工作的人究竟是生于马萨诸塞州的塞勒姆还是牙买加的塞勒姆？

有人说可以查一下他们的身份证件。

但是，有谁听说过哪位水手没事会随身携带出生证明或者护照吗？没有，一般的美国船长对此毫无办法，所以只能碰运气。如果他的船速足够快，那就赶快逃跑；如果英国的炮弹击中了船首斜桅，那就只能等候检查。

就在海洋局势如此恶劣的时候，杰斐逊的任期也临近结束，他将打点行装离开首都。和华盛顿一样，这位合众国的第三任总统更愿意和他的马与狗共度余生。他已经66岁了，之前的四十年都奉献给了他的国家。很少有人能像这位来弗吉尼亚的精明老绅士那样，为国家做出如此巨大的贡献，也很少有人能像他那样（可能华盛顿是个例外）承受恶毒的攻击和中伤。杰斐逊的朋友请他第三次连任，但是他拒绝了。今后他将离开这个是非圈，回到蒙蒂塞洛，全身心投入弗吉尼亚大学的创立工作中。他将平静地讲授有关常识和个人独立的理念，而把国家大事托付给他的好友詹姆斯·麦迪逊。麦迪逊做了八年的国务卿，因此大家认为他比任何人都更了解外交事务。

麦迪逊成为我们国家的第四位总统，和前任相比，他少了很多理想主义的色彩。多年的国务卿生涯也让他对人类的仁爱和善良少了许多期盼。他曾经被迫忍受蛮横的英国公使（第一位英国驻美国的外交代表是从美国亲英派家庭中选出来的，为人非常圆滑）的羞辱，紧接着又要听取他们有关友谊的保证；他也发现了拿破仑外交官的狡诈，而且听了太多他们对富兰克林博士虚假的溢美之词。他很清楚，这两个国家对美国商业的权益毫不关心，也不会改变霸道的政策，除非美国拥有足够数量的军舰迫使他们改弦更张。

仅仅靠最后通牒这一张纸片无法让事态有所改善，他在一次严重事件之后彻底明白了这一点。拥有五十门舰炮的英国军舰"列奥波德"号拦截了美国军舰"切萨皮克"号，杀伤了二十一名船员，逮捕了四名所谓的逃兵，之后与正在诺福克补充新鲜淡水的英国舰队会合。这一事件立刻被上报伦敦，英国外交部承诺会正式道歉。

他们派出代表，向美国人解释英国对这一严重破坏中立的行为表示非常遗憾。但是，这位代表是一位傲慢的使节。英国人总是认为派遣傲慢的使节前往华盛顿是合适的，这些傲慢的人往往在国内得不到重用，因此常在两个国家之间制造麻烦。他们的破坏作用，比通常所认为的所有煤商和油商给两大民主国家带来的对抗更为严重。

在谈判与激战中，四年过去了。这段时间发生了印第安人暴动（人们相信这些暴动是英国间谍煽动的结果）、英国抓壮丁的队伍和美国船长之间的激战，以及"青年共和党"这一残暴的新政治派别在国内引起的政治动荡。麦迪逊政府的时代并非美国建国之父们所憧憬的和平与友爱的时代。

最终，宗主国与前殖民地之间的战争爆发了。这不禁让人回想起萨拉托加和约克郡的不愉快的经历。

各个州之间也发生了诸多不愉快的事情。华盛顿就任军队统帅时就说过新英格兰人有"唯利是图的本性"且"缺少爱国主义精神"。现在，这些特征再一次显示出来。

禁运令和中止通商法令对他们来说没有意义。从普利茅斯殖民地刚建立的时候开始，他们就一直进行走私活动。当国会对英国和法国通商采取措施的时候，他们总能够轻松地设法规避。然而，当两国宣战的时候，他们被迫停止了非法活动，开始思考国内的局势。他们现在大声谴责南部和西部的邻州，指责他们没有充分的理由就贸然开战。他们在报纸上呼吁拒绝执行联邦政府的法令。在哈特福德的会议上，五个新英格兰州的代表起草了一份建立新英格兰邦联的详尽方案。

在这种情况下，打胜仗根本就是不可能的事。不要再指望重现魁北克军事要塞的打击，也不要再指望再现蒙特利尔的奇袭。

在海洋上，美国商船的水手与强敌进行了十几年的艰苦斗争，虽然在几次战斗中美国赢得了胜利，但是在陆地上，美国一直在吃败仗。

当年轻的肯塔基人亨利·克莱宣布，仅靠肯塔基一州的民兵就可以在一个月内征服加拿大的时候，所有真诚的爱国者都为之感到骄傲。但是人们很快就发现，民兵根本不愿意参战，更不愿意离开家乡去追击敌人，服役期一满，他们就坚持返乡（以上所说皆属实）。在这种情况下，即使是年轻的鹰派分子，热情也开始冷却下来。

当美国的一些重要据点不发一枪就投降敌军（1812年8月在底特律就发生一起此类事件）、美国的首都匍匐于英军的铁蹄之下（英军放火焚烧了这座城市，包括白宫和其他政府建筑，因为"市民向士兵们开枪"）、马里兰州的中心地带被英国海军肆意屠戮的时候，即使是佩里在大湖区取得的胜利也无法阻止人们对不称职的总统爆发不满的情绪。最终，总统和他所在的政党一起垮台了。

此刻，欧洲以一种神秘的方式拯救了美国，使美国免于遭受更多的羞辱。事情是这样的。无休止的拿破仑战争让英国精疲力尽，国家处于崩溃的边缘。然而，1813年10月拿破仑兵败莱比锡，之后被流放到厄尔巴岛。英国政府终于腾出手来，准备在蒙特利尔和魁北克组建一支由老兵组成的军队，以重新夺回反叛的美国各州。但是，当大战的准备一切就绪之际，那个科西嘉怪物又重回欧洲大陆，于是英国被迫再次派遣部队加入联军。最终，联军在滑铁卢战役中获得了胜利，巴黎和约缔结生效。但由于多年征战，英国民生凋敝，在无人真正感兴趣的北美继续作战看上去十分荒谬。此外，由于拿破仑被流放到圣赫勒拿岛，英国海军没有必要继续作战，因此也就不再需要强制外国水手服役了。

1812年

既然争议的焦点已经不存在了,两国也就盼望着能够终止战争。

当时,弗兰德斯的根特市是外交活动的中心。它离英吉利海峡不远,离法国国界也很近,因此波旁王朝的子孙后代居住在那里,不管哪方出现危险都可以迅速转移,从而可以将麻烦降到最低,个人安全也能得到最大的保障。美国的代表们抵达根特之后,经过深思熟虑,签署了一项条约。该条约没有做出任何改变,一切都是四年之前的样子。这一天是1814年12月24日。两周之后,在缔结和平的消息传递到大洋彼岸之前,准备夺取新奥尔良的英国军队在途中被一位名叫"老山核桃"的老将军彻底击溃。英国军队最终被赶出了南方各州。

这一战役并没有改变身在根特的各位全权代表的最终决定,但在经历了四年的败仗之后,这一胜利还是给了这个国家所急需的自信和希望。

在这一激动人心的时刻,人们忘记了以前那些避免国家卷入欧洲战争的领导人,一位来自田纳西州山区的出人意料的人物成为那一刻的英雄。这是战争最后几年里美国人思想变化的一个重要表现。

老一辈美国人出生并成长于殖民地时代,从来没有失去宗主国的思考习惯。尽管他们已经成为独立的美国人,但这是生存环境的变化造成的,在思维上,他们始终没有完全转变自己。

而新一代的美国人并不了解这种双重身份的微妙之处。他们出生在美国,在美国的课堂上了第一堂课,他们从没去过欧洲,也不在乎有没有见过欧洲人。

在他们事业的初始阶段,不幸遭遇了一些困苦。这都是因为某些欧洲国家和一个法国将军在那个时候进行了一场争夺欧洲领导权的战争。

这块土地上的年轻人确信,英国人、法国人、俄国人,以及所有的国王、皇帝、达官显贵和他们的亲信都是无可救药的。不过,由于这些有权势的人可以将影响力投放到三千英里之外的大洋彼岸,因此美国人在表示蔑视的同时也掺杂了内心的恐惧。由于这种奇怪的复杂情绪,美国人发展出了一种反抗精神,表现为不与欧洲大陆发生任何关系。这是一种美国早期的法西斯主义,是新芬党①精神的体现。

在1814年之前,普通的美国人遵从习惯的力量,仍然属于获得自由的殖民地人,但在经历宗主国最后一次造访所带来的灾难之后,他们最终成为独立的公民。

他们从容地将后背转向东方,那是所有麻烦来源的方向。他们怀着坚定的勇气,面朝西部充满生气的大山和草原,那里蕴藏着新生活的希望———一种他们尚未理解的可能的未来。

---

① 新芬党,为爱尔兰的民族主义政党,成立于1905年,主张断绝与英国的一切往来,从而获得独立。——译者注

36. 门罗主义与玻利瓦尔的新世界

1809年,杰斐逊总统卸任几个星期之后,一位名叫西蒙·玻利瓦尔的年轻人造访了美国。他是委内瑞拉加拉加斯的一个富裕家庭的公子,二十六岁就成了鳏夫。但更为重要的是,他是一个好奇心很强的人。

在巴黎留学的时候,玻利瓦尔目睹了大革命中诸多光荣与丑陋的行为。现在,他想了解一下美国革命者所建立的这个国家的政治体制是如何运作的,以便回国之后,能为自己的人民做点什么。当时在他的殖民地故乡充斥着很多不满的情绪,不过自从法国国王被斩首之后,整个世界都充斥着不满的情绪。因此,从自己的立场出发,他需要考察一下有关独立和自治的真实内容。

我接下来要讲的故事有一些复杂,但非常有意思。它证明了我在上一章所讲的观点,那就是我们都是这个小小星球的乘客,任何人都不可避免地受到我们邻人命运的影响。

在18世纪,西班牙作为南美大部分地区的宗主国,与法国缔结了紧密的联盟关系,从而间接为美国的自由做出了巨大贡献。

这一政策招致了英国的敌意。在特拉法尔加海战中,纳尔逊[①]摧毁了全部的西班牙和法国舰队,为这场争斗画上了休止符。

此后,西班牙与其美洲殖民地的直接联系被切断(除偶尔的通信船之外)。但是,如果英国人指望殖民地的人民利用这个机会宣布独立,那他们注定会失望。新西班牙和新英格兰不一样。他们对宗主国有着无限的忠诚。当拿破仑迫使费迪南七世退位并打发他到瓦朗塞织衬裙(国王陛下是一把好手)的时候,殖民地拒绝承认新上台的国王(拿破仑的兄长约瑟夫·波拿巴)以及新的总督(被认为是篡位者的代表)。他们建立了一系列的自治政府,等待他们的国王陛下结束流放,然后他们就可以骄傲地宣称自己是国王最恭顺、最忠诚的臣民。

1807年,针对拿破仑的入侵,葡萄牙的一位合法统治者将宫廷搬到里约热内卢,并将巴西从殖民地升格为王国,之后又升级为帝国。这一切都让南美人民感到自身非常重要,而在总督统治下他们是感觉不到这些的。

拿破仑战争结束之后,如果西班牙的统治者略有一点头脑,殖民地也不至于丢掉。其实办法很简单,只要将它们变成自治领地,派一些级别较低的王族子弟去做总督即可。

不过,如果所有统治者都如此睿智,那就没有多少历史故事可供书写了。

当西班牙王室与南美的殖民地恢复联系之后,就想努力再现17世纪的美好旧时光。然而很明显的是,时过境迁,这个地区出现了

[①] 霍雷肖·纳尔逊(1758—1805),英国皇家海军著名将领,率领英国舰队在特拉法尔加战役中全歼西班牙和法国联军,在战役行将结束时中弹殉职。——译者注

一种新的社会影响力。该地区似乎很久之前就和南卡罗来纳州的查尔斯顿情况相同。

我在这里指的是克里奥尔人的问题。

克里奥尔人是很早之前或几个世纪之前在殖民地定居的白人的后代。他们也是白人,只是在殖民地出生,但在那些旧世界的官员们眼中,这成为他们无法摆脱的身份污点。由于他们属于白人,所以在法律面前和来自卡斯蒂尔或加泰罗尼亚的西班牙人是平等的。但在现实政治中,他们被完全排斥在当地政府之外。简而言之,他们需要纳税,因此在需要的时候会被邀请站在一旁赔笑脸,而他们的钱则被一个又一个的总督揣进自己的腰包。

毫无疑问,他们不喜欢这种状态。但他们没有经过政治训练,也没有组织能力,而且被划分为不同的集团,彼此极度憎恨。因此,没有什么办法能够改善他们的境况,他们仍然被英国人称为"殖民地人"。

年轻的玻利瓦尔就出生于这种家庭,集中了这种家庭的多种优点和弱点。他很勇敢,非常慷慨,可以忍受巨大的肉体痛苦,即使被击败,第二天也能爬起来继续战斗。但是他缺少领导人民起来反抗的诸多能力和必须的素养。此外,他早年接受的是外省贵族式的教育方式,习惯于主宰一支混血儿或者温顺的印第安人所组成的军队。这一切影响了他的人生观,没有让他成长为在沙场上指挥若定的理想将领。

在北美,弗吉尼亚的地主绅士阶层与波士顿的商人阶层,在某种程度上与占人口大多数的农民和手工业者的利益是一致的。正因为如此,华盛顿和亚当斯(他们是各自阶层的典型代表)才能够为共同的理想奉献力量。但在南美洲,西班牙官员、克里奥尔人、混血族群以及土著居民彼此之间互为仇敌,自由、博爱和平等的理想很难在此生根发芽。

尽管存在诸多险恶的障碍,北方的玻利瓦尔与南方的圣马丁还是成功地在整个南美大陆开展了争取独立的运动,政权最终落入本地世家大族的手中。

大体上,这场独立运动开始于1811年的委内瑞拉起义,结束于1823年墨西哥摆脱西班牙的殖民统治。

这个过程持续了很久。西班牙政府没有坐等犯错的孩子自己回家,波旁王族也尽其所能去收复失地,但由于他们在拿破仑战争中损失了大多数战舰,整个家族的财富也已经告罄,而且法国人和西班牙人之间残酷的游击战争也耗尽了这个国家的人力。

一切似乎都已经失去了(包括荣誉在内),这个时候,一位意料之外的朋友伸出了援手。

在经过三十年不间断的战争之后,欧洲对流血和战争已经精疲力竭。

"不计代价恢复和平与秩序"成为滑铁卢幸存者那一代人的口号。现在,和平与秩序需要以代价来换取,包括失去自治权,以及让职业警察来替代选举产生的议会。当局势变得极为混乱,商业活动完全陷入瘫痪的时候,社会中的大部分阶层都愿意做出这种牺牲。这就是1815年的情形。

他们的皇帝、国王和诸侯仍然把控着政府。激进派也试图忘记客厅中曾经悬挂的罗伯斯庇尔①的画像。他们用自己的行动来证明

---

① 罗伯斯庇尔(1758—1794),法国革命家、政治家,大革命时期雅各宾派的领导人之一。——译者注

自己的高度忠诚,成功地让自己成为极为高雅、受尊敬的彻头彻尾的保守派圈子中有用的装饰品。

像这样的情况必然会带有一丝幽默色彩。在拿破仑倒台后的各种反应里,俄国提供了必不可少的喜剧素材。

这位给俄国带来荣光的年轻人名叫亚历山大,是保罗的儿子。自从他的父亲不幸被谋杀以后,他就成为粗俗世界中"邪恶良心"的牺牲者。他被一名多愁善感的中年条顿男爵夫人所迷惑,据说她能看见幽灵,而且乐于接受"新思想"。当然,1815年的新思想与1927年的"新思想"不是一回事,但是它足够模糊和晦涩,能给人留下深刻的印象,自然也能捕获亚历山大·罗曼诺夫这位二流人才备受困扰的心灵。结果,这位俄国的专制者宣布自己是上帝意志的奴仆。他以救世主的身份自居并发明出一个奇特的政治方案,那就是神圣同盟。

根据这项高调且庄严的协议中的条款,俄国沙皇、奥地利皇帝和普鲁士国王,均在神的旨意的厚赐下,建立起充分的信心。他们不仅在各自国家的治理方面接受圣教的指导(正义、基督教的仁爱与和平),彼此间还互助互利,宣称自己为其臣民和军队的父亲,并邀请所有其他君主一道加入他们,实现真正生命之道的伟大荣光。

如果是高中的兄弟会或者是三K党的秘密会议沉浸在这种胡言乱语之中,所造成的破坏也许不是很大。但是当俄国沙皇,三百万骑兵、补充兵、禁卫军和哥萨克军队的统帅开始用甜言蜜语兜售兄弟之爱的时候,正直的人们就该拿起枪做好准备了。

但在当时,唯有英国对这种"帝国工会"持怀疑态度。因为英国不受成文宪法的条款约束,他们可以做很多国家无法做的事,而那些国家一般都受政治戒律的限制。比如，英国的外交事务一般由固定几个家族把持，因此他们可以接受长时间的训练，掌握拖延和伪装的技巧，和其他国家想争取这些职位的门外汉相比，他们无疑更加称职。

我并不是说所有英国外交官员都是非常优秀的政治家和外交家。但是，不管他们的口才和地理知识多么受限，他们几乎都能理解过去五百年间英国商业成功所仰仗的内外政策的实质。他们从不允许感情因素干扰对金钱的追求（也许克里米亚战争是个例外），这一点人所尽知。

因此，神圣同盟高调的蠢行只能让唐宁街的那些聪明人感到十分恼怒。当神圣同盟极力邀请英国加入的时候，他们口授了一封礼貌的谢绝信，并由摄政王签署发出。信中告诉亚历山大沙皇，英国尽管对陛下的神圣信条抱有无比的敬意，但仍决定置身事外。

至于美国，我们并不知道沙皇是否想过给华盛顿也寄去一封这样的文件。但我们知道，美国人不是叛军，就是叛军的子弟。像亚历山大这样自爱的统治者拒绝承认他们是人类的一份子。

需要补充说明的是，这种态度是相互的。也许有少数美国人听说过神圣同盟，但没有引起任何兴趣。美国人只把它当作欧洲傻瓜们的另一种表现。

然而，在接下来的糟糕的日子里，西班牙国王的军队接二连三地被赶出南美内陆，只得龟缩于沿海的几个据点。让事态更加复杂的是，笃信天主教的国王陛下被受够了的臣民们赶出了首都。对于这一突发事件，天天高举上帝旗帜的神圣同盟不会坐视不理。法国国王受邀跨越比利牛斯山，帮助他的好弟弟拿回了世袭的王位。这件事之后，有人认为法国国王陛下还应该跨过大洋，帮助收复南美、中美和北美那些反叛的殖民地。

这个小小的建议已经足够让人感到不安了,但这仅仅是个开始。

17世纪早期,俄国在阿拉斯加建立了殖民地,之后开始探索太平洋东岸,最终在离旧金山湾不远的费拉隆群岛建了立足点,还在离金门海峡几英里远的地方建立了一个小型要塞。当时这个地方还没有人定居,尽管某些地图把它标为墨西哥的领土。严格来说,俄国人的殖民行为并没有让华盛顿政府担心,但是当沙皇突然下令禁止所有外国船只(包括所有美国船只)靠近(一百英里以内)俄国在美洲的领地时,纽约与费城有很多人都感觉这个玩笑开大了,这种事,要么对它一笑了之,要么进行斗争——他们选择了后者。

很快,报纸上说英国人对此也有相似的观点。自从智利和秘鲁的叛乱发生之后,英国就取代西班牙成为日常用品的主要提供者。如果这些现在飘扬着独立旗帜的反叛国家被宗主国再次征服,那么英国商人将损失惨重。因此,如果有人能直截了当地对神圣同盟的发起者进行抗议,让他们断了这个念头,则是符合英国利益的。但从国家理性的角度来看,这一警告最好不要直接从伦敦发出。于是,英国国务卿乔治·坎宁向大洋彼岸悄悄地说(这个悄悄话的音量很大,人们很远就能听到):"你们放手去做,去阻止西班牙的再征服计划吧,我们将和你们站在一起,尽最大的努力来支援你们。"

结果,美国总统詹姆斯·门罗(在同他的内阁成员讨论之后)于1823年12月2日在给国会的一封信中"正式"警告说,所有欧洲国家,损害早已心怀不满的美洲人的时代已告终结,只要美利坚合众国实力尚存,那么它就永远终结。

门罗主义

这是一个大胆的举动。美国当时还没有能力执行这一言辞激烈的"禁令"。

如果俄国和法国真的试图用大炮来试探这一决定的合法性,那么结果很难说。但是,与其他想当总统的人相比,如华盛顿最信赖的军官或者杰斐逊政府时期的豪斯上校,门罗总统有着比其他人更适合这个岗位的资质。他很早就明白了冷血所带来的好处。

37. 新的信仰

作为一名忠实有序地记录往事的记录者,我应该对19世纪最初十二年中发生的诸多重要事件投入更多的关注,而不是将其忽略。

我应该向你们讲述曾经非常有能力的联邦党是如何垮台的。联邦党曾经拯救了陷入困境的革命事业,建立起一个运行良好且充满自尊的国家。但在最后一次美国与英国的交战中,他们提出各州有权拒绝执行国会的决议,并在最为艰难、人心惶惶的时候叫嚷着要退出联邦,这样就毁掉了自己存在的意义。

我也应该提及来自弗吉尼亚的约翰·马歇尔大法官。他在担任联邦最高法官期间,将他的法院提高到近乎神圣的地位,随时准备而且经常渴望将看上去与神圣的宪法条款相冲突的国会立法变成一纸空文。我也应该回顾一下青年共和党人的历程。他们成为杰斐逊的继承者和追随者。他们鼓吹建立一个强有力的中央集权全国政府的热情甚至超过了联邦党人。

实际上,在华盛顿将军和杰克逊将军之间的二十多年里,上述事件与这个国家在生活方式和思维模式上所发生的根本性变化相比，已经显得不那么重要了。

我们知道，这些变化在东部并不那么明显，主要发生在这个国家的西部和南部，或者用现代历史学家的话来说，这是边疆的产物。

过去每当人们提起这些事情的时候，都会赞美边疆人的冒险开拓精神，以及他们独立的思想与行动、粗犷但彬彬有礼的性格、平等的观念、桀骜不驯的性情、对言论自由原则的信仰，还有他们对朋友和邻居的帮助。

毫无疑问，他们的这些优良品质在某种程度上都是真实的。这些开拓者具有冒险精神且为人热情好客，工作勤奋努力，坚持自己的观点，毫不在意别人如何看待他们。在世界其他地方，向荒原进发开拓的人们也具有以上这些品质，但是他们却没有创造出我们称之为"美国人"的生活哲学。

那么区别在哪里呢？

我且做一个大胆但也许是错误的猜想。

英国、俄国、法国和荷兰的移民进入西伯利亚、印度、婆罗洲和非洲的未知地区，但他们仍然保持了英国人、俄国人、法国人和荷兰人的身份。他们是唯一的白人，周围都是黑种人、黄种人或其他深色肤色的人群。他们与祖国的联系（不管多么不尽如人意）是他们的生命线，让他们在孤独与绝望的汪洋大海中免于沉默，因此会不惜代价去维护这条生命线的完整。他们知道，如果他们放开这条线，他们就会迷失自我，彻底沦为流浪者。

美国的开拓者经历了一种不同的社会和经济发展。新阿姆斯特丹或费城的幸福的市民们也许对可怜的边疆人以及他们隔绝的生活报以同情之心。只是边疆的开拓者们并不完全认为自己的生活非常艰苦。但必须承认,生活还是很艰难的:大树的树根很难清除;蚊子带来的威胁比狼还大;有太多的石头需要清理;牛羊容易染病,兽医也无法治疗。不过,至于孤独,那是没有的。他们不理解隔绝的含义究竟是什么,因为他们这个群体建立在这个世界尚未了解的基础之上。由于缺乏更好的表达方式,因此我暂称其为"组织化的孤独"。

如果说"隔绝"的真正含义是"让自己与世界其他地方相分离",那么开拓者们无疑是隔绝的。但是成千上万的人在同一时间做着同一件事,都"让自己与世界其他地方相分离",加入远离阿巴拉契亚山的开拓者的队伍,那么此刻,沙漠不再寂寞,静谧的森林也不再显得恐怖。

结果,这些开拓者们不再被各种恐惧所袭扰,认为即使切断儿时文明所提供的文化生命线,他们也能生存下去。他们拿起斧头,斩断了生命线,说:"终于解脱啦!"接下来,他们便开始制定生活规划,这一规划将完美展现他们的精神需求和经济抱负。在合适的时间,这一粗糙的公共规划将成为这个广袤土地上的不成文的法规。这些文明的捍卫者们靠实力和毅力,以自己的意志将这块土地征服。

如果你接受这种边疆精神(这一精神最终成为美国精神)发展的解释,你就会开始理解为什么一种建立在诸多美德之上的哲学会不断被各种奇特且令人愤怒的偏见所玷污。当开拓者们将这些偏见重新纳入自己的思想与行动准则中的时候,这些偏见就会迅速在世界其他地方消失。

这就是自愿流放生活的必然结果。

每位出版商、每位图书管理员都非常熟悉那些来自草原某些偏远村庄的乏味的手稿。这些手稿看上去似乎是他们终生潜心研究的成果，但里面的内容却可以在两三百年前发表的著作中找到。这种情况所造成的损失并不大，出版商让他的秘书起草一封措辞委婉的退稿信即可。只不过，在内陆离大城市有三四天路程的某个地方，眼巴巴渴望名利双收的可怜作者可能就得准备自己的葬礼了。

相比之下，如果所有粮食、木材、铜矿和大多数煤矿和石油的所有者们都认为自己是新时代的预言家，并且开始坚信自己孤立的共同体中实用且必然的思想行为标准，会成为一个经历了不同发展阶段的世界的基本法则，那么问题就严重了。

边疆人民曾经和华盛顿并肩作战，是杰斐逊慷慨的伙伴，并将十三个小殖民地打造成为一个强大的国家。现在，他们仍然认为自己是世界上文化埋想的一部分。

如我在前一章所讲的那样，这些二三十岁的新开拓者们从一种不同的角度来认识自己。他们也希望成为忠诚的好公民，但他们所认为的"好"与"忠诚"应该和世界的其他部分切割开来。他们宁可使用动物油脂照明也不愿意使用煤油灯。

他们如此坚信自己信仰的优越性，希望有一天能把这种美好的福音传递给北方和东方的邻居。

但是，如果没有传道者，任何新的消息都不会传播。因此，新信仰的宣传使命被交到几位不知名的先知手中。真正的民主传道者即将到来。

他在1824年开始崭露头角。作为边疆地区的候选人，他参与了美国总统大选。他不是别人，正是我们的老朋友，新奥尔良的英雄——安德鲁·杰克逊。

38. 独裁

杰克逊对权力巅峰的第一次尝试以失败告终。因为他仅以微小的劣势败选,所以这位救世主的追随者们用最高的音量咒骂这件事为叛国罪行。

因为,既然他们的候选人被称为"人民的选择",而且人民通过多数选票表达了自己的意愿,那么这就相当于上帝的意志。任何颠覆他们决定的行为,都是对全能的上帝的直接侮辱。

1824年安德鲁·杰克逊败选之后,辱骂和谴责之声此起彼伏,让人印象极为深刻,因为在过去二十五年的时间里,政治已经逐渐成为一个令人尊敬的职业。

美利坚合众国的前六位总统都是高贵的绅士,毕业于知名的学院或大学,能娴熟使用文雅的语言,他们是旧世界的老兵,是新国家的奠基者和宪法的缔造者。

他们当中没有人使用过脏兮兮的铲子或斧头,但他们的个人偏好和经济背景能够得到农民的政治支持,也能与沿海地区的商人、银行家和制造商结成联盟。不管他们是贵族生活的典范,还是民主理想生活的代表，他们都希望高效且诚实地服务于这个国家。他们将这个国家的最高职位称为半君主制的奖励，因为（用最谦逊的话来讲）他们的国民认为他们是这个职位的最佳人选，可以成为民众临时的君主。

他们有些人喜好奢靡，有些人则不修边幅，但这既是一种政治权谋，也是一种个人的品位选择。否则，我不愿意设想，一个吵吵嚷嚷的年轻人拍了拍杰克逊总统的后背，结果将会发生什么。

我在这里绕了一个小弯，谈了一下对礼仪的看法，因为如果不了解我们国家建国初期官场生活中的这个现象，就无法理解约翰·昆西·亚当斯（著名革命家约翰·亚当斯的儿子）在预测自己继任者的时候所表现出来的深深的忧惧之情。

但是，任何政治嗅觉敏锐的人和对社会有所关注的人都会认为，杰克逊的当选是必然的事情。原因不仅仅在于经济中心已经开始从东部向西部转移，而且杰克逊本身也是即将掌握权力的那个政党的理想候选人。他拥有伟大的人格尊严（无疑他是最为彬彬有礼的总统）。从出身和成长来看，他无疑是一个朴实的边疆之子，即使掌管了这个国家，他也依然保持自己的本色。

杰克逊的父母于1765年从爱尔兰移民到北卡罗来纳。两年之后，杰克逊出生。十四年之后，这个强壮的孩子就来到革命的旗帜下，参加了一些小规模的战斗，并被英国人关进了战俘营。直到他临终之际，依然能回忆起这些经历。从生到死，杰克逊都直言不讳地将英国视为敌人。

那个时候，这个年轻人决定逃离田纳西州乏味的田园生活。对所有孩子（不论男女）潜能的无限信任是新西部信条的一部分。因此，年轻的安德鲁用闲暇时间学习法律，为将来从政打下基础。

1788年他接到了第一份任命，成为北卡罗来纳州西部地区的检察官。不久之后，他就成为联邦众议员和美国参议员。在他职业生涯的这个阶段，并没有显示出什么与众不同，除憎恨任何让他想起旧时代君主制的东西之外。这一态度表现在他激烈反对华盛顿将军的所有政策上，也表现在他对不可靠的副总统艾伦·伯尔的支持上。

然而，一旦离开华盛顿和其他文明的地方，他的生活则非常忙碌。他帮助自己所在的州制定了州宪法——他曾担任过几年田纳西州最高法院的法官——并被认为是国家未来的领导人之一。

尽管司法和行政领域的工作风平浪静，但他依然是个脾气暴躁的人，多次与人决斗。他与人发生冲突的原因是什么我们不得而知，但这是一个泡在酒缸里的社会，一言不合就会引发争吵，而在1800年，一场争吵必然会导致"拔枪相见"。

在这些决斗中，有时候杰克逊杀死了对方，有时候则不那么走运，1806年他负了伤，一直到他去世都受其困扰。

随后，最后一次与英国的战争打响，接着是阿拉巴马州和佐治亚州的印第安人起义。杰克逊担任一支民兵小部队的指挥官，追踪克里克人（印第安人的一支）一直到荒原，最后在蹄铁湾之役将敌人彻底击溃，从此永久解除了他们对南方各州的威胁。

在这次战役胜利之后，他在正规军中赢得了一个职位。他留在了南方，因为他对那里的地形十分熟悉。他率军占领了佛罗里达（英国人本来想让那里成为进攻美国的补给基地），还击败了帕肯汉指挥的英国远征军，从而拯救了新奥尔良。

追踪克里克人

之后,作为新奥尔良的指挥官,他无视一切民法,驱逐了一名反对他的法官,结果卷入一场藐视法庭的官司中,拖拖拉拉打了将近三十年。接下来又进行了与印第安人的战争。佛罗里达半岛名义上归属西班牙,但是波旁王朝对此管理不善,也没放在心上,结果成了大量土著和混血土匪的老巢。最终在1818年,塞米诺人(原克里克联盟的残余)和南佐治亚州的定居者爆发了一场常规战争。塞米诺人故技重施。他们离开美国的领土,跨越国界逃入西班牙的领地。对杰克逊来说,地图上的边界线只不过是旧世界外交的一个不必要且令人厌恶的标志而已。他跨过西班牙边界追赶塞米诺人,占领了佛罗里达（尽管美国和西班牙在当时处于和平状态），绞死了两名被指控煽动塞米诺人叛乱的英国商人。他入侵友邦领土的行为让华盛顿的上司非常不满，东部的几名有名望的公民希望送他上军事法庭，罪名是"谋杀"了阿布斯诺特和安布利斯特。当了解这些情况后，他大发雷霆。

最终什么事情都没有发生。西班牙把佛罗里达以五百万美元的价格卖给了美国。对杰克逊的指控要么被撤销，要么被遗忘。他被任命为新领土的军事总督。和在新奥尔良时一样，他所在的职务让他再一次卷入了与下属（有时他们会顾及私利）或联邦法官之间激烈的冲突之中。

1822年，田纳西州议会提名这位脾气暴躁的老人参加总统大选。结果他发现自己得到了众多诚实的民主派人士的支持，获得了选举人团的大量选票，得票数排名第一：他获得了九十九票，约翰·昆西·亚当斯获得八十四票，威廉·哈里斯·克劳福德获得四十一票，亨利·克莱获得三十七票。

对于那些相信多数派有权进行统治、否决乃至偶尔压迫少数派的人来说，仅凭文件中的一小段文字就可以取消杰克逊担任总统的资格，这是不可思议的事。但是鉴于没有任何一位候选人获得绝对多的票数，于是最终的决定权交到了众议院手里。

此时，亨利·克莱呼吁他的支持者转而支持他的朋友亚当斯先生。结果，亚当斯顺利入主白宫。杰克逊将军接受了失败的结果，但离开华盛顿后他一直坚信自己被欺骗了。那些东部的贵族派再次欺骗了老百姓，剥夺了他们的代表担任总统的机遇。如果不是根据早已过时的法律，而是根据数量上的优势，他本应该登上总统的大位。

东部几位聪明的政客对他进行了挑唆，强化了这位老人的偏见，让他更加坚信与他意见相左的都是腐朽堕落的人。杰克逊回到了"隐居"状态，准备在1828年发起猛击。

在那次选举中，他赢下了马里兰州以南以及阿巴拉契亚山以西所有的州。除此之外，（通过本地追随者的聪明管理）他还拿到了宾夕法尼亚州所有的选票以及纽约州的大多数选票。结果，他的票数是亚当斯的两倍，这使他能够以唯一适合他个性的角色——独裁者的角色——进军华盛顿。

1829年3月4日，胜利的民主派民众涌上首都的街头。超过一万五千人聆听了他们领袖的就职演说，之后几乎所有人都挤进了白宫狭小的房间，争相与这位人民的英雄握手，表达他们由衷的支持和无比的敬爱之情。

杰克逊按他习惯的风格投入新的工作中。他对朴实的朋友们面带微笑，耐心地听他们倾诉，容忍他们踩踏他的地毯和家具。但是当喧闹散尽，房屋清理干净之后，他开始掌控全局，在接下来的八年里按照自己的意志，以古往今来最典型的专制主义模式统治着这个国家。

他本质上是一个保守主义者，但并不是新英格兰的那种保守主义，而是真正孤独的边疆人所具有的保守精神。他们拒绝一切无法马上为他们所用的事物，将其视为那些古老且娇气文明的可耻残余。他们希望推翻成熟的贵族制的顽固规则，代之以新的民主制的严格准则。

如果有人指望杰克逊的胜选能够重现往日的美好，州权重新凌驾于国家至上，那么他很快就会大失所望。华盛顿在杰克逊当政时期，变得比以往更像一个帝国的首都。

如果有些人因为杰克逊个人对合众国银行的不信任以及对这一有用机构的摧毁性打击,就预言资本主义的毁灭,那么他们很快就会清醒过来。比如说关税,尽管做了些许调整,但并没有被废除。那些呼吁取缔关税的农业州希望摆脱这种不受欢迎的负担,因此在自己的权限范围内宣布废除关税,但很快就招来了联邦军队的进入并被迫屈从于杰克逊的意志。

如果仍有人单纯地认为纯粹的民主应该把国家大事的管理权交给最适合这个职位的人,那么他们一定会遭受生命中最沉重的打击,因为整个联邦政府的任免权已经变成了政治的奖励体制,"战利品属于胜利者"的规则(在杰克逊当选很久之前,某些州就已经出现)现在已经是国家执政者的正式行为准则。

但是与杰克逊的独裁统治对美国总体伟大且持久的贡献相比,以上这些缺陷都是微不足道的。

当然,同时代的将军们会把这位新领导人生硬粗暴的风格与前几代领导人高贵的品格相比,因此难免口出怨言。他们更倾向于托马斯·杰斐逊的论断,这位声名远扬的新奥尔良英雄非常粗鲁、恶毒,而且头脑糊涂。他们对杰克逊追随者的批评类似于今天政客们对遥远的莫斯科朋友的批评。

而更令他们感到不快的是,这些暴发户根本不懂社交,他们在白宫里喷云吐雾(最令人震惊的改变),而且任由一个荒唐的争论(关于一个女人过往)演变成一场激烈的私斗,最终导致半数内阁成员辞职,也让总统和副总统之间产生了无法缝补的裂痕。

但这些只是故事的一部分,而且是微小的一部分。故事的另一部分强调了一种观点,即除非我们顾及所有人的利益而非一个或几个小集体的利益,否则持续的进步是不可能的。

因为伴随着一场代价高昂且血腥的战争,所以黑人的解放吸引了大多数历史学家的注意。但白人的解放却往往被人忽略,因为这件事相对平静,没有多少暴力的发生。不过,在这场白人挣脱农奴制的镣铐获得自由的运动中,这位新任独裁者扮演了重要的角色——他或许是无意为之,但起到了重要的作用。

边疆的人们也许从来不在乎他们是否听说过欧洲,但欧洲却开始倾听他们的故事。美国民选政府伟大实验的成功,鼓励着欧洲人民努力挣脱已经无法忍受的枷锁。

首先在英国,封建制度依然顽固地占据着统治地位。其次在法国,波旁王朝复活了中世纪绝对主义最令人厌恶的制度。接下来在奥地利、德国甚至偏远的俄国,人们尝试以代议制政府取代现行的专制制度。在法国和英国,人们的努力成功了。俄国则失败了。奥地利和德国获得了部分的成功,但是他们在各地都重燃了民主的灯火。这些成功部分归功于存在于美国的政府形式,这是过去一百多年来欧洲的引领者们所梦寐以求的。

这种政府形式并非意味着新的统治者应该是智慧与美德的化身。说破天都不可能。民主的理想若落入错误的人手中,在短时间里所造成的破坏可能比任何其他形式的政府都要大。这种制度曾经(现在依然是)有一种鼓励平庸、赞美无知和低效的可怕倾向,但它又常常释放出某些能量和激情,而这些又是专制制度、财阀统治以及神权统治永远都要压制的。

杰克逊的行动和判断都是很鲁莽的。当他生气或者起疑心的时候,他所制定的政策明显会给国家的福祉带来灾难性的后果。但与此同时,他的务实政治作风给美国乃至整个世界带来了现实的教训。

他向旧世界与新世界的人们证明，一个民选政府可以像高度组织化的贵族制度一样非常成功地管理一个国家。也许并不顺利，不那么高雅，也不那么有效，但它可以让行政管理成为一件受尊重的事情，也可以保障普通人在自尊和独立方面的投入能够获得比其他政府形式更多的回报。

在这些问题上，我们当然不可能拿出确凿的数据和蓝图从而得出最终的结论。但是当时访问过美国的人给出的意见却很有启发性。

特罗洛普夫人曾被迫将自己的高筒皮鞋和发夹卖给辛辛那提的乡下佬。每当她回忆起那段痛苦的日子时，她都会说："绝对无法忍受！"她看不出西部的伟大民主制有哪怕一丁点的好处。但是阿历克西·德·托克维尔伯爵[①]却没有从债务人监狱或者布鲁日散发着臭味的寄宿公寓这些不舒适的角度来看这个大陆。他有不一样的观点。

"这一奇特的政治实验有值得留意的地方。"他这样告诫自己的朋友。

他说对了。

[①] 阿历克西·德·托克维尔（1805—1859），著名历史学家、政治家，出身于法国贵族世家。1831年前往美国考察刑法和监狱制度，著有《美国的民主》《旧制度与大革命》等。——译者注

39. 无聊的杂耍演员和无用的吹笛手

可怜的杂耍演员!

他们的生活并不幸福,而且说实话,他们的表演也没那么有意思。

他们同时代的人对他们缺乏尊重,而后来的人看了他们笨拙的表演,只会耸耸肩膀说:"作为我们国家知识发展的一个章节来说还算可以,但实在是太枯燥了!太枯燥!"

然而,为了能给这个新国家的文学与艺术状况做出公允的评价,我们必须从三百多年前说起。

我在另一本书中曾把社会和精神领域的剧烈变动,比喻为上帝向人类这块平静的池塘里丢了一块石头。这块石头引起的涟漪扩散得又远又广,直到池塘的每一个角落。涟漪离开中心越远,就变得越弱,但又不会完全消失。它们也许不会引发汹涌的巨浪,但它们注定会在某种程度上改变水面的平静,不管这种改变有多么微不足道。

文艺复兴就是这样一场波动。它将人们的目光从不确定的天堂里的不确定的欢乐转移开，盯在了实实在在尘世上的欢乐的可能性上。

文艺复兴起源于意大利，然后跨越阿尔卑斯山，扩大了自己的影响范围，直到旧大陆的每一个国家都能感知到这种赞美人性的新福音的影响。

英国和欧洲大陆之间隔着北海与英吉利海峡，成为最后一个被影响到的国家。然而，正当事情发展顺利之际，当伊丽莎白一世时代的诗人、音乐家、剧作家、演员和画家即将把这个小岛变为极乐之地的时候，马丁·路德博士与加尔文博士接踵而至，将一吨重的有争议的石头扔进了新人类的美好池塘，引发的巨浪一直影响至今。

简单地说，在文艺复兴有机会完全征服不列颠岛之前，宗教改革的浪潮将文艺复兴拍打出去，再次用可疑的死后欢乐取代了生前更富积极意义的满足。

由于历史的一次奇特的转折，有一个阶级始终未被美好的人文主义新理想所打动，他们完全沉浸在宗教改革的浪潮中。正是这一阶级的人移民到了新世界，从而将自己的道德准则、偏好及行为标准施加到了整个北美社会。

你也许会想起法国大革命的一个小故事。恐怖主义者抓住了著名化学家拉瓦锡，把他拖到了断头台下。他的朋友们展示出了少有的勇气，请求法庭庭长免除这位当代最伟大化学家的死刑。

"哼，"这位高官回答道，"共和国不需要科学家。砍掉他的头！"

用铁棒统治清教徒世界的加尔文派牧师们对于那些投身于无用的艺术事业的人，那些不去工厂或办公室工作维持生计的人有着相同的态度。但是他们没有砍掉任何画家、雕刻家和作家的头,因为没有必要这么做。

这些可怜的家伙远离了自己的自由意志。在艺术领域,新英格兰就像古老犹太国贫瘠的土地一样无所产出。对于马萨诸塞圣地的缔造者们来说,这再好不过,因为这符合他们的理想。他们唯一的激情就是他们的信仰,这种信仰可以让他们显得没有那么精神轻浮和堕落。

手工业者在此应属特例。谦逊的木匠和泥瓦匠依然在建造一流的工程。但是,建筑风格受到加尔文主义偏见的影响。所罗门王没有建造什么了不起的建筑,其盛名不也远播遥远的阿比西尼亚了吗?《出埃及记》中不是详细规定了柱子、木板、门和栅栏的规格了吗?

结果,伐木工人只拥有行动的自由,很少有铜匠和银匠保留他们在旧世界里的独特手艺。

但这还不是全部。

文学从广义上讲已经成为多余之物,因为信奉《圣经》的人们相信,《圣经》才是文学表达的最高境界。

另外,音乐与剧院、舞厅等尘世的享乐关系非常密切,因此根本无法被容忍。

绘画艺术也从未进入过大多数移民的家里。当他们还在低地国家的时候就听说了画室的故事,相信画笔和调色板是魔鬼的发明,应该像对待纸牌和圣诞节礼物那样小心翼翼地避开。

还有舞台。舞台一直是格外被人仇视的事物,因为他们想保持纯净的灵魂不受一点污染。他们一听到莎士比亚的名字就浑身战栗,至于其他伊丽莎白时代的伟大剧作家则根本无人提及。当然,一生辛苦劳动却没有一点正常的美感享受，生活未免过于枯燥。但是，安息日早上令人毛骨悚然的布道词，对伟大光荣的死后灵魂归宿的形象描述令女人哭泣，让孩子尖叫。这给普通人提供了一个宣泄压抑情感的机会。在猎巫的狂欢上，参加者如痴如狂，进行施虐的狂想，这让社区的成员得到了纾解。因为他们坚信，有些东西比索多玛和蛾摩拉①的传闻还要强大。

除少量自己编写的赞美诗、拼写本以及枯燥乏味的布道词选集之外，美国人对17世纪和18世纪艺术创造的贡献完全为零。

但是这种情况不会永远持续下去。

把贵格派教徒绞死，把演员关进村子的牢房里，清除圣徒社区内所有的异议因素，相对来说比较容易。但是当这个国家的年轻人开始反抗的时候，局面就会发生变化。曾经主宰人们良心的独裁者们就会开始进行自卫。这场斗争直到今天尚未结束。

不幸的是，当灵魂的解放刚刚发生的时候，我们文明的中心开始从东部转移到西部。开拓者们自愿脱离不能满足他们对自由和独立诉求的枷锁。他们无法将由纨绔子弟、美丽女士、绫罗绸缎所主导的那个世界的艺术视为无用之物。

因此，人们在等待多年之后才敢用书籍和杂志的形式来表达自己的思想。而且早期的大多数作家都非常清楚自己社会地位的低下，他们不敢发展自己独特的风格（至少在文字领域），只要把英国的文风拷贝过来他们就心满意足了。有些时候，他们会在小说里加入美国元素，但是并没有与他们念念不忘的"宗主国"分隔开来。尽管他们不断呼吁一种纯粹且原汁原味的爱国主义，但与粗鲁

---

① 索多玛和蛾摩拉都是《圣经》中的罪恶之城。——译者注

的边疆人相比，他们并没有意识到美国的遗产。他们在诗歌中歌颂边疆人的优秀美德，但当后者出现在城市和议会中时，他们又会对未来感到沮丧。

无用的三流作家

在这个时期，的确出现了一些优秀的作品。毫无疑问，《独立宣言》的作者深谙文字之道，而《联邦党人文集》的作者也显示出自己的语言功力并非来自新英格兰的初级识字课本。然而，这些作品更大程度上是政治智慧的表达，而非要为文学的宝库添砖加瓦。直到一代人之后，欧文、霍桑、库珀、洛威尔和朗费罗的出现，才对西德尼·史密斯①的嘲讽——"谁会去读一本美国的书？"——做出满意的答复。

即使在那个时候，一个人如果没有其他的经济收入，是无法靠写作谋生的。人们对洛威尔、欧文和库珀的尊敬不仅是对他们作品的欣赏，也是对他们优越的社会经济地位的崇拜。一位一流的艺术家终于出现了（他的原创性与精湛的技艺超越了所有人）。艾伦·坡是一个任性不羁的人，生活习惯放纵且反复无常，这足以让他一生凄苦孤寂。他这样的人即使在格拉布街②也难找到第二个。

当然，一个民族拥有这么多具有创造力的天才，如果没有一个排遣他们过剩才华与艺术热情的出口，也是无法长久的。许多小伙子在广阔西部的冒险中找到了自己的价值所在，许多人投入修铁路或拓展自己父亲的产业中去。如果这些体面的出路没有走通，他们必然会转而求其次，从事唯一具有文学性质的工作。这个工作对那些血气方刚，想要施展拳脚的小伙子们来说并非遥不可及。

当然，我这里指的是新闻业。

自从恺撒大帝的《每日纪闻》创始以来，世界对于报纸这一行业寄予了厚望，希望能够多报道伟大而光荣的事迹——普通人如何

---

① 西德尼·史密斯（1774—1845），英国作家、牧师。——编者注
② 格拉布街位于英国伦敦，过去是穷困潦倒的文人的聚居地，也是英国新闻出版业的中心。——译者注

变得更加文明,每个男人、女人和儿童如何变成一个大国的公民从而开疆拓土,民主如何能够战胜所有愚昧和偏见的黑暗势力!当然这些美梦很少成真。最后,有些报纸不仅没有让麻木的民众开启智慧,反而成为公平讨论和建议的障碍。

但是,在这种情况发生之前,报纸为某些有话要说的人与公众搭建了有用的渠道。

文学无法维持一个人的生计,但还有一种职业既能让部分年轻人逃离账房和工厂,同时又能让他们感到自己在从事某种创造性的工作。

这个职业就是教师。

不过,普通学校仍然非常简陋,而学院还带有原始形态的痕迹,它们多为神学培训学校。

因此,那些有独立思维的可怜人并不是学校所青睐的教师。爱默生和他同时代的最杰出的代表可以告诉你他们最苦涩的经历。

殖民地以及建国早期艺术与文学所处的地位并不让人感到愉悦。生活艰难而又严酷,对那些梦想着用金钱无法买到的东西的人来说,有些思想要比想着第二天早上的面包与果酱更为珍贵。但是这些严酷的条件却被证明是一种隐藏的福音。

几乎所有能够乞讨、借贷或偷到足够多钱的人都会出海前往世界的其他地方。在那里,他们接触到了从未受到加尔文主义影响的文明。

不过,大多数自我流放的人都回来了,因为他们太思念自己的家乡。一旦回来,信念坚定的他们便又开始了斗争。他们争取思想、言论和写作的权利,反抗教会的暴行,并且用最大的努力将自己富饶的新国家变成真正文明人的居所。如大家所料想的那样,这些杰出男女中的大部分尽管无私劳动,承受精神的孤独,但还是没有得到回报。他们不得已终日借酒消愁,甚至了结自己的生命,只有少数意志坚强的人活了下来。

他们并非我们诸多开拓者当中的无用之人。

的确,他们从未砍伐过一棵树,也不曾清理过一亩土地。

但是,他们那些不起眼的思想在这块原本只有神权的偏见和傲慢教条的贫瘠土地上顽强生长。

而这,本身就是了不起的成就。

40. 墨西哥总统圣安纳学到的真理：自然界痛恨真空

在有关历史的算术中有这么一个简单的小问题。

如果A国有五千万英亩①尚未使用的领土，而相邻的B国正迫切需要五千万英亩额外的领土。如果A国特别弱小，B国特别强大，B国需要花多久才能将A国的五千万英亩领土据为己有？

想要知道问题的答案，读一下墨西哥战争的故事就清楚了。

这是我们国家发展史中奇特的一章！

北方人对此非常不满，再次以退出联邦相威胁。

南方人则认为这是一场圣战。

至于墨西哥人，我非常怀疑他们大多数人是否听说过这件事情。他们也许曾经注意到有几队武装人员路过那里，但这也不算什么新闻；也许他们或多或少听到了一些枪声，但是好吧，在这个不幸的国家，枪战不过是司空见惯的事情。因为，如果说这个星球

---

① 1英亩约等于4046.86平方米。——编者注

上千奇百怪的国家中有一个最为反常，那一定是墨西哥。其他欧洲殖民地在不同的时间纷纷宣布独立，因为他们反感宗主国的专制统治。墨西哥则是个例外。当玻利瓦尔和圣马丁在南美对西班牙统治者发动进攻的时候，墨西哥的克里奥尔人也曾做过一些无力的尝试。但这些墨西哥人的反叛不成气候，很快就被镇压下去了。

1814年，愚蠢的费迪南七世从法国返回西班牙，上台后所做的第一件事就是恢复宗教裁判所，并大肆屠杀所有反对过他的人。在愤怒的臣民们发起反抗后，他被迫恢复了他在七年前废除的自由宪法。这个新闻让墨西哥城的国王、官员以及占据墨西哥大部分土地的教士们感到十分震惊。自由主义一般来说是反教权主义的，同时对国家的官僚机器和教会的宗教不宽容政策持明显的敌视态度。为了维持宗主国之前的压迫统治，墨西哥的统治阶层连同教会领袖一道宣布国家独立。经过几轮政府形式的讨论后，他们把皇冠戴在一位年轻的克里奥尔人奥古斯丁·德·伊图尔比德的头上。1822年，他成为墨西哥的皇帝，和其他所有墨西哥的统治者通常的下场一样，两年后他被枪杀了。

但是这一切都和我们的历史关系不大。在经历反叛的革命之后，墨西哥保持了独立国家的地位，继承了西班牙在北美的大部分领地，从东边的加勒比海延伸到西边无人确切知晓的遥远的平原和山脉。至于人口数量，则只能靠猜测了。

总而言之，那里有大量富余的丰饶土地，只有印第安人和郊狼在活动。与之相邻的红河谷的另一侧，则是那个新国家吵嚷的领土。那里的人坚信，拥有属于自己的一块土地是宪法条款给每个公民的保证。

即使墨西哥政府想把美国人拒之门外，考虑到漫长的边界线和人数稀少的边界守军,也是很难做到的。然而,墨西哥政府没有想要这么做。恰恰相反,他们诚心欢迎那些饱经风霜的移民,把大量土地送给那些许诺会带来一定数量的白人定居者的投机客。

在大概十几年的时间里,一切都还好。然后,墨西哥政府突然发现它正面对着一个国中之国的问题。这种情况引发了微妙而且漫长的外交谈判。但安东尼奥·洛佩兹·德·圣安纳将军不是一个擅长处理危机的人。他的心里被恐慌所占据,为了阻止美国人的大量涌入,他仓促采取了诸多措施:以往的土地赠予制度被取消,新的移民不准再越过边界,奴隶制也被废止了。对农具的禁运和土地赠予的撤销对即将前来的移民造成了伤害。这些新移民在美国老乡摩西·奥斯丁的劝说下,已经变卖了东部的田产,准备前往遥远的西南。奴隶制被废除的法令让南方人大为震惊,因为他们原本希望这片土地最终能够归属美国,从而加强奴隶主们在众议院以和参议院的力量。

在不知所措之时,这些农民采取了那些优秀的美国人在此种情况下所用过的方式:他们组织了起来,回忆自己孩提时代听过的故事,他们通过了一系列的决议,起草了自己的独立宣言并开始招募志愿者。

与此同时,一万多双渴求的眼睛正隔着边界向这边眺望,期待着渡过萨宾河,加入他们的朋友当中。还有十万人希望在不远的将来能够前往得克萨斯建立自己温馨的小家园。另外还有上千万和平种植烟草和棉花的公民正仔细阅读着报纸,就吉姆·鲍伊和戴维·克罗克特谁更强而下注。

几个月以后,两位英雄都死了。他们的胸口被刺刀扎了十几刀。他们是和其他一百多名美国人一起被害的。在圣安纳的军队占领圣安东尼奥①之后,他们很快就被残忍地杀害了。这是一个恐怖的事件。国内的民众深受震撼,大声叫嚷着要进行一场复仇的战争。

奴隶制度

阿拉莫之战

但是,在官方采取措施之前,边疆人自己就解决了这个问题。在萨姆·休斯顿——一位非凡的边疆人、田纳西州前州长、切诺基部落杰出的一员——的指挥下,他们打败了墨西哥军队,俘虏了圣安纳,同时宣布建立得克萨斯共和国,并且马上请求成为美利坚合众国的一部分(除名称以外,他们已经完全是了)。

---

① 即阿拉莫之战,得克萨斯军队全军覆没,仅三人幸存,阿拉莫沦陷。——编者注

南方张开双臂欢迎他们,而北方则担心会增加一个蓄奴州,因此坚决反对这一主张。新英格兰各州断然拒绝批准这一条约。直到1845年,泰勒总统才最终签署决议,接纳得克萨斯为联邦政府的一部分。

当然,这也意味着美国政府继承了墨西哥共和国与前得克萨斯共和国之间大量的纠纷。

这种令人头疼的状态部分源于西部民众普遍拥有的有关距离的奇特观念。当他们宣布占据某块土地的时候,他们不满足于仅仅50英亩或500英亩。他们至少想要5万英亩的土地。由于格兰德河附近的领地大部分都还没有被丈量,也就很难说哪块土地如何以及为什么属于哪一个人。但是杰克逊成功的独裁统治,以及在范布伦总统时期延续的杰克逊的原则,给西部各州居民增添了力量和独立感,让他们准备好(恐怕甚至有些渴望)与那些胆敢干预美国人履行其神圣职责的人进行战斗。所谓美国人的职责就是把对他们有利的规矩和原则推广到大陆的每一个角落,用粗话来讲,就是获得他们想要的一切。

那些不赞同这一观点的人(大多在东部)声称,那些煽动建立一个大得克萨斯的言论只不过是政治空谈,鹰派实际上在被人利用,获利最大的是两院中的奴隶主及其支持者们。但是从边疆的朴素观点来看,这些土地之前从来没有用处。美国人首先对其进行了开发,也只有美国人有勇气在它还是荒原的时候就去那里定居。因此,从常识的角度来讲,它为什么不属于美国呢?

荒野上的拓荒者

从他们的视角来看，这一论点非常完美而且合理。

这时，两国的火气正旺，兼并得克萨斯而导致美国对墨西哥的战争已经不可避免。尽管民兵普遍不愿意超期服役而导致战争时间拖长，美国最终还是赢得了这场战争。墨西哥（以几百万美元的价格）割让了从格兰德河到太平洋之间几乎与路易斯安那一样大的领土。

几乎与此同时，通过和平购买一块被称为俄勒冈的西部偏远领土，我们对遥远西部的控制得到了进一步加强。在《瓜达卢佩—伊达尔戈条约》签署之后，美国的领土看上去有1845年的两倍大。美国（就领土面积来看）应该能被视为世界最重要的国家之一了。

我敢说，19世纪40年代的演说家用"美国民族的天定命运"的说法刺激了很多同代人。德国人也在几年前叫嚷着要"阳光下的土地"。但实际上他们说的是同一件事——他们希望获得实际上属于别人的东西。

但是在这一点上，美国人比可怜的普鲁士人走运得多。当我们的祖先寻找新的家园时，那里还有很大的地理真空区域有待填充。而当条顿人开始进行扩张（抢掠、占有，随便你怎么说）时，美洲、亚洲、非洲和澳洲都已经被大国瓜分殆尽，没有什么留给后来者的了。

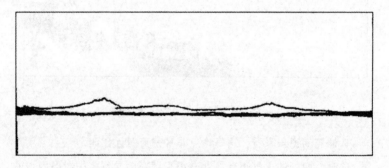

真空

因此，美国成功了，德国失败了。

在政治的世界里，做什么并不重要，重要的是什么时候做。

在这个领域，我们国家一直是最幸运的，因为我们遵循一条简单但直截了当的忠告："现在就干。"

41. "汤姆叔叔"与"冒烟比利"

距离一直都是帝国的敌人。

在一百多年前,能够征服距离的只有道路和运河。因此,一旦国家建立起坚实而且收支平衡的基础,政府就会把主要精力集中在解决直接与廉价的交通问题上。只要拮据的财政允许,他们就赶快开始建造公路、开挖运河。

然而在很多年的时间里,大部分正式的公路都像安布罗斯·比尔斯小说里著名的海滨大道一样,一开始是一条豪华的林荫大道,走着走着就变成一条羊肠小道,当行路人走到尽头时,就只能自己想办法去完成这次旅行。

即使在今天,有了炸药和各种能够一口吃下整车石头的钢铁机械,修路仍然是昂贵且复杂的工作。至于一个世纪之前的具体情形,就请那些试图驾驶小汽车从大道开到自家门前的人发挥自己的想象力吧。

很长时间以来,想到西部获得免费农场的移民们都贴着河流和山谷的方向前进,尽可能避开远方的山脉。但是旅行者的数量逐渐增加，哈德逊与莫霍克河谷的道路太长且变幻莫测，因此绝对的需求促使人们在山路上做好标记，并开始利用史前时代印第安人往返东西猎场的山口。

翻越阿勒格尼山脉之后，口袋里还剩几个美元的移民就没有后顾之忧了。他可以乘坐运输货物的平底船去往下游，安全抵达新的家园。当然，如果想前往上游地区就没那么好运了，他必须步行。

步行者

对于东部地区,沿海各州的问题没有那么复杂。此时掀起了兴修运河的狂潮,大量的钱被浪费在兴修新的水道上。但是大多数移民都不经过东部,他们都想尽可能快地远离阿巴拉契亚山,他们的困难并没有解决,直到詹姆斯·瓦特观察他祖母的茶壶时说道:"我有一个想法。"

当然,从学术上讨论希洛、托马斯·萨弗里、德拉·波尔塔和丹尼斯·帕庞的发明可能更为科学。但是首先,我并不太懂机械。其次,詹姆斯·瓦特改进了蒸汽机,让它有了直接且实用的商业价值。因此,我们应该向他的前辈们致敬,同时也应该宣布,瓦特对这个世界所做的贡献,比18世纪后半期和19世纪前半期所有的政治家、将军、银行家加起来还要大。

起初,瓦特专门为某些英国的矿主工作。他们急切需要一种成本比马更低的方便实用的水泵引擎。18世纪是一个伟大的发明时代,当稳定的引擎被发明出来后,每个国家的人都想把这个复杂的装置安在原来依靠人力或畜力的车或者船上。总会有人泼冷水,说这件事办不成,但也有很多人愿意压上所有的赌注,说很快人们就可以乘坐"铁马"或轰轰作响的船去旅行了。但是他们当中有些人,如康涅狄格州的约翰·菲斯克,进展并不顺利。他们将船和引擎安装在一起,造出某种能浮起来的东西,可以沿着特拉华河逆流行进。但是他们遭到了航运业的反对,那些使用帆船的商人在东部无所不能。所以,银行不给这些危险的狂热分子所造的愚蠢的"蒸汽船"任何贷款。潜在的发明家们要么转行,要么像可怜的菲斯克那样意气消沉,郁郁而终。

另一些人,像罗伯特·利文斯顿(曾参与起草《独立宣言》)决定不把车厢放在马(这里指引擎)的前面。他们获得了在特定河流与湖泊使用蒸汽船的许可,并耐心等候可以获取商业利益的那一天。

很久之后,这一天终于到来了。1802年一艘苏格兰拖船"夏洛特·邓达斯"号第一次拖着一串运煤的驳船通过了一条苏格兰的运河。但是,令"夏洛特·邓达斯"号制造者感到意外的是,一切都很平静,这件事没有引发任何关注。

我们很难去责怪推销商和公众对这件事的冷漠,也许是因为气球事件给公众造成了普遍且深切的失望。

当约瑟夫和雅各·蒙戈尔费埃兄弟让山羊、公鸡和鸭子经历首次空中旅行的时候,祖父母们严肃地告诫自己的儿孙们说:"这是一个庄重的时刻,我们即将见证伟大事情的发生。"几年之后(1785年1月),法国人布朗夏尔和美国医生约翰·杰弗里斯乘坐一艘新型的"空艇"穿越了英吉利海峡,之后欧洲人满怀希望地预言所有战争都会终结,兄弟般的友爱时刻即将到来。他们天真地说:"现在我们已经是彼此间最亲近的邻居了,边疆将消失,战舰和军队都不会再有用武之地。"对他们的答复,是持续二十年不间歇的流血混战。至于气球,在革命军用来作为移动观察站之后,不久就沦为人们节日里的娱乐项目。

有过这些经历之后,公众对所有新鲜的科学发明都保持高度的怀疑。仅凭克莱德运河上一艘冒着黑烟的拖船无法让人们相信,船加上引擎及明轮后,不用船帆就可以开动。

然而,有一个人没有小看"夏洛特·邓达斯"号,他就是罗伯特·富尔顿,一名居住在纽约的贫穷的爱尔兰人。富尔顿早期以推销珠宝谋生,后来变成一名肖像画家(一名相当蹩脚的画家)。1787年他带着全部积蓄前往伦敦,投身于本杰明·韦斯特门下。韦斯特是为数不多的从事艺术的宾夕法尼亚贵格会教友。

富尔顿在英国学习了工程学，之后他前往巴黎，向这个饱受摧残的城市献上了一个广角镜（有人还记得这是什么吗）。他带来了某种潜艇的设计方案，希望能帮助法国控制海洋。

对富尔顿来说，不幸的是（对英国来说则是幸运的）拿破仑内心里不过是个中世纪的雇佣兵队长。他和已故的基钦纳勋爵一样，使用了大量的现代战争手段。陆地作战为他赢得了荣誉。富尔顿在布雷斯特港口用鱼雷炸沉了一艘小船，之后又在塞纳河上展示了他的蒸汽动力驳船，但都未能引起拿破仑的注意。

用街头的话来说，皇帝根本没有"看见"这两项发明。他退还了富尔顿的设计图和预算案，婉转地劝他回到哈德逊河边的家乡。

回到祖国后，富尔顿首先重复了在欧洲大陆进行的实验。他向美国政府自我推销，但同样没有引起对方的兴趣。于是，他转而寻找私人的支持，他与利文斯顿建立了联系，开始投入正式的工作中。

他在美国建造了"克莱蒙"号（哈德逊河上第一艘蒸汽船的名字）的船身，从英国伯明翰的博尔顿和瓦特公司订购了引擎。这是一个不错的小引擎，工作状态良好。"克莱蒙"号在商业上取得了成功。这艘船从纽约到阿尔巴尼只需要三十六个小时，不到一年，船就因为太小而容纳不下众多的乘客大军。

于是，"克莱蒙"号和其姊妹船"菲尼克斯"号同时运营，但没过多久，英美两国积累了多年的冲突爆发了，严重干扰了蒸汽船航运业的进一步发展。不过，1811年，在匹兹堡建造的"新奥尔良"号还是出现在了密西西比河上；1818年，"水中漫步"号出现在了伊利湖上，骄傲地喷着烟。

蒸汽船

1815年之后,如果在新开发区域的大河中也有蒸汽轮船的航行,那么西行就会方便很多。因为它们不仅可以在顺流的情况下击败平底船,还能以四英里的时速逆流而上,这是平底船所做不到的。

但是汽船航运的普及用了很长时间。因为在起步阶段,大型汽船公司更热衷于政治游戏——谋求"专有权"和"水路垄断权",而不是发展贸易。直到19世纪中期,轮船运输才步入正轨,成为西部开发最重要的因素之一。

海上蒸汽船

然而与此同时,另一种克服距离的方法也被发现了。

那就是蒸汽机车。这项发明和蒸汽船是同时代的产物。实际上蒸汽机车还要更早一些。1801年平安夜,由理查德·特里维西克制造的引擎拖着第一批乘客穿过康沃尔的道路;三年之后,同一款引擎被装上轮子,在威尔士的佩尼达兰成功驱动了一列沉重的运煤车;到了1813年,另一位英国工程师威廉·赫德通过他的发明"冒烟比利"给全世界带来了惊喜。一年之后,乔治·史蒂芬逊对"冒烟比利"进行了改进,制造出一个铁的怪物,还起了个高贵的名字叫"我的主人"。

之后,蒸汽机车在英国所有煤矿区得到了广泛的应用。到1825年,史蒂芬逊终于让一家轨道公司相信,蒸汽机比马更加实用且廉价,由此建造出世界上第一条完整的铁路。

在"旅行引擎"的帮助下,让城市之间的距离缩短的做法也在新世界得到了响应。很多地方都修建了小段的铁路。但是它们只有在阳光充足的条件下才能使用,因为只要铁轨是潮湿的,机车就会打滑。为了避免风险,主管们又重新用回了马匹,而且还把机车当作废品卖掉了。

但是到了1828年,人们又开始认真地修建正规的铁路。当年7月4日,《独立宣言》最后一位尚在人世的签署者,卡罗敦的查尔斯·卡罗尔为巴尔的摩到俄亥俄州的铁路奠基。十年之后,这个国家拥有了两千多英里的铁路,二十年之后,东西部之间的交通运输问题得到了彻底的解决。

詹姆斯·瓦特赢得了胜利。现在,即使是最拮据的移民也能享受舒适体面的旅行。很多胆小的人曾经选择窝在家里,现在也鼓起勇气,卖掉了新英格兰的沙石地,拿起背包扛起枪,前往自由的森林和操场。

现在,快速廉价的交通问题已经得到了解决,但是还有一个问题尚未解决,那就是信息的传播速度仍然很慢。

有意思的是,这一次又是一个画家(这次是一名出色的画家)

解决了这个问题。

萨缪尔·摩尔斯[①]毕业于耶鲁大学。在求学期间，他接触过一些关于电的知识。尽管他是一位公理会牧师的儿子，但他有着极强的艺术冲动，并曾经前往英国和法国学习艺术。学成之后，他返回美国，协助成立了国家设计院。1832年，他第二次从欧洲回国，在船上吸烟室里的一番谈话给了他一个灵感，让他思考起"通过电瞬间传递信息"的可能性。他动手发明了某种装置，但是直到十多年后他才听到电的"远方写手"。即使如此，十多年后的他还是经历了一次又一次的失望。他竭力游说国会。国会为此成立了一个委员会，但很快就休会了。之后，他又向银行家们游说电报的用途，但银行家们告诉他，他们承担着照管别人钱财的重大责任，因此不会给电报投资一分钱。之后，他决定去伦敦碰碰运气，但在那里他遭到了人们的嘲笑。他又去了巴黎，申请专利但被拒绝。当他离开法国的时候，发现法国政府盗用了他的想法，但不准备付他一分钱。

经过多年的忧愁与困苦，他终于赢得了两个人的支持。一个是新泽西的电线制造商维尔，另一个是纽约的贵格会教徒，名叫康奈尔（他给世界贡献了电线杆和一所大学）。1837年9月2日，他成功地在纽约大学的一间屋子里将一条信息用1700英尺的铜线传到了另一个屋子。

之后的事情就容易多了。

国会以少见的速度投票通过了拨付铺设华盛顿到巴尔的摩电报线所必需的资金。1843年（离他申请经费之后仅仅五年），摩尔斯监督建造了第一批电磁记录电报机，很快就让费城与旧金山变得近

[①] 萨缪尔·摩尔斯（1791—1872），美国画家、电报之父。——译者注

在咫尺,让伦敦和纽约比邻而居。

有关美国同距离进行斗争的故事,我们就先讲到这儿吧。

自从我们被上帝惩罚要通过辛苦劳作才能生活下去的那天起,人类就出现了一个敌人、一个叛徒,和我们形影不离。它的名字叫饥饿。

对于那些相信历史不过是与人类寻求每天的面包、黄油和些许果酱有关的人来说,他们会很遗憾,因为在《独立宣言》和宪法中并没有体现这一供普通人发展的经济精神。这些人认为原因在于美国革命在很多方面是富人的革命,而且建国之父们几乎都来自富裕阶层,他们剥夺了大多数公民的权利,从而巩固了自己对"财产"的把控,并确保政府掌握在"有教养且有智慧的人"手中。

但是,这种观点不免有失偏颇,对那些领导十三个殖民地进行伟大的独立战争的人来说不太公平。的确,在某些州只有那些拥有一定量财产的人才能够担任公职(从马萨诸塞州的五千美元到南卡罗来纳州的五万美元不等),而且只有纳税人才有投票权。但是人们不能指望一个阶级为了另一个阶级的利益而做出自杀行为。自从尼布甲尼撒①时代开始,财富就主宰着这个世界。因此我们无法指望几位来自弗吉尼亚的种植园主和新英格兰的商人,能够具备连我们道德法则的奠基人摩西都稍微欠缺的那些美德。

华盛顿、汉密尔顿、亚当斯和杰斐逊都是18世纪后半叶流行的经济学派的代表人物。他们打小就相信,如果给那些没什么可失去的人和有钱参与这种游戏的人以同样的权利和待遇,并且按照自己

---

① 尼布甲尼撒二世(约前634—前562),新巴比伦王国君主,政治家、军事家与战略家。——译者注

的想法行事，那么就不可能建立一个稳定的政府。

然而，除他们在学校所习得的知识之外，我们必须记得他们那代人和今天的我们不一样，他们不会从利益得失的角度思考事情。1780年的生活相对简朴，不像1880年有那么多复杂的问题（更不用提1927年了）。1780年，每个家庭都是独立的经济单位。人们自给自足，既是屠户，也是面包师或蜡烛匠人，他们的需求很小，也没有什么奢侈品和娱乐项目。

西部的农民通常都从东部的银行借款，用来购买房屋、马匹、牛和车。他们带着这些家当，与文明作别，赶赴荒野。从殖民地时代早期开始，债权人和债务人就分属两个阶级，相互之间很不对付。但这个国家仍然非常富饶，所有在农田、森林和海上的人都能吃饱饭。用杰斐逊的话讲，很少有年轻人会成为自己谋生的那个行业的牺牲品。

但是，这个国家的人口渐渐充盈起来。多余的人口被迫被富裕的邻居所雇用，因为后者有足够的钱购买新蒸汽时代的昂贵工具，即"工厂"。这个时候，工厂开始流行起来。

这是恶性循环的开始，而且很快就席卷了全世界。在那个时代之后的一百多年里，很多哲学家对这种现象都感到困惑不已。

这种新式复杂的工具（一般称之为工厂）产量惊人。各类生活在近乎史前时代简陋条件（一间有石头烟囱的小木屋，一些衣服，足够的食物和一两件简陋的家具）中的人们开始享受过去只有王侯贵族才能有的各种东西。他们很快接受了这些开始还不太适应的奢侈品，就如同他们理应拥有的那样，而且嚷嚷着想要更多。但得到的越多，他们就越要辛苦地工作，也就越需要有更多的工厂来满足他们日益增长的需求。

与此同时，为了让工人保持全年忙碌地工作，确保有稳定的利润，拥有这些工厂的少数富人必须不停地寻找新的市场。他们在非洲和亚洲寻求更有利的开放条件；他们必须利用每一种政治策略，以防他们的工厂遭受哪怕是暂时的损失。

从中世纪简单的农业制度（美国建国十年后依然运行这种制度）向高度复杂的国际经济体系（当时正在快速席卷全球）的突然转变，在所有国家都引发了生活习惯与方式上的剧烈波动。在美国北部和西部，社会主要是由白人构成的，他们大部分从事农业，因此并没有特别关注这场革命。这场革命被认为是不可避免的，它循序渐进地发展着，当然也引发了很多摩擦，但除了极个别的事件，它没有导致流血冲突，也没有摧毁文明本身。最终，它变成了文明的一部分。

但是在南方，情况则完全不同。南方的领袖人物尽最大的努力将一切机械革新挡在门外，远离可怕的工厂制度所带来的恶果。南方仍然以农业为主。主导弗吉尼亚、田纳西、肯塔基和北（南）卡罗来纳等州议会的地主乡绅们认为南方应该继续保持本色。让北方佬们用冒烟的机器去污染他们的空气吧，他们宁愿继续过绅士的生活，除轧棉机之外他们不打算忍受任何不雅观的机器占领自17世纪初就属于他们的土地。

唉！但是过绅士的日子是要花很多钱的。外部世界的各种东西都在变得越来越贵（罢工、工资上涨以及原材料价格的上升），南方的绅士需要比以前更多的现金。这就意味着他们必须生产更多的棉花和烟草，需要更多的人手在棉花田和烟草地里劳作。也就是说，他们需要大量的奴隶。

一种无人能够逃脱的恶性循环将再次决定这个国家的命运。但是这种恶性循环体现出了特殊的色调,部分是白色的,部分是黑色的,部分是巧克力色的。

如前所述,除非有绝对的必要,历史学家不应该成为道德评判者。我们这些出生在北方的人不应该对南方的奴隶主们感到恐惧。因为这个世界一直都有奴隶存在。他们有时有别的名字,但自从人类学会行走之日起,奴隶就一直存在。

《十诫》中那个甜美的女仆实际上就是女奴隶。希腊人围攻特洛伊时,也经常为了永久占有某位迷人的奴隶而投下赌注。恺撒曾经一次就把六万三千个条顿战俘变卖为奴隶。圣保罗认为奴隶制是一种不可缺少的制度。《大宪章》承认农奴制的存在。简而言之,奴隶无时无处不在。后来在西欧和美国东部,这一制度逐渐被废除,主要是这个世界愈加不在乎神学思想,而对耶稣的理想更感兴趣,也是因为经济上愈加划不来。但遗憾的是,机器与黑奴一直无法很好地合作。"汤姆叔叔"和"冒烟比利"在这个国家一直被视为最不受欢迎的入侵者,被这个世界所嫌弃。

因此,这样一种在世界各地都不合时宜的制度,在这个国家梅森—迪克森线①以南的各州依然存在,而且坚决拒绝被废除。

你会说:"难道南方人不明白顽固维持这种政策所带来的危险吗?他们不明白几百年来所有正直的人都在谴责奴隶制,而且长此以往会毁掉他们的繁荣吗?"

他们当然明白!

少数受教育程度不高的南方人,比如安德鲁·杰克逊,也许会

---

① 梅森—迪克森线为美国宾夕法尼亚州与马里兰州的分界线。下文有详尽的解释。——译者注

把奴隶制视为半神圣的制度，但真正南方思想界的领袖却是坚决反对这种制度的，只不过他们认为即使说出来也没用。他们也许坚持把"奴隶"和"奴隶制"这些字眼从宪法里清除出去，因为他们不想被北方邻居提醒说他们是奴隶主。但在其余时间里，他们选择无视这个问题，因为它太过复杂，与整个社会结构完全交织在一起，好像只要一触碰，他们所珍视的整个文明就会崩塌。只要它不违反某项经济规律，他们就会继续保持这种无视的态度。他们并不怀疑经济规律的力量，因为它在迪克西和在佛蒙特发挥着同样的作用。

正如他们北方的邻居不惜代价让工厂开工，为了击败竞争对手，不停地给他们的工人找活儿干一样，那些种植园主也总是感到他们必须尽可能地增加收成，因此他们每天都在想如何给自己的奴隶安排更多的工作。

这意味着他们必须不断种植棉花和烟草，接着种植更多的棉花和烟草，然后再不断增加，直到出现生产过量的问题为止。

然后他们会思考尝试种一些别的作物：大米、谷物、甜菜。天知道还有什么不能种。他们去银行家那里商量改种和贷款的事，因为银行家能够提供他们春播所必需的钱。

但是银行家们说："不行。"

如果银行家们不能向他们的客户保证资金绝对的安全，他们就无法得到人们的信任。为了保障这种安全，他们必须知道借款可能带来的各种后果。他们很熟悉棉花和烟草，但大米、谷物和甜菜则意味着试验——可能是机遇，也可能会破产。因此种植园主们被迫继续种植棉花和烟草，并且要大量种植以免让不幸的奴隶们有空闲时间。因为闲下来的奴隶依旧要吃饭，要有衣服、帽子和住的地方。

这种状况的确让人感到棘手和绝望。更糟糕的是，北方对南方的情况完全不了解。弗吉尼亚与北（南）卡罗来纳州的富人们习惯送他们的子弟去哈佛、耶鲁和普林斯顿接受教育，但很少有新英格兰人跨越英国天文学家查尔斯·梅森和杰罗米亚·迪克森所画出的宾夕法尼亚与马里兰之间的边界线。这条线被认为是蓄奴州和自由州的分界线。

在这种情况下，人们获得的信息注定是带有偏见的，而且时常是不准确的。接着，在查尔斯顿和斯普林菲尔德的报刊上出现了有控诉意味的文章。终于有一天，这个问题被引入文学领域。一位善良但有偏见的清教徒妇女[1]描绘了被认为是在蓄奴州盛行的可怕场景。整个北方似乎都在准备开战，他们要消灭西蒙·莱格利[2]和其他奴隶监工。

我不用再说下去了。我看上去似乎在为这一制度进行辩护。其实，我和最激烈的废奴主义者一样，对这个制度无比痛恨。

我希望我在这里可以表达另一种观点。北方指责南方蓄奴。但是，北方人在急于伸张正义的时候忽略了一个事实，那就是南方奴隶主本人也成了该制度的奴隶，这种制度在迫使他们蓄奴。

现在，当情况变得如此糟糕的时候，没有人能看到出路。接下来似乎只剩下唯一的选项了。

也许在未来，当我们有足够的知识来应对这些重要的问题时，我们有可能和平地用理智和智慧来解决这个顽疾。

但是今天，似乎唯有一种疗法才能解除人类的这种病痛（无论

---

[1] 指《汤姆叔叔的小屋》的作者斯托夫人。——译者注
[2] 《汤姆叔叔的小屋》中贩卖奴隶的反面角色。——译者注

是个人还是集体）。当它发生在个人身上的时候，我们称之为手术。但就国家来说，它有一个可怕的名字——战争。

内部战争

42. 令人厌烦的契约

如果有人问，美国历史与其他所有国家的历史有何不同，我会说："是演讲术对我们国家的政治与社会发展所造成的影响"。

因为一直以来，美国人所为之奋斗的共和国并非什么新的事物；美国的缔造者放弃纯粹的民主制后所选择的代议制政府，其历史甚至可以追溯到古罗马时代；就连十三个洲的代表最终决定建立的以防卫为目的的联邦制，也可以往前追溯上千年。

但是，除短命的古希腊的诸多共和国之外，没有人对演讲术给予任何关注。相反，他们都有与哈姆雷特一样的偏见，对试图用"话语、话语、话语"来解决世界难题的方式抱有深深的怀疑。

然而美国对演讲术这一文化旨趣的偏科现象自有其原因。两千年前，古代犹太人就以写作闻名，因为文学是他们唯一能够自我表达的艺术形式。那时的耶路撒冷只是一个不起眼的乡下小镇，远不能和东方或西方的繁华大都市相提并论。根据记载，曾经的所罗门圣殿建造得非常辉煌，但它的艺术始终没有引起人们的注意，以至于古代著名的作家都没有听说过它。对于这种情况，《圣经·旧约》给了我们很好的解释：古希腊人拥有高度发达的和谐意识，崇尚对简单线条的追求，因此他们放弃那些声名远播的辉煌建筑，只到孟菲斯和底比斯去寻找灵感。

当然，大卫王是一名音乐家，会演奏竖琴。但是，这种叮叮作响的三弦乐器无法打动真正具有创作能力的人，作画又是被禁止的，这是祖先戒律的第二条的规定，所以犹太人只有一种艺术领域，那就是写作。

清教徒主宰了美国早期的文明，几乎完美继承了古代希伯来人的精神衣钵。他们按照《申命记》和《士师记》①中最好的典范来生活、吃喝、爱憎、耕种和收获、管教妻儿，并且粗暴地对待他们的土著邻居。

因此，他们完全藐视那些有关灵魂的更加优雅的表达方式，认为它们来自异教徒。因此，他们对画家、演员、音乐家，以及其他在他们看来无用的人有着无法抗拒的不信任感，而这些人不过是想给人们外在的欢乐和内在的美好增添一些色彩罢了。

在这种严格的戒律之下，演讲术成为唯一的例外。首先，它起源于希伯来人，因此不会受到苛责。其次，它也是牧师用以控制民众的最佳武器。

被剥夺了在巴赫和韩德尔的音乐中寻求慰藉的权利，清教徒们饥饿的灵魂只能在关于地狱诅咒的长篇演讲中寻求一种特别的解脱。这是他们年轻时期在所有正式与非正式场合都能享受的东西。因此，演讲一直都是殖民地人民所钟爱的情感表达方式。当他们向西部进发时，他们把演讲术也带了过去。当人们争取独立时，神学

---

① 《申命记》和《士师记》都是《圣经·旧约》中的篇章。——译者注

演说家被政治布道者所取代。所有其他以及更古老的共和国的运行都不是靠冗长的演讲,威尼斯、冰岛、荷兰和瑞士不需要爱国主义口才也能够妥善治理,但是新的美利坚合众国则舌灿莲花般地庆祝自己的每一个新事件(不管重要与否)。

开国元勋们与其他的贵族一样,并不相信修辞的重要性。他们会耐心地聆听(因为耐心倾听他们来自偏远地区的热情洋溢的同胞是善治的表现),但是当他们专注于某件事的时候(如起草《独立宣言》或制定宪法,以及其他重要文件的时候),他们会让对方停止演讲,直接说重要的事情。

但是,当西部的田野与森林战胜城市,美国的政治体制从代议共和制转变为纯粹的民主制的时候(这正是开国元勋们所担心的灾难,为此他们想尽了各种预防措施),早期的言辞激烈的长篇大论就变成了真正的滔滔洪水与滚滚巨浪,而且经常会威胁到华盛顿、亚当斯、杰斐逊和富兰克林在波涛汹涌的国际政治大洋中艰难起航的这艘小船。

在杰克逊独裁时期,出现一种非常奇怪且危险的幻觉。(数百万的)人们相信,只要口舌伶俐就能够治理好这个国家。

在这个时期,参加过独立战争的老兵们纷纷逝去。他们教养良好、受过严格训练且具有思辨能力的子女们试图继续维持父辈所指定的准则。但是公众已经不再想要思维严谨的管理者。明显符合职业需求且终身在为此做准备的人,被认为过于"孤芳自赏",因此注定会输掉候选人的资格。

统治这个国家达三十年之久的贵族制有诸多弊端。那些高昂着头颅的绅士们对出身低微但努力打拼的人所具有的美德视而不见。出于对民主的恐惧,他们使用了许多高压手段来维护本阶级的利益,而且很少关注公众的福祉。

但是他们大多数人都有很强的责任感。他们的人格无可挑剔(个别人例外)。他们已经超越了专制的宗教教义对他们的束缚。他们的胸怀更为宽广,已经超越了大多数公民所尊敬的程度,而且他们对花言巧语非常不信任。他们宁可少说多做。

新的政治领袖阶层来自不同的社会阶级和地区。他们很快就发现,讨好那些自称为"平民百姓"的人的虚荣心(他们把奉承看得比新鲜空气更加不可或缺),就能把政治变成有利可图的生意,并同时获得国家拯救者的名声。

所有这一切只能引导出一个并不新奇的结论,即从安德鲁·杰克逊当选总统到亚伯拉罕·林肯当选总统之间这段时间,无法被认为是我们国家历史中幸福的时代。

首先,我们第一位总统留下来的避免卷入一切外国事务的忠告被完全遗忘。新派政客们完全明白"展翅雄鹰"在国家政治中的价值。他们让这只畜生发出尖叫,直到它发疯了一般对所有的人和事又抓又咬,这让大家感到十分厌烦。

在范布伦(杰克逊总统的得力助手和接班人)当选总统后的二十年里,美国平均每十二个月就有一次粗暴干涉其他国家内政的事件。

门罗主义宣称"美洲是美洲人的美洲",同时又强调美国与大陆上的殖民秩序没有争端,也不会挑起争端,并愿意与国内外的所有邻居和平友善地共处。

但是在"杰克逊狂热"第一次发作时,有些人希望把纯粹的民主制输出到全世界,对他们来说,这种和平友善的宽厚态度看上去太软弱了。因此,美国的战船驶向远方,"打开了"中国、夏威夷群岛、日本以及其他东方古国的大门。这些国家出于自己的原因，一直希望将白人拒之门外。

接着就是直接入侵敌国的领土。几位美国外交官聚集在奥斯坦德的赌桌旁，起草了一份辞藻浮华的宣言，宣布古巴岛在冥冥之中注定是美国的一部分。除非西班牙同意将这块古老的宝地出售，否则美国将不惜以武力夺取（这是杰克逊崇拜者们强加给我们的又一次灾难性的外交创造）。这份文件的起草者是因为在国内不受欢迎才被派往马德里担任公使的。通过召回这位公使，并且向对方解释这一小差错，我们才能够挽回这一外交事故的不愉快后果。

然而，无端的攻击和笨拙的进攻是我们国家外交事务的特点。但这与国内两党之间相互攻击的暴力程度相比，简直不算什么。

两个势不两立的政党各自有理想和口号。对他们来说，世界上所有漂亮的话语都无法掩盖这样一个事实，蒸汽机的引进——经济学家所说的最为威名远扬的经济革命——导致了各州之间无法弥合的利益冲突：一些州"制造"产品，另一些州则依靠老天和奴隶"种植"产品。

北方的发展依靠自由的白人男女在日益增多的工厂里工作，生产生活必需品。

南方的繁荣（而且必须继续制造繁荣）则依靠非洲人的劳动所生产的产品。

北方要求严格禁止所有外国的商品，以此垄断美国市场。

南方则需要自由贸易体系，以便将自己生产的棉花、烟草和大米销往欧洲。

北方梦想将遥远西部地区的森林和原野都变成工厂区。

南方希望将边疆地区变成农业区和蓄奴区，从而获得支援。

双方都在申辩和争吵，都展现出一副无私的爱国主义面貌。但双方都知道问题其实只有一个，而且道德性大于经济性，那就是奴隶制问题。

当人类的激情迸发之后，往往会迎来可怕的幻灭。总有很多人说，世上根本就没有"进步"一说，"文明"不过是肤浅的表象，在内心深处我们都是野蛮人，和早期石器时代的祖先们一样，我们根本不在乎邻居的福祉。

但是改进的曲线仍然是向上的趋势。我承认，偶尔暂时的挫败是难免的；长达数年的衰败也是难免的；一些剧烈的动荡将文化与思想的中心从世界的一侧转移到另一侧，也不是不可能的。但是正如伽利略所说的（也许他说过）："古老的地球依然在运动！"

在19世纪前半期，人类集体的良知（如果有这个东西的话，我相信是有的）已经达成共识，即奴隶制必须从地球上消失。二三十年前，建国元勋们可以回避这个问题。但即使是他们，内心深处也清楚这一点，奴隶制迟早会灭亡。如果他们领导革命的时候更年轻一些，而且没有被七年可怕的战争搞得精疲力竭，他们也许会找到更加公正合理的方案来解决这个问题。

他们的继承者是来自小镇的政治家们，他们是村里的长老和教区的宠儿，留着浓密的胡须，总喜欢夸大其词。他们总是孤立地看待每一个问题。在他们手中，这种观念的冲突只可能导致灾难的发生。

从1788年到1864年，欧洲和美洲的各个国家都相继废除了奴隶制。尽管在很多国家奴隶代表着巨额的资本投入，但这一变革并没有导致流血牺牲。这期间也有人抱怨，有人抗议。有人仔细寻找《圣经·旧约》的词句，希望把对黑人无法忍受的枷锁永久化甚至半神圣化。但是我们无法压制正义崛起的声音：慈爱的上帝将怜悯施于他所有的孩子，没有规定要按照肤色加以区分。

后来，许多满怀神圣热忱的斗士们打破了礼貌争论的规则，变得与他们狭隘偏执的对手一样。这的确令人遗憾，但却无法避免，因为人类潜意识中的自我被触动之后，理性会屈服于情绪。

所有关于接纳"自由州"和"蓄奴州"的争论、关于"自由"和"奴隶"之间最终边界的争论、关于"人民主权论"的煽动和其他未达成妥协的临时性方案的讨论，以及所有那些"话语、话语、话语"都无法改变一个必然的法则：不管什么肤色，奴隶制必须从地球上消失。

然而真正的危险并非来自愤怒的奴隶主或同样愤怒的废奴主义者。真正的危险来自快速膨胀的市民阶层。他们把共和国当作方便的寄居之处。他们的愿望并不神圣，不过是想在最短的时间赚最多的钱，因此坚持要求和平与安全，即使是以国家的名誉为代价。

杰克逊主义者粗鲁的治国方式给了他们一个借口，可以远离所有的国家生活。他们为那些当牛做马的奴隶花费了大笔金钱，担心这一制度的变革将会导致恐慌，从而对自己的利益造成灾难性的破坏。最后，他们的态度变得更为冷漠，那些靠大声疾呼来吸引他们关注的党派分子没有一个人能够激发他们的想象力，也没有人能够把这个问题解释清楚。

因此，这种相互指责的战争持续了多年。有些人在北方讨论分裂联邦，有些人在南方主张建立自己的邦联共和国。但没有哪一方有胆量迈出关键的一步。

看上去似乎永远都不会发生什么。

但是，托马斯·林肯的妻子南希·汉克斯生下了一个儿子。她向上帝祈祷，自己的儿子不要耗其一生在一个连一头牛都养不起的农场上，帮助他无能的父亲养家糊口。

43. 一位来自伊利诺伊州的无名律师

"我们认为自己在推动别人,与此同时我们也是在被别人推动的。"

"我认为英雄造时势,但实际上是时势造英雄。"

在生命行将终结的时候,两位同时代的人用这样简短但有力的话总结了自己的人生信条。但是,两个人却生活在社会地位与地理位置的两极。

其中一个人的父亲十分富有且雄心勃勃,希望自己少年老成的儿子能够成就一番事业。而另外一个人在凌乱的农房里望着昏暗的日光,父亲是一个三流的木匠,偶尔做一些农活,连自己的名字都不会拼写。

年纪大一些的那个人拥有所有用钱可以买到的东西:私人教师、大学、书籍和出国旅游。

而年纪较小的那个人要想方设法搜寻每一个学习的机会,这样日后他便能读出自己的名字。他童年的大部分时光是在荒野冷僻的一角度过的。

这是多么奇特的对比啊！

但是感谢上苍，天才的守护神从来不在乎门第出身。她轻轻地触碰亚伯拉罕·林肯与约翰·歌德的前额，给了她最钟爱的两个孩子人类所能有的最大的荣光——她让他们的名字永垂史册，成为各自国家高贵品质的永恒象征。

两个人中比较年轻的那位（歌德去世的时候，林肯23岁），他的故事被广为传颂，成为在他身后出生的每个孩子的常识（理应如此）。

林肯家族祖籍英国。他们在17世纪上半叶就来到了美国，从诺福克的欣厄姆迁居到新英格兰的欣厄姆。在新世界，他们受到了流行的漫游癖的影响，因此先从马萨诸塞迁到宾夕法尼亚，又从宾夕法尼亚迁到肯塔基，后来在亚伯拉罕4岁的时候，他们再次搬家，离开了哈丁郡贫瘠的农场，在印第安纳更适合种玉米的黑土地上安了家。

在那里，这个时年九岁的孩子为他母亲的棺材削好了木钉，然后目光迷茫地看着他们把她以及她的秘密一起安葬。

因为南希·汉克斯和那些在这块肮脏贫穷的边疆之地共同生活的老实的织布工、铸铁工和愚笨的农夫并不是一类人。她在潜意识中已经想到了自己有权继承的某些东西，哪怕来自她从未怀疑过的遥远的世界。

现在她美好的愿望终于实现了——她的儿子在五十年后成为白宫的主人。

怎样的岁月才能锻造一个人的未来呢？

岁月悄悄流逝。未来即使看上去遥不可及，但也并非毫无希望。

和其他斯宾塞郡的孩子们一样，年轻的亚伯拉罕也要下地干活。

他学会了拼写和阅读，还学会了简单的运算。后来，他的继母莎拉·布什也帮助他学习，向他解释彭斯、笛福和莎士比亚文字的优美之处。

一切都还算不错。他的父亲还活着，在农场做一些粗重的工作，也让亚伯拉罕一起帮忙，但亚伯拉罕不喜欢这样的工作，更不想这样度过一生。因此他离开了家，四处打零工赚钱。

他在平底船上做过水手，在各种商店里打过工。做零活时他喜欢和人交谈。他对一切靠近他的生物都十分友善。他乐于微笑，会讲故事，也愿意倾听。

在和印第安人开战后，他参了军。但是，在林肯上尉登场之前，那些可怜的野蛮人就逃之夭夭了。没有了敌人，他脱下军装，开了一家店铺。

这个新工作比他在军队的遭遇还不顺利。顾客很少上门，一个不靠谱的合作人喝光了所有库存的酒。情况如此糟糕，以至于林肯花了十五年才还清所有的债务。

这些关于我们民族英雄的故事听上去十分乏味，看上去也没什么内容，甚至显得近乎可笑。但即使这桩破产案也是有其意义的。它成为一项研究人性的课题。作为对人性知识的投资，它结出了果实。

当这个年轻人步入二十岁的时候，早年环境的不利影响开始离他远去，其他的影响开始在他攀登人生高峰的路上逐渐显现出来。

这个长相滑稽的高个子，这个行走的"晾衣架"似乎很有思想。这些奇怪的思想、可笑的思想、复杂的思想，似乎不和谐又漫不经心,可以从荒诞不羁过渡到庄严高尚。这是一种难得的智慧!

这个东西极为稀缺,最终获得了认可。这些思想和思想的所有者进入了律师事务所,然后进入了州议会,最后进入了遥远的华盛顿的众议院。那个时候,思考被看作是胆小懦弱的表现,甚至有叛国的嫌疑,但它仍然被要求发挥作用。

来自伊利诺伊的乡村律师

当林肯抵达首都的时候,墨西哥战事正酣。

他不喜欢这场战争。他是这么说的。

他用一件厚重的斗篷将自己舒适地包裹起来，然后等待。这件斗篷是他在前往首都的路上购置的。

另一场风暴即将来临。

这一次他做好了准备。

国家在快速坠入无政府和内战的状态。奴隶制存废的斗争将原来的政党割裂为奇怪的组合：圣人与强盗，以及务实的政治家和多愁善感的白痴。他们不服从任何人的领导，没有政党纲领，只是因为少许共同的观点和偏见而聚集在一起。

后来，南方的奴隶主们聚集在民主党的旗帜下，而他们的反对者们则建立了自己的政党，骄傲地自称为共和党，宣布联邦是不可分裂的，自由是属于所有人的。

这个时候，林肯过去的经历使他发挥了重要的作用，让他成为国家显著的人物。

他曾经在蓄奴的地区生活过几年，也在自由的地区生活过。他了解奴隶制的可怕之处，不愿回想船里塞满了戴着镣铐的人的日子。但他也从自己的观察中发现，这么多人的经济制度无法因为充满善意的局外人的一个命令而突然改变。因此，他理智地看待这个问题。奴隶制必须被废除，它和这个文明的国家格格不入。这个国家面对的唯一问题是，这种变革的达成能否不以摧毁这个国家为代价？如果这一点做不到的话，那么是否应该为了抽象的正义理想而牺牲这个国家？

可怜的老约翰·布朗[①]疯子般地叫道："不行！不流血就无法

[①] 约翰·布朗（1800—1859），康涅狄格人，废奴主义者，1859年在弗吉尼亚发动反对奴隶制的起义，失败后被处死。——译者注

做到!"他举起了一面迎风飘扬的起义大旗。几天之后,这面旗帜就被人恭敬地盖在了他的棺材上。

南卡罗来纳州礼貌地回答:"可以。"然后这个州悄悄地、不引人注意地退出了联邦,并且庄严地投票宣布成为"地球上自由独立国家"的一员。

这件事发生在1860年12月。

三个月之后,共和党所支持的林肯总统再一次来到华盛顿,把他的行装放进了宾夕法尼亚大街尽头的白色建筑中。

两天后,他宣誓就职。他笨拙地站起来,告诉参加仪式的民众他准备做什么。

唉!他的责任在于保护、维持和捍卫联邦,但是现在很多他的同胞威胁要摧毁他所应该保护、维持和捍卫的联邦。

他们是非常愚蠢的。上帝知道,他并不恨他们。他只希望他们能够安好。他愿意倾听他们所有的合理建议,愿意尽一切努力找到一个快捷与和平的解决方案。但是他已经宣誓要保护、维持和捍卫联邦,而且他会说到做到。

他的话非常简短。的确,他说得太简短了,以至于大多数他所热爱的公民们完全没有理解他说的意思。

为此他们还互相捅了捅对方,笑着说道:"嗨!你看到他戴的帽子有多可笑了吗?"

44. 案子交给了陪审团

有意思的是，这次是南方各州真正违背了1787年的神圣契约，选择退出联邦。

以往，这种危险总是来自新英格兰。

但是他们常常表示出"无效"（政治家所发明的文雅词，可以让条约变为一张废纸）的愿望，主要出自这样一种理念：马萨诸塞州的人民及其近邻们太过优秀，以至于其他的伙伴们不配和他们待在一个国家，所以最好建立自己的国家，这样就不用再担心被伯克希尔山脉和康涅狄格河另一侧的乡巴佬们干扰了。

然而1860年发生的事有着不同的性质，这一次要严重得多。

事实是，自从杰克逊独裁统治开始，南方就养成了欺凌合众国其他各州的习惯。但是南方无法单独行事，他们很聪明地利用了西部人粗犷、真诚的性格，从而对待北方和东部各地犹如附属国一般。这些地区被看作是跟班小弟，最好老老实实的，否则——

"否则怎样？"那位长相奇特、身材高瘦的老木工问道，他正在白宫的地下室给自己的靴子上鞋油。

"否则我们就再也不和你们一起玩儿了！"来自查尔斯顿、新奥尔良、萨凡纳和里士满的热情满满的年轻小伙子们喊道。

然后他们去找了裁缝，订做了非常整洁的军服，和联邦军队穿的完全不一样。然后他们在新的旗帜后面列队行进，这面旗帜看上去也和我们熟悉的星条旗完全不同。当想起戏耍那些该死的北方佬的戏法时，他们开怀大笑。当然，那些北方佬肯定在忙乎着破旧的工厂、银行和杂货店，无暇拿起枪来和他们战斗。

但是没过多久他们就发现，他们搞错了。

在古代，打仗就是打仗，仅此而已。他们也许会感到最后的胜利要归功于耶和华的干预、太阳神的庇佑，或是朱庇特的支持。但是他们不会在准备阶段就给自己罩上坚忍和克制的神圣光环。他们为了某种事物而发狂，他们相互厮杀，直到心满意足为止。他们把敌人的妻子儿女变卖为奴隶，然后带着战利品回家。所有这一切都是低俗、残忍和野蛮的，但至少他们的行为相当直接和坦率，因为这种战争的本质就是低俗、残忍和野蛮的。

书写技艺的发明（更不用提电话和电报的决定性变革）改变了一切。在过去的二百年里，一旦敌对产生，冲突的各方就会立刻找来历史学者，请他们为这个有着遗憾误解的"先例"做个声明，以便让世界其他地方了解甲方（或乙方）是完全清白的，是乙方（或甲方）率先无故发起进攻的，甲方（或乙方）不得不"为了捍卫自己的权益而对野蛮的入侵者"进行反击。

以内战为例，初步的讨论与正式辩论就持续了大约五个月的时间。

1860年12月20日，南卡罗来纳州脱离了联邦。次年1月，密西西比州、佛罗里达州、佐治亚州、路易斯安那州、亚拉巴马州和北卡罗来纳州也脱离了联邦。到了2月,得克萨斯州也步他们的后尘,与联邦作别。

1861年2月4日,这几个州的代表齐聚亚拉巴马州的蒙哥马利市。他们成立了自己的共和国,称之为"美利坚邦联",选举杰弗逊·戴维斯①为总统。

和林肯一样,戴维斯也是肯塔基人。他在皮尔斯总统时期担任战争部部长,期间对军队进行了彻底的重组。当南方各州发起叛乱的时候,他是密西西比州在参议院的议员。毫无疑问,他是一位有着真诚的信念并且具有一定能力的人。但他缺乏林肯身上那种获得非凡成就的特有品质。这位邦联总统缺乏组织完备的逻辑思维,而林肯具备这样的能力,这使他能够看穿问题的本质而不被大量无关的细节所干扰。在这种冲突中,分析能力较强的一方一定会获胜。因此,美利坚合众国今天仍然健在,而邦联则进了历史博物馆。

我们接着谈这场分离运动。弗吉尼亚州、田纳西州和阿肯色州不久之后也加入了不满的阵营,然后两个共和国开始进行一系列的商讨。更准确地说,戴维斯总统提出了一项妥协方案,即奴隶制的存废应该由每个州自行决定。

但是华盛顿要求邦联各州先回到联邦的怀抱中,然后再进行商讨。

为了挽回局势,南方建议在宪法中增加一条修正案,永久限制宪法对奴隶制的权力。但是北方拒绝这种不仅没有解决任何问题,反而束缚住联邦政府手脚,让奴隶主随心所欲的方案。因此,这项宪法修正案被否决,不可避免的事情终于发生了。

---

① 杰弗逊·戴维斯(1808—1889),美国军人、政治家,内战时期南方邦联的总统。

313

在这几个月里，陆军和海军中不断有成批的出生于南方的军官辞职（或开小差）。他们中的大多数都转而效忠戴维斯的政府，穿上了灰色军服，开始操练邦联的新兵；而北方只是眼睁睁看着，什么也没做。

　　最后，华盛顿一方看着事态的发展，终于勉强采取了一些反制措施，开始为打一场六个星期到四个月的战争而做准备。

　　在南方的领土上有少数几个仍被联邦政府控制的据点，其中一个是位于查尔斯顿港的旧要塞。其名字来源于托马斯·萨姆特——华盛顿麾下活得最久的将军。要塞位于一座小岛上，和另外两个据点扼住了进入阿什利河与库泊河的要道。要塞的指挥官安德森少校是一个性格温和的人，但现在他变得非常不安，因为他的军队补给越来越少。本来在1月初就应该运抵的新鲜豆角和培根并没有如期而至，当时悬挂着美国国旗的"西部之星"轮船遭到南卡罗来纳州的炮击，所以被迫折返。到了三月下旬，少校才收到信息，得知另一艘运输船正在布鲁克林海军基地装货，准备出发。他漫长的等待即将到头了。第二艘船本应是高度机密，但是每个人都在说这件事，自然邦联政府（在北方有数千名同情者）也非常清楚这件事，他们等候着这艘"波瓦坦"号运输船的到来，甚至有些急不可耐。但是当公开的冲突一触即发时，双方都感到有些害怕，都不愿意承担不可避免的"反应过度"的责任。因此，联邦和邦联的战争部长在通信中正式提到了这艘小船。华盛顿方解释说，"波瓦坦"号并非去增援萨姆特要塞，只是去运送食品和少许药品而已。

　　为什么邦联选择在这个时候摊牌，我们始终不清楚。但毫无疑问的是，这个决定出自心理作用，而非政治考量。南方人操纵这个国家很多年了，现在竟然在智慧上败给一个来自偏远地区的律师，这让他们无法忍受。那个律师连菜都不会点，而且是所有阴险的共和党人中最狡诈的一个。

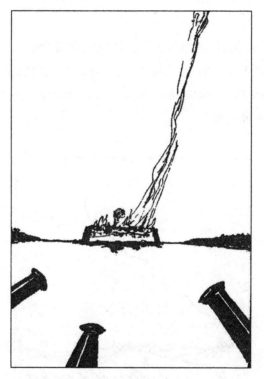

萨姆特要塞

出于心里的焦虑，以及担心林肯又要玩弄老一套的招数，南方决定开始行动。查尔斯顿的博雷加德将军（原来是北方联邦军的将领，现在是南方邦联军的将领）接到电报，命令他在认为必要的时候进攻萨姆特要塞。

几个小时之后，戴维斯和他的内阁为他们的鲁莽之举后悔不

315

已。但是行动已经开始。尽管安德森告知对方自己的食物只够两天食用，到时候他要么被迫投降要么饿死，邦联军的炮兵还是在1861年4月12日的早晨向他开了火。经过二十四小时的炮击，这个讨厌的联邦军要塞终于投降了。

尽管炮声隆隆，烟火漫天，但实际的损失非常小。

联邦军士兵没有一个人伤亡。至于邦联军，他们把这件事变成一桩时尚的活动。在查尔斯顿美丽姑娘们的喝彩中，他们英勇地发射着十磅重的炮弹。

志愿兵

所有的一切看上去没有任何伤害。

但这些人忽略了一个重要的问题。

是他们开了第一枪。是他们扯下了美国的国旗。

换句话说,是他们"反应过度",率先挑起了战争。

他们这样做,给了白宫中那位精明的对手一个他期盼已久的东西:他的国家已经准备好支持他采取任何他认为合适的手段。

1861年4月15日,林肯召集了七万五千名志愿兵。

一天以后,第一批北方兵团开始向华盛顿进发。

45. 案子尘埃落定

如果我们能够独占一颗小星球，在上面生活，那是再好不过的事了。但是不管时间、地域如何变幻，我们都是所谓文明世界的一部分。无论我们做了什么，无论我们的邻居们做了什么，都会对彼此的幸福与繁荣产生直接的影响。

从北方的视角来看，合众国卷入一场不幸但必须予以镇压的叛乱。

从南方的视角来看，一些具有主权的州有权维护自己的独立地位。

从欧洲的视角来看，美洲大陆两个独立小国之间爆发了一场战争。这场战争注定将导致一个强大、令人生畏的共和国走向衰落。

我需要提醒大家的是，在国际关系的准则中不存在"友情"这个词。如果你仔细翻阅那些研究疑难问题的书籍，你会发现"尊敬""仰慕""感激"这样的词语。但是关于"国家之间的爱"的表达只能在我们职业宣传家们的词典里找到，而绝不是我们清醒且冷酷的（因此也少了一分不诚实）历史学家和新闻工作者会使用的术语。

至少在正式场合，英国早就同意不再提前殖民地叛乱以及由此产生的自由共和国的事。至于1812年战争，由于对双方来说都是不甚光彩的事情，所以不适合被大众所铭记。到了19世纪60年代，许多英国人发自肺腑地支持废奴主义者，并且尽全力帮助北方获得胜利。

但是，也有很多英国人认为，美国一直以来都是大英帝国商业霸权的最大威胁，英国一直没有足够的胆量去消灭这个令人不安的对手。但如果有别的国家愿意这样做的话，英国人还是乐于助一臂之力的；而且如果有人能够靠出售枪炮、战舰和火药来帮助这个意料之外的盟友，那么这个盟友会不会愿意尽快下订单（和支票一起），并且在胜利之后也不忘曾经帮助过他的朋友呢？

当然，这里还有一个很重要的社会因素。对于古代欧洲的上层阶级（他们在当时的影响力比我们想象的还要大）来说，北方与南方的战争犹如国王与议会、宫廷与乡下、保皇派与清教徒之间战争的延续。在这场战争中，圆颅党①就是北方的店主和制造商；而南方的种植园主就像老派英国学校的绅士们一样，拔剑捍卫那些骑士先祖们在马斯顿荒原和纳斯比战场上所坚持的理念。

但是，英国并非联邦政府唯一潜在的敌人，还有拿破仑皇帝。当然，这里说的不是那位已经安息在老兵之家小教堂红色石板下面的伟大的拿破仑，而是他的一个带有浓厚德语口音的侄子。他借助拿破仑的声誉，施展出波拿巴家族的精明手段，骗取了八百万人的

---

① 指17世纪英国革命时期的清教徒议员，他们将头发剪短，显示与权贵的不同。——译者注

投票，当选为国家的行政首脑。然而，他的皇冠戴得很不稳固，因此他想给臣民增添一点娱乐，比如以战争的方式。因为他所统治的国家总爱为某些想象的"荣誉"和"光荣"破坏欧洲的和平，这让世界其他地区始终处于焦虑和烦躁之中。

当时法国和美国依然保持友好的关系。但谁能料想，那个被牧师所左右的皇后，会选择在什么时候鼓动对她祖父的同胞进行一场圣战？皇后及其朋友所想的会变成拿破仑所想的，而拿破仑所想的又会在一夜之间被领取补贴的媒体渲染为"全法国的意志"。到那个时候，会有五十万名志愿者加入英国运往加拿大的军队中。

所有这一切在1927年的我们看来是不可思议的。但这只是林肯政府第一年中糟糕现状的一部分，同时邦联军的节节胜利也让他和内阁忧心不已。

我在之前所讲的边疆的新信仰在1861年已经被大多数美国人奉为圭臬，尤其是其中的两条教义，没有人敢提出质疑，否则会遭到邻居的不满。

第一条：每个具有正常且完整常识的人都能够承担任何一项工作，除了少数几个高技术要求的行业，比如医生或者化学家。

第二条：坚信生来自由的所有美国公民的尚武精神。这种信念经常表现在自我吹捧的话语里，即只要一声令下，一百万美国人会一跃而起保卫正义的民主制度，哪怕只有玉米秆和扫帚把作为武器，也能打败五倍乃至五十倍的外国敌人。

让我们首先分析一下第二条。志愿兵役制一直都不成功。华盛顿将军经常在信件中叹息他大多数缺乏训练的民兵既无能又消极，经常由于胆怯、纪律松弛和完全缺乏华盛顿所说的"真正爱国主义的首要准则"而导致战事功亏一篑。如果没有地理条件的天然优势，以及法国正规军和德国教官的支持，美国能否赢得独立还很难说。

1812年战争中民兵的表现引发了一场公开的丑闻。纽约州的所有民兵队伍拒绝在美国领土之外作战。加拿大人对此很高兴，但遭受英国人和印第安人欺凌的边疆居民则高兴不起来。还有几次，民兵居然莫名其妙地从战场上溃逃。这些爱国者们被号召保卫首都免遭入侵和破坏，但却争相往后跑（这一幕被传为著名的"布莱登斯堡的赛跑"），而真正战斗的只有少数条顿民族的水手。

至于墨西哥战争，斯科特将军的十一个民兵团里有七个通知他们的总指挥，说他们"服役期只有一年"，他们不是为了参加"全部的战争"才入伍的，因此在斯科特距离墨西哥城只有四天路程的时候这些民兵离开了他，导致他延迟了大概半年的时间才占领这个重要的据点。

在南方军炮轰萨姆特要塞之后，林肯总统号召征集七万五千名志愿兵，得到了群众热烈的响应。那些响应总统的人强烈地认识到战争的必要性，并准备用生命去捍卫他们的选择。但这种激情很快就烟消云散了。因此，政府提出给愿意参军的人一百到两百美元的奖励。很多精明的商人跑去了欧洲，将比利时人、英国人和波兰人装满船运回美国，一下船就让他们参了军，然后和包办人一起瓜分了他们的奖金！这一获利匪浅的生意直到英国发出强烈抗议之后才结束。华盛顿当局不得不发出通告，禁止继续征招此类"合同兵"。

这些事情发生几个月之后，北方人才明白过来，只有实行征兵制才能保卫联邦。因此，一项征兵法案出台并得到通过，每个州都有义务向联邦军提供一定数目的士兵。如果志愿兵的数量足够用的话,那再好不过了。如果志愿兵的数量不够,那么就必须通过征集的办法来填补空缺。没人喜欢征兵制,因为这太不像美国的作风。但这是打败采取征兵制的邦联军的唯一办法,因此,这项政策得到了强力的推行。但是,那些富裕家庭出身的年轻人却是例外。他们认为自己的价值体现在战线后方,没有必要拿自己宝贵的性命去前线冒险。他们可以找一些可怜的穷汉,给他们一些钱,让他们代替自己上战场。那些没钱找不到替代者的人则无论喜欢与否,都要上前线。当波士顿和纽约的爱尔兰人显示出不愿意参加这场他们完全不感兴趣的战争时,爆发了一场严重的骚乱。正规军向暴徒开枪,打死了很多人,迫使其他人服从这项法律。

所有人都对此感到十分遗憾。那个时候和我们现在一样,打仗注定会造成很多伤亡。这个事实对那些强烈憎恨敌人,却热烈拥护所谓"文明的战争"的人来说,是一件痛苦的事。"文明的战争",总是由那些整天躲在战壕与炮塔中的人喊出来。

有关这场冲突的背景就先说到这里。现在我们来看一下第一条教义,即著名的开拓者理论。任何一位头脑正常的公民都能够承担他(她)所做的任何事情,并且取得成功。唉!就这一点来说,北方人和南方人都会感到巨大的失望。

1861年的时候,杰弗逊·戴维斯和亚伯拉罕·林肯都没能完全适应他们的工作。他们必须从头学习他们的新职业。人们事先就预测,在智力方面,北方的总统要比他那波多马克河对岸的邻居高得多,因此他应该能够打败对手,带领北方赢得最后的胜利。但林肯经过三年的可怕战事后,才掌握这个工作的基本要领。对他来说最大的难题是外交:一种高贵且微妙的艺术,所有真正的民主党人都憎恨它;一个化装舞会,衰败的欧洲大陆谈吐文雅的贵族对此趋之若鹜,但并不适合热血沸腾的武士以及与他们一样热血沸腾的妻子们。

不过这种外交规则也有积极的一面,它会带来很多好处,只是公众并没有兴致去理解这一点:在一个不友好国家的宫廷里,技巧高超且训练有素的外交官的作用可以抵得上国内十个聪明的政治家。

封锁线

在两位总统任职的最初几个月里，都和世界其他地方产生了比较大的麻烦。

起初，林肯总统在下达招募志愿兵的命令后，下令封锁从弗吉尼亚到得克萨斯的海岸线。任何试图在邦联各州港口停靠的船只都会面临被联邦军舰拦截并被带到北方港口的风险。

不幸的是，华盛顿政府的这项措施实际上默认了美利坚合众国与美利坚邦联之间的"战争状态"。这将他们置于不利的境地。一方面，北方斥责南方为叛乱者与叛徒，另一方面又与南方处于"交战状态"。按照《韦氏字典》中的解释，"交战方"的意思是"一个国家、一个政党或一个人发动被国家法律所认可的常规战争"。

英国法律官员在读到有关文件之后，感到十分困惑，他们说，英国必须按照现行的国际条约和协议的规定行事。他们没有承认（至少在正式场合）"交战"这一事实。美国总统在1861年4月19日通告中使用的"战争状态"这个词实际上更贴近于"革命"而非"战争"。所以他们对英国人发出郑重警告："鉴于美利坚合众国政府与一帮自称为美利坚邦联的州之间爆发了令人不快的敌对状态，鉴于英国保持严格的中立姿态，因此必须警告所有英国臣民，不要加入交战双方的陆军和海军，不要在国内或者国外协助装备或武装任何用于运输、劫掠或作战用途的船只"，等等。这是一份普通的中立声明。

这个警告的公布只是例行公事。但当它被美国报纸刊登之后，北方人民普遍相信英国已经承认了邦联的"独立"。其实英国并没有这么做。英国政府仅仅承认双方的"交战状态"，这完全不是一个意思。但是当一个国家陷入恐慌状态的时候，给他们讲解国际法的术语是毫无用处的。

然而华盛顿当局不能对此置之不理。前线的一切都非常糟糕。北方军队第一次试图在邦联领土上建立立足点的努力以失败告终。1861年7月21日，北方军队在弗吉尼亚的牛奔溪谷附近遭遇惨败，直到第二年春天之前都没有做好发动新的攻势的准备。当战败的新闻（的确是相当令人悲痛的新闻）传到欧洲之后，美国的许多敌人感到很满意，邦联的很多朋友预计李将军很快就能把旗帜插在华盛顿的上空。局势已经让人不安到极点。此时又发生了一场微小的国际纠纷，让事态变得更加糟糕。事情虽然不大，但可能会让本来理智的国家萌发出敌意。

1861年11月初，之前在非洲沿海巡逻、防止奴隶逃亡的美国"圣哈辛托"号军舰在任务结束准备返航的时候，暂时停泊在哈瓦那。船长查尔斯·威尔克斯是著名的南海科学考察的英雄。在哈瓦那，他在一些报纸上读到，邦联的外交代表詹姆斯·M.梅森和约翰·斯莱德尔在去往欧洲的路上，而且将乘坐英国邮轮"特伦特"号从哈瓦那动身。

威尔克斯船长（他的职业生涯中既拿过金质奖章也上过军事法庭，实属奇特）决定以一项大胆而鲁莽的行为让自己名扬天下。结果，他的成果远超自己的想象。他的战舰离开了哈瓦那，拦截了"特伦特"号，并威胁其交出反叛分子，否则他就向这艘没有武装的船只开火。最后他胜利地带着"战争禁运品"回到了美国。

经历最初的兴奋之后，国会投票授予这位英勇的船长一枚金质奖章。但是英国人不这么想，伦敦的报纸对英国主权船只遭到令人无法忍受的羞辱进行了猛烈的抨击，以至于任何一位不比帕麦斯顿勋爵①具有怀疑精神且具有高超智慧的政治家,都会轻易地被迫发动战争。勋爵大人在压力之下指示英国驻华盛顿的代表要求美国释放这两名囚犯,如果遭到拒绝,则要求代表办理离境手续回国。

外交事件

根据阿尔伯特亲王的建议,帕麦斯顿的信件写得尽量委婉。但是局势却非常严峻。军队开始向加拿大调动,北海的海军基地显露

---

① 帕麦斯顿勋爵(1784—1865),英国首相(1855—1858,1859—1865),英国保守主义政治家。——译者注

出不同寻常的举动。

从北方来看，他们认为美国政府从来没有承认过邦联的独立，梅森和斯莱德尔依旧是美国公民，威尔克斯船长所做的不过是英国海军军官在一个世纪前做过上千次的事情：他们登上中立国的船只，强行带走所有被他们怀疑为英国人的水手。但是林肯很快学习适应了他的新工作，知道现在不是争论的时候。他命令将梅森和斯莱德尔放到另一艘去英国的船上，允许他们在英国国旗的保护下继续航程。通过这种方式，这一事件得以收尾，没有进一步恶化。

然而，不好的事情总是接二连三地发生。自从邦联被正式承认为交战方，那么他们就必须从市场上采购火药、枪炮和各种军需物资。他们就是这么做的。他们夸口说，他们对棉花的垄断很快就会证明谁才是北美大陆真正的统治者。他们在巴黎和伦敦的市场上用棉花交换滑膛枪和野战炮。如果交易达成，滑膛枪和野战炮被按时运到萨凡纳河查尔斯顿，那么合众国政府也就没有抱怨的理由了。这些物资可能安全抵达目的地港口，也可能会被联邦军战舰截获没收。但是现在，戴维斯总统打算做一件从未做过的事。他试图把英伦三岛变为邦联的海军基地。他让英国的造船厂给邦联造巡洋舰并给这些巡洋舰安装上英国的火炮。他为这些巡洋舰招募英国水手，让船从格拉斯哥或南安普顿出发去拦截北方的商船，当需要补给弹药等物资时就返回英国港口。

当然，这一切都被林肯和他的内阁得知。这些令人尊敬的绅士们捋着胡子说："不能再这样下去了。"但是，何时向交战一方出售军需物资不再成为合法的生意并成为破坏中立的行为，这一点很难确定。如果向交战的一方出售十枚榴弹是合乎国际法的，那么出售一万枚也是合法的。但是，如果允许一个政府订购价值五百万美元的标枪和鱼叉,那么他们为什么不能花同样的钱去购买和装备两艘巡洋舰呢?

幸运的是,当这个问题仍在商讨过程中时,兰开夏郡和柴郡棉纺织厂的工人们出人意料地挺身而出,帮助了联邦政府。这些工人因为缺乏必要的物资,所有的工作都已中止,实际上他们正处于挨饿的状态。他们突然向议会请愿,要求英国政府不要承认一个将三百万人置于奴役状态的政府,也不要继续给予任何援助,否则他们会非常愤怒。对我们来说更为幸运的是,当时联邦政府驻英国的代表并没有因为自己国家的不幸而感到自卑,他们始终忠于自己人民的利益,尽管有些贵妇已经将他们的名字从宴会名单上划掉,而且对他们非常不友善。

查尔斯·弗朗西斯·亚当斯的父亲和祖父都做过美国总统。他并非人们口中的性情中人。或许这才是恰到好处的。在弗雷德里克斯堡战败之后,即使北方看上去似乎的确输掉了这场战争,他也能保持镇定自若;即使知道威廉·艾瓦特·格拉斯顿(英国政府官员,著名的神学家)在发言中建议英国政府承认"伟大政治家杰弗逊·戴维斯在大洋彼岸成功建立的国家",他也没有动怒。相反,这一切让他更有勇气面对困难,促使他达到了职业生涯的崇高境地。他对英国国务大臣保证说,如果英国继续坚持允许邦联军的巡洋舰在英国港口停泊并补充装备的话,阁下应该非常清楚结果只有一个,那就是战争!

这一冷冰冰的口吻似乎消除了误会。公开的敌对并没有发生。首先,在英国有许多人憎恶奴隶制,宁愿坐牢也不愿和北方的废奴主义者们作战;其次,英国一直不放心隔壁的法国皇帝;最后,英国还要被迫提防着俄国。俄国在几年前输掉了克里米亚战争,现在将大量军舰部署在旧金山和纽约的港口里，不是出于对美国的爱护，而是一旦和英国爆发冲突，他们希望利用这些便利的港口来打击英国。

但所有这些因素都是次要的。英国政府转变态度的真正原因不是突然对林肯的理想产生了爱戴之情，而是因为美国军队命运的转折。这一切应当归功于正规军的一名默默无闻的前军官，他原是伊利诺伊州加利纳市一家制革厂的员工，一名无希望的失败者，名叫尤利西斯·S.格兰特。

战争爆发之前，这个曾经才华横溢的年轻军官的职业生涯似乎已经走到了尽头。当地基督教禁酒联合会的女士们都对他摇着头说："我告诉过你会这样！我们可怜的尤利西斯兄弟！"他们估计尤利西斯的葬礼很快就会举办，借此他们可以训导人们酗酒和过量吸烟的危害。当她们听说这个身体虚弱的上尉被任命为伊利诺伊州一个团的团长并指挥小伙子们上战场的时候，她们都有些担忧。

至于格兰特，他的话从来都不多，因此听从命令领兵上了前线。他悄无声息但成功地摧毁了邦联军在西部的战线，接着进攻田纳西州，迫使李将军把多数精锐部队从北线调往西线和南线进行防守。

格兰特的开局非常好，而且很快又赢来了意义更为重大的另一场出乎意料的胜利。

北方的封锁对南方造成了沉重的打击。每年棉花增产五百万捆但无法出口，又有什么用呢？当然，时不时也可以把棉花装上快艇，冲破封锁，运到英国、西班牙、荷兰或者丹麦在西印度群岛的领地，但数目小到可以忽略不计。必须找到突破联邦军舰铜墙铁壁的更为有效的做法。

在北方，制造业设施随处可见，但邦联却没有。不过他们的工程师听说过装甲舰，根据这个他们努力寻找解决困难的方法。自克里米亚战争以来，所有欧洲国家都在试验这种船。我不知道是谁设计了第一艘邦联的装甲舰，但是戴维斯内阁中有一名成员担任过几年参议院海军事务委员会的主席，因此必定对装甲舰的最新理念有一定的了解。邦联实际上缺乏造船的原料，但是他们在一艘被烧得半新不旧的联邦军老式战舰上加了一层铁甲，造出了一艘小号的战舰，时速有7英里，和普通的木船作战绝对无往不利。

这艘原名为"梅里马克"号的奇怪战舰更名为邦联海军"弗吉尼亚"号，在出航的第一天就击沉了两艘联邦军战舰。

这只是一个开始。如果斯蒂芬·马洛里能够多造十几艘"弗吉尼亚"号的话，查尔斯顿到伦敦的通道将会敞开，邦联就可以把棉花变为比利剑还要有力的武器。

不过，当南方把"梅里马克"号的封顶拆掉，在船体两侧焊上铁板的时候，一位名叫约翰·埃里克森的瑞典人正在设计自己的图纸。他是前瑞典陆军的一名上尉，是一名多产的发明家，他注定要将所有邦联军的海上武器变成一堆废柴碎铁。

埃里克森曾经在英国制造过火车头，可以和斯蒂芬逊的火车头相提并论，他发明了海军军舰使用的著名的螺旋桨，还发明了装在铁甲舰上有旋转炮台的火炮。他带着他的发明来到了法国。但是，就像当年拿破仑一世对富尔顿在浑浊的塞纳河上试验过的汽船不感兴趣一样，拿破仑三世对埃里克森的舰也不感兴趣，拒绝给这位瑞典人以任何鼓励。正当此时，埃里克森听说邦联军正在建造一艘奇怪的新式舰，于是他来到了华盛顿，向合众国政府的工程师们展示了他的设计。他们感到十分为难，一方面他们愿意倾听一个外国人、一个平民的想法，并允许埃里克森根据他奇异的想法建造他的"监视者"号。另一方面，除了约翰本人，没有人在意他的想法。他满怀怒气地工作，在不到六个月的时间里，他的"监视者"号就已经准备好执行任务了。海路遥远，"监视者"号没有来得及到南方阻止"弗吉尼亚"号的竣工。但在1862年3月9日的一次遭遇战中，"监视者"号体现出作为大杀器的完全优势，使邦联突破封锁的最后希望化为泡影。

海上霸主

于是，北方拥有了更多的"监视者"号和装甲舰。在它们的帮助下，北方的封锁得到了进一步的强化。南方的棉花堆放在莫比尔和诺福克的码头上逐渐腐烂。欧洲列强已经不再指望南方能够获胜，对希望获得承认或者贷款的请求一概不再理会。

在绝望中，罗伯特·李与杰克逊的军队为了争取一些时间奋力作战，以期能与对手战至僵局。但是他们无法做到这一点，而且军队后方遭到了攻击。林肯总统宣布自1863年1月1日起，所有邦联军队领土上的奴隶将获得永远的自由。然而，这份文件并没有废除那些忠于北方的蓄奴州的奴隶制。这只是一种赢得战争的手段，希望获得国内外废奴主义者的支持，使他们认为自这一刻起，这场战争必须被视为人类解放的圣战，而不是争夺州权的争吵。但是，它并没有解决奴隶制问题（这只是内战的次要原因）。直到1865年，新的宪法修正案（第十三条）才终结这一"特殊制度"，在美国境内永久废除了强迫奴役制。

关于战争本身，我在这里简要说一下。当伊利诺伊州加利纳市那位前皮革店伙计就任总指挥之后，问题就像下国际象棋一般干脆利索地得到了解决。密西西比河流域被占领了；海军舰队司令法拉格特率军进攻了新奥尔良市；罗伯特·李在葛底斯堡拼死抵抗，但最终还是功亏一篑。谢尔曼横穿佐治亚州，进行大肆破坏，很多正直的北方人对这种壮观但是过分残暴的行为感到少许的羞愧。邦联为了试图获取和平，建议南北方军队联合进攻墨西哥，但是徒劳无功。此时，邦联首都里士满被包围并遭到炮击，然后陷落。戴维斯总统在佐治亚周边野外流窜，试图避开北方军队，但最终北方军队四年来所高唱的"酸苹果树"①的声音还是离他越来越近。

南方溃败之后，只能选择体面的投降，而北方则需以宽大、谦逊的精神接受投降。格兰特和罗伯特·李在阿波马托克斯郡法院大楼附近举行了会谈，之后进行了投降与受降仪式。

---

① 出自内战期间北方流行的一首进行曲《约翰·布朗的遗体》，其中有一句歌词是"他们将把杰夫·戴维斯吊死在一棵酸苹果树上"。——译者注

最后，这个案子有了最终的判决：国家的权力应永远高于各个州的权力。接下来，到了修补四年战争所造成的损失的时候了。

 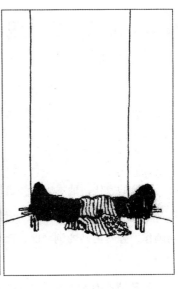

佐治亚　　　　　　　　　拯救国旗

部分北方人准备向曾经的敌人伸出援助之手；也有一些人身上流淌着真正的马加比家族的血，在失败的岁月里惊慌失措，但在胜利的时候却冷酷无情。

国家的命运从没有像现在这样系于这个忧郁而孤独的人身上，他在过去四年可怕的岁月里学会了不带仇恨地进行斗争。

1865年3月4日，林肯再次当选为美利坚合众国的总统，他阐述了一种可行且实用的生活理念。这是一个有关善良和仁爱的福音，是对正义的呼唤，是关于宽容大度和消泯怨恨的善意告诫。

只是，六个星期之后，一颗子弹击中了他的脑袋，他倒下了。

46. 最后一位征服者

可怜的家伙,他本应该知道厄运将会降临到他头上。

他是一个心地善良的人,一位和蔼可亲的亲王。他能画出美好的画作,弹奏美妙的钢琴曲,而且对园艺学知之甚多,但他并不善于闲谈。

和其他所有哈布斯堡家族的男人一样,他留着好笑的连鬓胡子,试着让自己看上去更威武一些。他总是说着上帝、祖国、义务以及其他严肃的事情。即使在那些危急时刻,他也显得略微有些滑稽,但也只有在那些时刻,他才显现出祖先的风范。

他并不懂如何更好地生活。

但是他死得很壮烈。

因此,人们有必要对他宽容一些。

这位成为最后的征服者的不幸君主于1832年出生于美泉宫。他的父亲是奥地利大公,哥哥是奥地利皇帝,他的岳父是比利时国王。欧洲的君主都是他的堂/表兄弟。因为他能读能写,而且还会做简单的运算,所以哈布斯堡家族的人们认定他是一个天才,他们任命他为意大利的一个总督以及奥地利陆军的总司令。但他在某种意义上骗了他们。他的确有一个非常灵光的大脑,非常勤奋,而且做了很多他的亲戚想都没有想过的事情。他博览群书,借助各种蓝图、海图和地图进行研究,因此在一段时间之后,他被认为是海军事务的权威。当奥地利的海军进行重组时,由他来完全主导,而且他建造了装备有各种新式装甲的战舰,帮助奥地利在近期的战争中控制了亚得里亚海以及地中海的东部。在担任伦巴第总督的时候,他倡导进行一系列聪明且自由的改革,如果可以执行的话,本可以使哈布斯堡家族保住意大利。但是,由于没有人能真正理解他所说的东西,他感到心灰意冷,遂而辞职,在的里雅斯特盖了一座漂亮的房子。他喜欢收集各种扇子,喜欢弹奏舒伯特的奏鸣曲,余生打算过一种心怀善意、谈吐文雅的奥地利大公生活,不用再为俗世事务而操心,坐拥娇妻,有大厨伺候和其他一切享受。

与此同时,在遥远的欧亚卡山区一座旧的阿兹特克城堡里,生活着一个名叫贝尼托·帕布罗·胡亚雷斯的人。他出生于一个小土屋里。一位好心的修道士注意到了这个孩子的天赋,因此帮了他一把,让他能够去学习法律。为了能够从政,他做了很多努力。之后,他成功当选为州长,并且在1861年当选为墨西哥共和国的总统。

在历史领域,不可能的事情可以变成合乎逻辑的事情。我们现在来介绍一下这个小小悲剧中的第三个人物。

拿破仑三世的祖母是加勒比海法属马提尼克岛的克里奥尔人。他的父亲(如果我们相信当代最权威的说法)是一名荷兰的海军将领。但是,他名义上的父亲是伟大的拿破仑的一个弟弟。他的妻子是一个名叫柯克帕特里克的美国人的孙女。这个美国人曾经是驻马拉加（当地盛产葡萄酒）的领事。我在本书中需要提到这位法国皇帝，因为他对欧洲说，他的新帝国爱好和平，只是需要寻找一些新的大陆去征服。

现在回过头来，说一下我们的这位印第安朋友。

胡亚雷斯属于那种非常罕见的人物，是一位无私的墨西哥爱国者。他真诚地相信只要人们不要横加干涉，自己印第安族裔的未来就会充满希望。为了让他的国家在各种债权人的无休止的压力下获得喘息之机，能够满足目前的开支，他在两年内暂停支付外债利息。这在马德里、巴黎和伦敦的幽暗小巷（通常被称为"金融圈"）里引发了极大的恐慌。很快，法国、西班牙和英国的巡洋舰就开往维拉科鲁斯（墨西哥的港口城市），声张受损害的欧洲债权人的"权利"并要求获得"赔偿"。

英国政府具有注重现实的传统，很快就意识到这位谦逊的印第安人意味着商机，而且面对任何困难都会加倍努力去克服，于是英国的军舰撤了回来。西班牙人看到这一点，也离开了。但是拿破仑三世在他控制的媒体上大肆宣传，说世界应该再次承认高卢人的天才，因此无法在不损失个人名誉的情况下收回这一不幸的远征。尽管他百般不情愿，但仍然咬着牙坚持；尽管他的士兵由于黄热病而大量死亡，但仍然打到了墨西哥城，把胡亚雷斯总统赶到了野外。

然后则是一个大问题：接下来应该做什么？

在欧洲的君王中，拿破仑皇帝是一个地道的暴发户。有几位君主甚至拒绝称呼他为"我的兄弟"。因此他制定了一个精明但出人意料的方案。他将墨西哥的王位送给了荣耀的哈布斯堡家族。这样一来，世界上又多了一个自封的皇帝，当下次奥地利皇帝试图因出身而对法国皇帝有所怠慢时，他可以转身说："你兄弟也是一样啊。"

哈布斯堡家族的人就君主而言并不那么聪明（就像我之前所说的那样），但他们也具有一些基本的政治手腕，否则他们也不会在长时间里保住摇摇欲坠的王位。从一开始，奥地利皇帝弗朗茨·约瑟夫就坚决反对这个方案，不管法国大使多么尽力地用简单的语言向他解释。

但是，马克西米利安却认为这是个相当棒的主意。他热爱浪漫主义文学艺术。他仿佛看到自己身着简朴得体的皇帝制服，依靠在阿兹特克帝国古老宫殿的斑驳石柱上，月光播撒在远方的波特拉特佩特火山上，上千名矮个棕色的臣民在用吉他弹奏贝多芬的音乐，歌唱着他们如何爱戴他们的好国王。

他接受了这个工作，加快了悲剧的发生。

他甚至相信这么一个故事：墨西哥人进行了一次公民投票，几乎一致认定他是蒙特祖玛[①]的继承人。在他平庸但实际的哥哥的要求下，他放弃了对奥地利皇位的权利，乘船驶向维拉克鲁斯。

华盛顿并非没有注意到这位法国大骗子[②]的奇特小伎俩，几位驻欧洲宫廷的美国公使有礼貌地询问所在国的政府，是否听说过不久前门罗总统对国会发表的咨文。那些君主和他们的大臣们都说："是的。"然而时过境迁，当时门罗是在代表整个合众国，现在早已没有任何"合众国"了，相反是两个卷入激烈冲突的小国家，而且看上去谁都有可能摧毁对方。

在1863年，这看上去还算公平。

---

① 16世纪初阿兹特克帝国的皇帝。——译者注
② 指拿破仑三世。——译者注

但在接下来的十二个月里,邦联覆灭了,合众国能够腾出手来,派遣陆海军去拯救它的好邻居贝尼托。

美国开始对拿破仑皇帝施加压力,给这位先生看了最近的报纸,上面说普鲁士对丹麦的战事取得了胜利。一位叫作俾斯麦[①]的人梦想着建立德意志帝国,将会对法国造成最大的损害。

拿破仑被迫承认这一切的确都是现实。他没有顾及任何道义,突然从墨西哥撤走了军队,留下了可怜的假皇帝一个人自生自灭。

如果仅仅顾及自己,马克西米利安还是能够逃走的,因为通向海岸的道路依旧畅通。但他内心是一个非常严肃认真的人,充满责任感,感觉自己应该与支持他获得皇位的人生死与共。

当大势已去的时候,他希望能够战死沙场。唉!他终究不能如愿以偿。一个墨西哥部下将他出卖给了胡亚雷斯。胡亚雷斯将他处以枪决。马克西米利安没有请求饶恕,但勇敢地为追随他到最后的几位将军请求缓刑。

他将被处刑的消息通过电报传到了国外。一位奥地利帝国的大公将被纯血的墨西哥印第安人处决这件事,让整个世界感到震惊。甚至美国总统也请求格兰德河对岸的好朋友对他宽大处理。但胡亚雷斯却说他无能为力。剥夺皇帝生命的不是他本人,而是这个国家的法律。

之后,再也没有其他办法了。

[①] 奥托·冯·俾斯麦(1815—1898),德意志第一帝国的创立者,曾任普鲁士王国首相与德意志帝国第一任首相,人称"铁血宰相"。——译者注

最后的征服者

  1867年6月19日,马克西米利安被枪决了。六个月后,一艘冠有意大利名字的奥地利军舰悬挂着奥地利皇帝和匈牙利国王的旗帜,缓缓地驶入了维拉科鲁斯港。

  第2天,最后一位征服者躺在底仓的一具棺材里回家了。

47. 犹他州打下一颗金色道钉

两颗花生相加是两颗花生,两头大象相加是两头大象。

尽管从字面上看数字都是"2",但两颗花生和两头大象可完全不一样。

这一运算题看上去一目了然,无须进一步解释。但遗憾的是,许多人只看到了数字"2",而对等式其他的内容视而不见。对他们来说,"2"永远是"2",不管你说的是大象还是花生。

内战已经结束,外国对墨西哥城侵略的阴影也已经散去,现在是时候全面评估重建被战火破坏的南方所需的经费问题了。

清教徒惯于自以为是,是北方文明的主导特征。他们永远视公正高于仁慈,因此让事情变得更加微妙和复杂。

北方人丧失了三十五万最棒的青年,他们把南方看作头号叛徒和罪犯。

是南方试图在奴隶制问题上将自己的意志凌驾于整个联邦。当他们发现这一点行不通之后,就开始进行分裂活动。

本来这一切不需要付出血的代价,直到南方开了第一枪。

所有这一切都归咎于南方人的奇怪信念,即白人天生要比黑人优越。

不,正直的北方人无法苟同这些叛乱者的观点。

对于他们来说,2就是2。

黑人只不过是肤色深一些的白人罢了。来自密西西比棉花地里的两个黑人和来自弗吉尼亚的两个罗伯特·李一样有价值。一场无法厘清的纠纷,一个代价高昂的错误,在北方发现逻辑规律无法适用于人与人之间的关系之前,整个国家几乎被推到了争执的顶点,十年的和平被证明比五年的战争的代价还要高。

是的,如果林肯还活着该有多好啊!

但是林肯已经不在了,国家首脑的位置被交给了一个完全不适合这个位置的人。他之所以被选为副总统,是因为他是为数不多的来自南方但忠于联邦的政治家之一。因为林肯所属的政党高层希望让一个田纳西州的民主党人占据共和党所主导的高位,从而讨好边疆各州。

布思暗杀林肯之后,这个可怜的裁缝学徒因此被提升到总统的大位上。现在,这位安德鲁·杰克逊的信徒,这个来自边疆的职业政治家,临危受命,开始引领这个处于最困难时期的国家。他从心里认为南方受到了不公正的对待,不应遭受这种彻底失败后的羞辱。但他现在要和一帮新英格兰人一道工作。这帮人认为该叫委屈的是北方,前邦联分子应该感到庆幸才对,因为他们被允许还能活下去。

这两种公开对立的观点所引燃的敌意最终使这位总统遭到弹劾,并且引发了一场漫长而徒劳的审判。最终什么也没有被证明,也没有任何结果。但对于南方而言,因为所有的经济生活都早已停滞不前，政府行政和立法部门的灾难性争吵只能得到灾难性的后果。这意味着狂热的民族主义者和恶劣的人类奴役制度的复仇者，现在可以尽情宣泄自己的苦闷和复仇情绪。

于是，一种混乱的局面出现了。黑人（在北方军队和刺刀的支持下）傲慢、肆意地对待他们从前的主人——白人。这导致了社会体系的瓦解。这种体系虽然有诸多缺陷，但在建立独立的合众国的时代培育出了一大批杰出的人才，为革命做出了重大贡献。

回归正常的经济状态变得极为困难。经过两代人的努力之后，南方才从灾难性的打击中恢复过来。

正像生活中经常发生的那样，意料之外的事情出现了。北方和南方为争夺联邦的主导权而相互争斗，而西部则坐收渔翁之利。

曾经只是作为背景出现的西部，突然之间来到了舞台正中央，边疆的信念最终也被海滨人民接受为新的信仰。

19世纪60年代初军事与政治的危机对这一变化起了间接但重要的作用。对美国来说，不仅要保持与中西部各州的友谊，而且要确保居住在太平洋沿岸的美国人的忠诚。不幸的是，他们与东部相隔两千英里的高山与平原，从纽约发出的信件要通过巴拿马地峡送达萨克拉门托，需要六个星期的时间。不过在1860年，著名的小马快递业务开始运营，往返于旧金山与密苏里州的圣约瑟夫之间。每一盎司的物品只要五美元的邮费，就可以用八九天的时间将信件从东部邮寄到西部。

接下来，电报线的铺设开始跨越平原。

但是仍存在一个重大的不足，就是我们无法把士兵和大炮用电报或者小马快递运送过去。而且，自打刘易斯和克拉克那个年代起大家就知道，这块广袤的土地具有很高的价值，是农民的乐园，还有着各种丰富的矿藏。

一个自尊且细心的政府不会让这块土地白白闲置。早在杰斐逊时代,有关艾伦·伯尔计划建立自己的密西西比帝国的传言就已经让东部的民众陷入恐慌。接着国家爆发了战争。法国人入侵了墨西哥。英国皇家卫队占领了哈里法克斯的要塞。当然北方渴望获胜,但是没有人能够担保。如果让后方继续保持空虚的状态,那就等于自杀。

战争曾一度让移民安置工作陷入停顿。能拿得动铁锹的人都被迫拿起滑膛枪。惊扰这片大草原无尽寂静的唯一因素就是小队的骑兵军团。但是,一旦和平降临,联结东西部的工作就真刀真枪地开始动作起来。

落基山

在犹他州的金道钉

343

之前,铁路承包商总是在开拓者们的身后跟进,现在铁路承包商本身变成了开拓者。他们不用等到哪个地方有足够的定居者,感觉划算之后再开始修建铁路。他们先准备好几千平方英里的无人土地,配上良好的通信设施,然后邀请东部的农民和欧洲的移民到离车站不远的地方定居,再利用铁路来运输牲畜和农产品。于是,勘测员疯狂地工作,很快整个密西西比河流域就会被一个纵横交织的铁路网覆盖。首条横跨大陆的铁路的竣工指日可待。

1869年5月10日,在犹他州的普罗蒙特里角,一颗金色道钉被打进了还剩最后4英尺的铁轨中。

东部与西部被联结了起来,第一阶段的工程宣告胜利竣工。

最终东西相连

第二阶段的工程则更加困难。

能够买得起西部的土地并举家搬迁穿越密西西比河的富人相对

较少。其他人满怀壮志，但缺少新购置土地所需的五六百美元的第一笔分期贷款。为了让这一宝贵群体尽快移民，国会颁布了一项《宅地法》，任何体面的公民都能获得一百六十英亩的政府所有的西部土地，只要在这块土地上保有产业就可以一直拥有下去。

这项措施极大地鼓励了人们到西部去定居。世界上只有一个国家进行过这种大规模的移民，那就是俄国，但他们是用强迫的方式将人们赶到鞑靼地区的大草原上的。而在美国，当局最终不得不抑制潜在定居者的过度热情。几年的西部土地大开发，清楚地表明南方的棉花王国不过是个弱小的国度，无法和得克萨斯州以及北/南达科他州的百万亩肥沃土地的谷物与牲畜相提并论。现在已经无法阻止急切的人们在太晚之前拿到自己的那一份土地了。

在这场抢夺新牧场和农田的狂潮中，最后的印第安人（当美国占据他们东部祖先的土地时，西部的土地本来是还给他们的某种良心债），那些可怜的野蛮人被无情地赶出了自己的家园，或者被关进大规模的集中营里。他们蜕变成一种本地原始生物的有趣标本，只能自生自灭。

这一残酷的事件看上去似乎是白人席卷全球的不可避免的一部分。理论上讲，欧洲人和美国人承认黑种人、黄种人、棕种人和他们享有平等的生存权利。但是实际上，他们希望这些人"知道他们的位置"，给他们把皮鞋擦亮，或者洗干净主人的衣物。但是当这些种族的人站在白人和利益之间，宣布自己不愿意当擦皮鞋的或是洗碗工时，白人就不知道该拿他怎么办了。在这种困境中，他会感到紧张，开始玩弄他的左轮手枪，这样的话十之八九会出事。枪响了，如果这个可怜愚蠢的印第安人正好挡住了子弹的道，那么他就遭殃了。上帝知道他为什么如此不小心呢，不过既然他已经死了，我们干脆埋了他，然后忘掉这一切。

我们历史中的这一章并不令人感到光彩。在每一页上，我们都能读到贪婪、残忍以及背信弃义，整个故事都浸泡在大草原酒馆的违禁朗姆酒里。但是，与自然规律对抗的道德原则又是什么呢？美国从法国人、英国人和墨西哥人手里所购买、交换和抢来的两百多万平方英里的高山与平原，蕴藏着全世界都梦寐以求的最为丰富的黄金、白银、铅、铜和石油。这里曾被一个使用弓箭的弱小种族所掌握，而觊觎这块土地的人手里拿着来福枪和加农炮。

一位缺乏手腕却被他的人民称为"诚实的"德国政治家曾说过："统治这个世界的是实力，而非正义。"

在爱达荷州、怀俄明州、蒙大拿州和内布拉斯加州，我们走进白人的学校和漂亮的白人小教堂，我们唱起白人的赞美诗，感谢仁慈的上帝让我们和野蛮的外国人有所区分。他们公然宣称强者将统治地球，而弱者将被剥夺一切。我们厌恶这一思想。我们会不耐烦地说："不！"也许别人是这样，但我们坚信自己永远不会有这样的罪过。

我希望我的曾孙辈能够这样说，并且不会被看作是无可救药的骗子。

但在那个时候，在那个不是自己吃掉别人就是被别人吃掉的世界里，我会接受这一现实，接受一种权力的统治，这种权力看上去比任何人类意志都更强大。

因此，卡莱尔[①]的幽灵悲伤地咧了咧嘴，轻声说道："你还算好的！"

[①] 托马斯·卡莱尔（1795—1881），英国哲学家、批评家、历史学家，被认为是那个时代最伟大的评论家，著有《论英雄与英雄崇拜》。——译者注

48. 美洲文明第三阶段的衰亡

我们所有人都听过老一辈的人抱怨：这是一个爵士乐的时代，生活的节奏实在太快了，我们的文明发展得过于匆忙了。

现代的城市

老人们总是边抱怨边比较，年轻人尽管恭敬地回答说"是的先生"，但实际上他们对那些关于逝去年华的赞美丝毫没有在意。

到了明天，爷爷也许会操心别的事情，我们又会听到新的哀叹，比如"年轻一代缺乏对别人的尊重"，或者"纽约剧院上演的剧目真让人感到震惊"。

不过，事实好像的确是这样（虽然我讨厌承认这一点）。蒸汽和电力的引进改变了我们的生活方式。西方文明（白人文明、基督教文明，随你怎么叫它都行）正在以五十年乃至五百年来从未有过的速度前进（或者倒退，这很难判断）。

回想一下埃及人、巴比伦人、希腊人、克里特人和罗马人的时代，一部分数量较少的人比邻居更加聪明或更有活力，因此能够占据经济效益更高的土地。接下来就是漫长而缓慢的增长阶段，在这期间新加入的人都要艰难地学习基本的文明礼仪。之后，通常在几位伟人的领导下，文明会迈入一个所谓的"黄金时代"。这个时候，国家会突然走上战争的道路，垄断目及之处的所有贸易，继而涌现出大量的诗歌佳作，同时人们开始对天文学展开研究，开始探索远方的大海，研究人的行为，将笨重的大理石变成美妙的雕像，建造金字塔和庙宇，将毛纺品染上淡紫色，然后将自己的文化传播到地球最远的角落。

然而，这种黄金时代命数从来不长。它对人力的消耗过高。激情与享乐的火焰烧得太过明亮，很快就会消耗殆尽。很快，虚弱无力的一代人将会坐吃山空，衰落马上就会降临，覆灭也就离之不远了。如果祖先抢夺了足够多的财富（通常他们都会这么做），而且用心营造自己的社会结构（如罗马人做的那样），那么可能要等上一千年甚至一千五百年才会写下"终章"。

即便到了那一天，某些拥有特别智慧的民族所留下来的精神文化遗产，也能够继续在陌生人的手中流传五六个世纪，甚至让人产生一种"病人"依然活着的错觉。

但是对大洋彼岸的我们来说，这一规律似乎并不起作用。我们能在五六十年的时间里完成别人十五或者十六个世纪才能做到的事情。当白人刚刚抵达北美大陆的时候，他们无意间发现了诸多印第安文明,有些文明比较原始,而有些则比较发达。但刚来北美大陆的人对这些发现并不感兴趣。他们用最快的速度烧杀抢掠,将土著们营造的一切都摧毁殆尽。当他们自己的知识捉襟见肘、不堪大用的时候,偶尔也会从受害者那里学习一些东西,从而让自己在环境严酷的海岸边生存下去。但是他们始终坚信自己神圣的使命,因此对这些破坏并不在意。他们屠杀印第安人,抢走他们的土地。美洲土著文明被贬低到只有在阿尔伯克基市古董店和好莱坞的狂野西部片场中才能窥见一斑。

白人到来后整理好自己的房屋,美洲文明的第二阶段,也就是殖民者的时代开始了。大体上说,这个阶段从17世纪初延续到18世纪后期。这一阶段在艺术和科学领域实际上没有任何贡献。在国际文学领域,充其量只有几本令人讨厌的布道集、一些较为有趣的旅行日志和几位加拿大耶稣会传教士的作品。其实,这一小股欧洲人独自置身于广阔的荒野之中,很有机会在自治领域发展出高度原创的思想作品。如果时间充裕,他们也许会发现某些有关政治本质的新观念,那不仅会非常有趣,而且对整个世界都会大有裨益。

革命的到来终止了这场著名的实验。

接踵而至的是美洲文明的第三个阶段——共和国时代。这个阶段从1776年延续到1865年,即从反抗宗主国开始到内战结束为止。在这一阶段,殖民地人民自愿与欧洲的血脉切断联系,面向西部,勇敢地发展属于自己的新文化。这样的生存方式和思维模式,正是他们新的自由平等观的高贵体现。

这种新形式很容易遭到别人的嘲笑,因为这项伟大实验的最初成果令人十分失望。冗长的陈词滥调,对田园风光的反复歌颂,这些内容半个世纪前就过时了。不过,这一阶段绝不仅仅是平静与停滞，还有冲突和生机。在美国历史上第一次听到了先知的声音。这是一个有着新视野的民族，愿意站起来捍卫自己信念，为之战斗甚至忍受苦难。我们不能轻视杰斐逊主义者以及杰斐逊的时代，认为似乎它仅仅与丑陋的家具、糟糕的彩色石印画和留着络腮胡子的韦伯斯特风格的政治家——他们戴着高高的礼帽，对所有问题滔滔不绝地发表观点，却没人理睬——有关。

在这九十年的时间里，存在着一种奋斗的力量，是为了争取更美好的事物：给每一个人更好的机会，从而解决我们身边的哪怕一小部分问题；沿着一条大家从未走过的道路来实现经济的繁荣。所有的一切都是以美国的名义进行的。人们不会忘记，这次是美国让这个世界更加自由，是美国带着大家走出了荒漠，给这个星球带来一种全新而持久的体制，且富有伟大的精神价值。

这是过去五百年来人类所进行的最有趣的实验。不过，它最终却以一种惨淡的方式收尾，这让人痛心不已。

这是为什么呢？

我不知道。

历史科学仍然处于幼儿期。我们从来没有像研究棉桃虫或马铃薯疫病那样，对这些问题进行透彻的研究。

但和此类案例通常的情况一样，最后且最为典型的纯粹美洲文明的突然衰落有几大原因，其中最重要的一个原因是，年轻一代中最优秀的那一批人在短时间内被消灭了。内战期间的将领们是可怕的屠夫。那些可怜的士兵即便没有死在战场上，也经常被疾病所摧毁，或者被政府以各种方式忽略掉了。而战争贩子及其政治代言人却对公众说，在国家危难之际，这些都是"在所难免的"。

不管怎样，他们都已经逝去了。

那么谁来接替他们呢？

是那些逃避兵役者、未到服役年龄的年轻人、花钱雇人替他们当炮灰的"不可或缺的"年轻法律与商界精英们。在理想价值观的问题上，追求精神生活的人遭受最大的伤害，而讲究实际的男男女女则注定会生存下去。

因此，在1865年，美国的南北方发现他们都失去了传承自身文明的最好的年轻人。与此同时，由人类所主宰的这个世界遇到了挑战者，那就是机器。

欧洲将战争交给了少数的职业军人，因此能够有效地延缓这种可怕情况的发生。

而美国在竞争者面前，已经失去了最佳的资源，几乎立刻就能投降。

因此，内战之后，我们的国家在获得财富的同时，也失去了永远无法寻回的东西——年轻一代全身心的支持。

年轻就意味着慷慨。

但是，一个健康的年轻人整日待在一个小铁笼子里，计算别人的钱，或者卖给邻居们一些他们并不想要也不需要的东西，他又如何会对其他的大事感兴趣呢？

49. 埃利斯岛和普利茅斯礁石

亨利·亚当斯的祖父和曾祖父都曾担任过美国总统。在林肯政府最艰难的岁月里,他的父亲担任美国驻英国公使。如果说有一个人无愧于美国人这一称号,那一定就是这位拉法耶特广场的贤者老人。

然而,在内战结束之后,亨利·亚当斯这样写道:"在19世纪50年代的大动乱中幸存下来的人,就如同蚯蚓一般,徒劳地扭动着身躯,想要回到起点,却无法找到来时的路。他迷失了方向,像沉船的碎片随波逐流。他的世界已经死了。他不是来自华沙或克拉科夫的波兰犹太人,而是美国人中的美国人,有着更为敏锐的直觉、旺盛的活力和自由的抉择,上帝知道他的身后有多少清教徒和爱国者。"

一声绝望的呼喊,一种无能为力的抱憾,如同亚拉腊山[①]的山

[①] 亚拉腊山是《圣经》中记载的大洪水之后露出水面的第一座山峰,也是诺亚方舟停靠的地方,位于今天的土耳其靠近亚美尼亚和伊朗的边界处。——译者注

坡一般古老。

在巴比伦、底比斯、克诺索斯和大马士革，都曾经有过和亨利·亚当斯相似的人。在公元4世纪至5世纪，这种哀叹是常见的文学表现形式。

那么，到底发生了什么？

实际上非常简单。

一小群特别有开拓精神的人，坐拥最有利的社会经济条件，建立了一个国家并占据了一个帝国，其体量之大已经超出了他们的人口能够消化的能力。他们在战争和探险中消耗了自身，变得富有。他们牺牲了文明的优雅，去追求物质的享受。他们获得了舒适的生活，但失去了生活的艺术。

简单来说，他们已经失去了可以赋予我们永恒力量的"触及土地"的感觉。

现在他们是无边无尽土地的主人。

他们比任何凡人都拥有更多的高山、河流、湖泊、矿藏、粮食、农田和牧场。

但是，河流、森林、土地和矿藏本身是没有价值的，除非有人为此付出劳动，把宝藏挖出来，挖掘出它们的潜能，然后获得利益。

但是谁来做这些工作呢？

"我们的孩子。"开拓者们说。

但是他们最出色的孩子已经长眠于葛底斯堡和安提塔姆的战场上，而幸存者出于各种原因，似乎不能也不愿恢复正常的状态。

我们必须承认这是一件悲哀的事情，老一辈的人已经不愿每日在农场和工厂里劳作了。

旧时期的峡谷

他们已经转变为职业的地主阶级、新经济时代的领主。

他们热切地需要工人、农民和仆人，以及任何有着健壮四肢的人或动物。

本土可供选择的劳动力微不足道。

战利品如此丰富，而前去瓜分的人却不多，因此只有懒惰的人才分享不到任何东西。

简而言之，这是一个有统治阶级但没有被统治阶级的故事。

在这种情况下，美国人做了巴比伦人和埃及人在三千年前，以及罗马人在公元1世纪和2世纪所做的事：他们对外国人敞开国门，减少移民的障碍，向所有人发出邀请，请大家都来安家落户。

一开始，这项政策似乎没有任何害处。那些口音奇特、衣着粗俗、社会交往笨拙、经济思维落后的野蛮人看上去并不像厉害的对手。

他们住在简陋的房子里，把孩子送到为他们而建的学校，学习尊重统治者所建立的制度。他们被允许有自己的信仰，但不能在离高贵的本土宗教太近的地方进行宗教活动。他们被默认为了解自己的"位置"，而且承认自己的地位稍微低于统治阶级（不管是巴比伦人、美国人、埃及人还是中国人），这样的话他们就能得到相应的待遇，吃到从未吃过的美食，而且不会想要去造反。这样，他们就会变得既耐心又温顺，就会服从并赞美主人为伟大而善良的人，值得自己去效忠。

然而，一旦他们获得温饱，迟钝的大脑重新开始运转，他们就开始问问题了。

他们一遍遍地被告知，自己应该感到多么幸福。因为他们被允许来到罗马公民（或美国公民、希腊公民等）的乐园，而且能够住在石头房子里而非茅舍草屋，每周能吃七次肉而不是一次，能够穿鞋而不是打赤脚。简单来说，他们生活在一个更加新颖而富足的文明里。

新移民一开始被这样的说法所迷惑，说"没错，先生"，从而说服自己的确是一个非常幸运的人。但是毒蛇终于爬进了他的伊甸园，在他的耳边说："看看是谁在利用你而变得富有？你在为谁铺路？你在为谁挖掘铜矿和煤炭？你在为谁建造铁路？你在为谁盖房子？你在为谁凿开坚硬的岩石，建造地铁？"

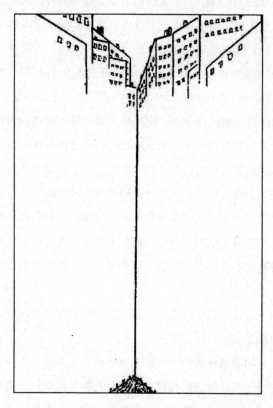

新时期的峡谷

接下来，麻烦来了。

这个麻烦通常不会发生在第一代人身上。他们的生活哲学教会他们顺从和服从训导，而且被告诫不要问太多问题。第一代移民扶了扶帽子，对前所未有的福分表示深深的谢意，自愿向本土贵族们承认自己的地位低下。

然而,第二代移民没有接受父母的偏见。这些年轻人从未见过他们祖先的土地。他们只关心当下,而当下并不能让他们满意。

不停地有人告诉他们,他们是"希洛人"①,是野蛮人的后代。他们的父母被允许来到这个帝国的神圣疆域是来做"隶农"或契约工、伐木工、汲水仆人的。他们永远不要指望和"土生土长"的贵族平起平坐。

但是他们的所见所闻和这一说法相互抵触。

在前八十年,第一代定居者确立起自己的统治地位。他们的子孙帮助他们进行社会压迫。然而在19世纪70年代,他们开始落后了。

他们被迫向新来者开放社会等级。更糟糕的是,他们必须给新移民提供领导者的位置,因为后者比很多本地人更年轻、更强壮,也更聪明。

这就是开拓者们主导地位终结的开始。

如果你认为我过于悲观,那么请阅读一下千百年前在西亚、北非、地中海、乌拉尔山脉都发生了什么。

在美国,所有的问题一直都被华丽的辞藻——"四海之内皆兄弟"的甜言蜜语,以及"所有人机会平等"的模糊信仰——所遮掩。在这里,人们很难发现像罗马、叙利亚、希腊或者俄国那样明显的衰败迹象。但是,主宰人类历史发展的神秘规律在任何时间、任何地点都会起作用。

两个世纪前在普利茅斯港登陆的那一批人的后代,宣称他们拥

---

① 古代斯巴达的农奴。——译者注

有"先来者"的神圣权利,认为自己应该是这个新帝国的合法主人。他们坚持自己的语言应该是这片土地的语言,他们的上帝就应该是唯一的上帝,他们的道德观念应该成为所有后来者的行为准则。

但是,"统治就意味着武力",任凭再多的华丽词语都无法改变这一点。政府就代表着强制力。这并非像哥萨克、绞刑架或者秘密监狱那样残忍。聪明而理性的力量能够让别人感知到它,就像一艘船的船长那样称职,在下意识中让别人服从他的领导,因为这是最合理的事情。当人数逐渐减少的少数族裔失去了他们的领导力时,他们会满足于坐到后座上,把多余的资金用于投资,让其他人做该做的事。这样一来,这个小型的后代团体迟早会大权旁落,而不久前还在挖沟的那些人会接过权柄。

在19世纪上半叶,墨西哥人学到了一条古训:自然界痛恨真空。一个弱小的民族占据一个富庶的国家,而一个强大的邻国迫切需要更多的土地,那么强大的民族会不可避免地欺凌弱小的民族,并将富庶的土地据为己有。

在19世纪后半叶,圣安纳的征服者们体验了什么是优胜劣汰的生物法则。出于私利他们鼓励大规模的移民。他们加速了征服的步伐,但结果却不尽如人意。毫无疑问这是个错误,但这个错误就像尼罗河一样古老。

补救工作匆忙展开,希望能够有所挽回。

墙上的窟窿或多或少已经被修补完善。

在"野蛮人"前进的道路上修建起了巨大的堡垒。

但古老的埃利斯岛①的种子却已经飘散到世界各地。

中国的古长城遗址告诉我们,这种迟到的补救无济于事。

日本本土那座仅供单人行走的小桥以及他们接连出岛的事实,说明自我封闭必将导致经济崩溃以及旧政策的彻底扭转。因此,我们国家的历史看上去很难有所不同。

西奥多·罗斯福总统用辛酸的口吻所说的"多语种公寓"很可能已经成为现实。

到某一天,也许不会有多种语言相互混杂的情况,但盎格鲁-撒克逊人作为国家统治阶级的日子已经不多了。对我们中的某些人来说,这也许是可怕的灾难。

对公元500年的罗马人来说,哥特人与勃艮第人的出现看上去是一场灾难。罗马人知道,后者的成功在于罗马子弟自身勇气的丧失,但知道这一点无助于他们接受这一失败的结果。他们已经预见了帝国的衰落、人类的覆灭以及世界的终结。

请看吧,一千年以后,东西方的交汇将催生出一种新的文明,在各个方面都将比以往帝国时代的狭隘的文化优越。

上帝的磨盘在慢慢地碾动。

也许我们应该让磨盘继续碾下去。

因为它们通常会碾得很好。

---

① 纽约湾的一座小岛,曾作为移民的检查站。——译者注

50. 物质的统治

现在依然有众多的人相信，在亚当与夏娃的快乐时代，世界上并不存在有组织的政府。每个家庭都自成一体，没有人听说过国王、亲王或皇帝。

但是当世界上的人口变得越来越稠密，人类当中的弱者就愈加难以生存。因此，他们需要结成小的团体，并选择强者担任他们的领袖。

这些领袖在一段时间后就会变成完全意义上的统治者，拥有绝对的权力统治整个部落，就像管理自己的私有财产一样。但是，任何形式的政府都不能改变它的基本原则，那就是国王与臣民之间缔结的完备的"契约"：国王承诺作为"雇员"为人民服务，只要人民选择他做国王；当人民对他的服务不满意的时候，有权解雇他们的国王。

即使到了华盛顿与杰斐逊的时代，这一理论在受教育阶层中仍然十分流行。但在过去的五十年间，社会研究深入发展，我们的发现颠覆了这一旧观念。政府来源于人民，而统治者是后来者，是为了维护臣民的利益而被发明出来的。

在历史上的某些幸福时代,很多臣民积攒了大量的财富,他们可以雇用军队,频繁地将自己的意志强加于统治者之上。在某些时间,他们甚至可以通过武力迫使统治者签署某项协议,使其承认自己只不过是国家的首席公仆,必须承受神圣契约中特定规则的约束。

但是国家建立的真正过程,与卢梭所论述并被其支持者奉为圭臬的理论完全相反。

并不是人们聚集在一起,形成了一个集体或国家,然后说:"现在让我们选择一位强大且聪慧的人做我们的领袖吧。"实际的情况是,某位强大且聪慧的人成为一伙强盗的首领,把这些匪徒变成自己的卫队,然后去征服尽可能多的村庄、城市和国家,用最忠诚的亲信对其进行管理,用暴力的方式将它们敲打整合成一个小国家。

他会把村子里的长老召集到一起,对他们说:"你们这些杂种,看着你们的主人!如果想要活命,那就记住,从今天开始你们就是我的臣民了。你问我为什么?因为我手下有一帮经验老到、心狠手辣、年富力强的暴徒,完全听从我的命令。当我发布旨令的时候,有谁胆敢尖叫,他们就会活剥了你。但是我这个人还是讲道理的。我也想太平无事。我想给自己、我的手下、我的马匹、女人和牛羊提供好的住所。因为建这些住所需要花很多钱,我希望通过征税的方式每年从你们那里获得收入。但想想这个制度对你们的好处吧!作为必须从你们那里获取税收的回报,我郑重承诺将保护你们免遭敌人的欺凌。这不是因为我爱你们有多深,而是因为这也符合我的利益。因为你们越富有,我能从你们身上搜刮的财富就越多。

我想说的就是这些,谢谢各位。"

终于有一天,这项协议的力度被极大地削弱了。很快,教士们前来帮助他们的君主,他们达成了一项默契的交易:教权和世俗权力承诺,在所有影响共同利益的问题上互相支持。他们的确帮了很大的忙。

从此之后,国王的人格被神圣化,国王成为上天的宠儿。与此同时,尊敬的神职人员也赢得了国王的友谊和保护,免除了在传教上可能会遇到的麻烦。

当然,得到的越多越害怕失去。教士们很快找到了一个非常有利的方案,能够保障他们在更大程度上实现前所未有的安全。他们来到宫殿,如果能为国王斟酒,或者当国王去打猎时扶他上马,他们就会感到非常满足。

遗憾的是,凡是涉及人类的事务,从来都不会完全按照计划进行。有的时候国王与教士会发生争吵,有的时候国王与富有的商人会发生争斗,这个时候教士就会站在看上去最终能够获胜的一方。但是在一般情况下,除主导群体之间发生短暂的争执(通常是因为分赃不均)之外,有产阶级(国王、教士和商人)彼此鼎力支持。他们通过非常聪明的合作政策,确保维持自己祖先通过征服弱者而建立起来的社会中的领导地位。

这一理论推翻了法国和美国革命中所传播的令人振奋的理想。

看上去令人感到遗憾,但这就是事实。只要人与人之间存在智力与胆量的差异,就会存在统治者与被统治者。统治阶级也许是出于自身的利益而掩盖了事实。为了能够维持下去,民主制比其他任何政府形式都依赖于一种奉承的体制。因此,有必要让普通人相信权力来自人民,而且从古至今都存在着"社会契约","我们人民"不仅仅是某一份国家文献前言中的一个客气的修辞。就像我前文所讲的那样，统治阶级也许是出于自身的利益而编造了这个神话。但是历史不是神话。因此我们可以坦率地讲，事实上在我们古老而荣耀的史书中，任何时代与任何国家都存在严格划分的统治阶级与被统治阶级。而管理统治者与臣民之间关系的法律在今天的波多马克河与红河沿岸一直有效，就如同它在四千年前管理着印度河流域以及幼发拉底河流域一样。

但是我们还发现了有关统治阶级和被统治阶级之间关系的其他事情。这些事情对于我们深刻理解当下发生的一切是非常重要的。其中最重要的是社会—生物法则中的一段话，解释了现代人对财产的异样崇拜。这段话如下：

"掌握权力的人总是试图将其世俗的利益包装为一种对被统治者有利的精神理想。"

用直白的话来说，就是"上层人总是在努力说服底层人，任何有利于庙堂之上的法律都是人间道义的一部分。服从这一神圣的法律就是服从上帝的意志。"

这听上去十分复杂，我最好给大家举几个例子。

首先以埃及为例。

在埃及，那些"住大房子的人"的持久幸福，以及王室和祭司的持久幸福，有赖于一条大河与几百万皮肤棕黑的人之间的紧密合作。不能怀有一丝侥幸心理。一个村庄的疏忽可能意味着一百个村庄的灾难。当河水开始上涨的时候，必须在某一时刻把水导入水渠中，早一天或晚一天都不行。这就形成了一种纪律，法老被置于船长的位置上，成为一个暴君，人们必须服从他的意志，不容许有片刻的犹豫。而普通民众所抱有的信仰也在不断受到祭司的鼓励，那就是人们必须服从哪怕最荒唐的统治者,因为这是神圣律法的组成部分。也就是说,对统治者(即船长)的个人崇拜,得到了掌控这条生命之河的神明的赞许。

但是,所有这些美德毫无疑问具有社会性。因为埃及相对来说少有外敌入侵的情况发生。在狭长和富庶的河谷两侧是广阔的沙漠,很少有敌人敢穿越这一散落着白骨和死骆驼的酷热而恐怖的地带。因此对埃及人来说,尚武的美德并不重要,理想中的美好生活就是农民的生活,而士兵则处于社会的底层。

接下来让我们从埃及跨越地中海,来到斯巴达看一看。斯巴达是一个内陆的小国,生存全部依赖于军事力量。在那里,没有人在乎农民的美德。从儿童时代开始,斯巴达人就被教导把遵守纪律和吃苦耐劳视为神所中意的品质。

穿越叙利亚平原,有一个叫犹太的小国。犹太国是围绕一座城市而建的。这座城市的宗教传播远方,被耶和华的信徒们所向往。如果这座城市失去其作为宗教中心的地位,那么它将失去所有存在的意义。由于没有足够的军事实力自我防御,也无法在农业和商业上展示身手,耶路撒冷的教士们想要生存下去,就必须把虔诚作为臣民的主要美德。犹太人可以不会作战,也可以不照料贫瘠的土地,但是他们必须严格恪守宗教戒律,因为没有这种诚心,国家就没有了生存的希望。因此所有年轻的犹太人都被严格教导,要去教堂,并且绝对服从高级教士的教诲。这些是好孩子最好的品质。在斯巴达和埃及不被认可的美德,在耶路撒冷则是社会的规范。

再向西一些,就是腓尼基。在这里,会做生意是最高的美德。西顿和提尔以商业立国,不需要农业,而且足够富有,能在需要的时候雇用士兵。宗教在他们生活中的作用也相对较小。他们的一切都与商业有关。因此统治城市的富商们让"精明"与"外交"成为每个公民所渴望的最高美德,而无视对斯巴达人和犹太人来说无比重要的体魄与灵魂。

说到这里,你们应该了解我的意思了。罗马将整个西方世界变成了一个庞大的殖民帝国。为了能够成功地利用自己的财富,罗马需要大批熟悉管理与司法事务的公民。冷静沉稳的贵族,独自坚守岗位的士兵,能够在短时间内做出决断、随时为了国家利益牺牲自己的人,这些人被所有志向远大的罗马少年视为榜样。

随着时间的流逝,罗马不再是西方的政治中心,而是演变为宗教中心,因此理想也随着发生了变化。新的统治者需要合格的教士。阅读、写作与口才也就取代了共和国与帝国时期备受推崇的军事和行政能力,成为严格的品质标准。

在美国建国之初的半个世纪中,有如此多的自由土地,能够让数百万人幸福地生活,没有人凌驾于别人之上。

在这段时间,人们在经济上几乎完全平等。这种情况在过去五千年偶尔会出现,但绝对不会长久。到了19世纪中叶,杰斐逊和老亚当斯的时代早已逝去,社会又恢复到正常状态。这就意味着人们重新分裂为两大阶级:少数债权人和大多数债务人。这种情况一旦发生,我之前提到过的法则将会再次运作。尽管是下意识的,但统治者又会坚定地设立某些行为准则,规定哪些是好公民的理想,子子孙孙都应该为之努力。

这一次,人们的理想是对财富的崇拜。当然这并不新鲜。在美洲被发现之前,佛罗伦萨、威尼斯、奥格斯堡和诺夫哥罗德都是商业共和国,视聚敛财富为公民最高的(因为是最有用的)美德。但是在人类历史上还从未像现在这样,在如此短的时间里获得如此多的财富。在19世纪中叶之前来到北美大陆的人都是幸运儿。

因此,纯粹的物质世界获得了某种尊重。在此之前只有在中世纪的教会中才会拥有这种尊重。

物质的统治

随着内战的结束、马克西米利安的倒台,美国再没有任何外敌入侵的威胁了。一个小而高效的海军足以保卫国家的安全。当需要清理门户的时候（如1898年，西班牙对古巴的管理不善迫使美国出手干预，帮这个不幸的岛国建立起自己的政府），只需要海军和少数常规陆军即可应付。但是总的来说，国家的安全不再需要尚武精神，因此这种精神很快就消失不见了。遇到同样命运的还有近一个世纪以来西部边疆所不可或缺的追求独立与自由的精神。它们还保留着情感上的价值，成为历史与爱国主义初级课本里所着重体现的内容。但现在已经没有人认真对待这些精神，尤其当人们的生计有赖于银行家和老板们的善心的时候，一定程度的独立精神只会带来麻烦。

没错，开拓者的独立精神已经不再适用于新的法则，地球的新主人热切地需要一套新的规则。所以，他们开始从财产的角度来看世上万物。他们宣称财产神圣不可侵犯。最后，他们创造出统治这个国家的新的神祇——"成功"。

但这还不是全部。

无忧无虑的边疆人有一句老格言——"美好生活"，现在也已经被弃之如敝履。

新的信条已经取而代之：节俭、经济、守时、行为规范、循规蹈矩、忠于雇主、服从多数人的意志、顺从大众的观点，这些都是最高的公民标准。

这一切做得如此巧妙和悄无声息，很快旧的口号"保持真我，就会幸福"完全被新的教义"抛弃个性，就会富有"所取代。

这一新的生活哲学很快就反映在国家的政治发展中。

19世纪上半叶，美国的总统都具有非凡的性格。他们并非人人学识渊博或者擅长国事，但每个人都具有明确的个性。他们中的少数，如波尔克、皮尔斯和菲尔摩尔，能力比较平庸。但即便如此，他们也有着明确的主张和信条。他们也是一路打拼才攀登高位,他们也是人中豪杰。你要么非常喜爱他们,要么非常讨厌他们。但即使是他们的仇敌,也不会说他毫无过人之处。

因此,当孩子长大到可以问问题的时候,他们会被告知,只要努力工作、认真学习,就能够在这个伟大的国家得到任何职位。是的,他们也许会希望自己能够成为美国总统,这是世界上最重要的职位之一。

宣传

但是在19世纪下半叶,一切都发生了变化。

男孩子不再被鼓励去努力成为美国总统。他们被教导,一生平庸服从就可以生活富足。财富在他们眼前晃来晃去,他们被告知只要不断地积累财富就能获得回报。

国会议员们不再信仰理念,不管是好的还是不好的。不,他们是作为某一利益集团的全权代表来到华盛顿的。他们为"木材业""煤矿业"或"酒业"代言。他们接收董事会的指令。他们把国家看作工厂。相应地,国家认为他们也只不过是在物质上获得成功而已。

向西部走得比较远的开拓者们在威斯康星、堪萨斯、怀俄明和北/南达科他的农场上定居,他们依然保有老边疆人独立的本色,有时希望打破物质的桎梏,通过组建新政党的方式频繁地表达他们的不满。但是他们始终未能如愿。他们被无情地嘲笑。如果他们没有被讥讽打倒,那么他们就会被宣布为新体制的敌人,遭到排斥和隔离,直到他们屈服为止。

上帝的磨盘不停地碾动着。

煤、铁、铅、水力、石油、白银、黄金,无生命物质无穷无尽,都被开掘出来成为这个国家财富的一部分。

数百万计的移民被前进的巨型机器所裹挟,装卸在我们的海岸上,为了"成功"之神更大的荣耀而工作。

直到人类完全成为钢铁怪物的奴隶。这个怪物本来是被人创造出来为人类劳动的,现在人类却成为自己造物的奴隶。

曾经也有人大声疾呼,反对这种反人性反道德的状况。有一个人偶然登上了总统的宝座,向他的同胞们揭露这一政策的荒谬——它给人们的钱包装满金币,但让人们的灵魂变得荒芜。但是也许这个任务对西奥多·罗斯福总统来说过于困难，或者是因为他没有足够的时间实现他的理想。他刚一退出历史舞台，所有的事物又都恢复原样，这个国家继续成为他所厌恶的那个"没有灵魂的多语种公寓、工厂和银行"。

煤矿

即使是最具有独立精神的天才，也接受了物质的专制统治，任凭这一新神祇的驱使而无一句怨言。

在这种情况下，唯一救赎的希望来自文学。通常来说，讽刺作家要比政治改革家更有力量。一支旧鹅毛笔赶得上一个营的机枪。

370

但是文学也投降了。少数几个对现行社会体制的批判者也被诱惑了。那些拒绝接受物质独裁的人被蹂躏和践踏。其他人丧失了勇气，躲在后面唱起了赞歌。

头重脚轻

这就是十多年前的情况。和世界其他地方相隔较远，东西方都有大洋的保护，这个国家基本上固若金汤。它可以对南部的邻居颐指气使，而丝毫不用担心遭到令人不快的反制。它可以把它的意志强加在炮舰射程内的任何地方。只要认为某项政策有利可图，它就毫不犹豫地用武力进行干涉，哪怕经常没有这个必要。

接下来,命运突然出人意料地提出了一个荒唐的问题。

这位神祇(还带有些许幽默感)说道:"你已经积累了前所未有的财富。你建造的工厂比谁都大,火车比谁都快,楼房比谁都高。你的银行存款数以亿计,人均财富比历史上任何一个国家都多。既然你已经拥有了一切,那么用你最具有智慧的同胞的话来说,'你准备用这些财富做什么呢?'"

当我们思考这个问题的时候,我们也没有答案!

回看

51. 争夺更多廉价的原材料

被放逐到低地国家的清教徒群体被迫离开他们在莱顿和阿姆斯特丹的家，前往美国，个中原因已经在前面某章中解释了。

在英国不信国教的人来到低地国家前不久，荷兰人和西班牙人达成了一项为期十二年的停战协议。

在1621年停战即将结束的时候，清教徒青年不仅面临被征召入伍的风险，还要与荷兰人一样面临被西班牙入侵的危险。因此，他们在战事来临之前选择了离开，让欧洲的新教兄弟们尽最大的努力进行自我救赎。

战争在1621年打响，一直持续到1648年，成为整个欧洲大动乱的一部分，史称"三十年战争"。

"三十年战争"是马丁·路德宗教改革的一个直接后果。他所引发的宗教改革将德国分裂为水火不容的两大集团。1517年之后，德国的民众不再以"德国人"的身份标识自己，而是以新教徒与天主教徒相互区分，维系祖国同胞之情的纽带被无情地斩断了。"三十年战争"是这一糟糕局面的后果，摧毁了帝国，使人口减少到原来的四分之一,让德国的发展倒退了两个世纪。这是本章的重要背景之一。

在那个重要的历史时期,欧洲的大国开始瓜分整个世界。而德国当时过于弱小,没有赶上瓜分的班车。

西班牙与葡萄牙打仗,葡萄牙与荷兰打仗,荷兰与法国打仗,而英国为了占领亚洲、非洲和美洲与所有人打仗。当他们的怒气消退之后,各国都占据了相当大的领土,他们竭力开发资源以发展自己的人力与财力。

到了19世纪,一个名叫奥托·冯·俾斯麦的小个子巨人、一个来自普鲁士边疆的粗人,掌握了大权,成为霍亨佐伦家族的领导者,将一盘散沙的同胞团结在一起,缔造了一个极为强大的帝国。

从一般欧洲人与美国人的视角来看,这一了不起的成就有一个巨大的缺憾,那就是它迟到了两百年。可以开采的煤、铁和石油早就被瓜分完毕,除部分印第安人和黑人之外,当时没有人敢和白人展开竞争。现在所有的煤矿、铁矿和油田都已经被武力强大的白人国家所占据,这些国家自身的福利有赖于这些资源,因此会尽全力保护它们免遭外敌染指。

因此,如果德国想要得到自己的那一份原材料(他们的确希望),那就意味着战争。而战争是那些负债累累的欧洲国家所不能承受的。

但是当时务实的政治家们再一次发觉,他们所有的计划都被某种神秘的经济力量所扰乱。这种力量不会因为皇帝、总统、武装集团与和平社会的力量而发生变化。

对物质的崇拜并不局限在美洲大陆上,其他国家同样匍匐在这个新的神祇的脚下。无论在哪里,机器都处于统治地位。但是机器是一个贪吃的家伙,每隔几分钟就得喂食一次。它对食物非常挑剔,需要大量的煤、铁、铜和铅以及其他无法消化的东西,否则就会停工。一旦机器的要求得到满足,整个国家大部分的正常运转就都可以依靠机器来维持,因此国家必须保证有源源不断的原材料供给,否则自己的国民就会立即陷入饥荒的危险中。

这就是新生的德意志帝国所面临的场景。

德国姗姗来迟了两百年。为了弥补失去的时间,德国傲慢地展示着自己的实力,所有国家都能感受到未来所潜伏的危险。因此他们开始采取措施保护祖先留给自己的殖民地财产。

回顾过去三百年所发生的一切,我们不难理解为什么伦敦成为反对德国的中心。在通往世界霸主的道路上,英国击败了一个又一个敌人。西班牙、葡萄牙、荷兰、法国,都曾被迫将自己殖民地的一部分割让给英帝国。

面对英国以往的战绩,我不清楚为什么德国人认为自己能够单枪匹马战胜英国。德国人从来不善于玩弄政治,他们沉浸于思考与学术,并不懂世事人心。另外,我们也不难发现英国在殖民战争与开拓上无往不利的原因。

今天(一直以来)英国外交事务的管理权是由一个小而精干的团体所掌握的。这种安排有一个很大的优点,即英国非常清楚自己真正需要的是什么,而且能够坚持不懈地追求自己所需要的东西。这是其他国家所不具备的。

德国直到1914年才发现这一切。

由于双方的大肆宣扬,有关战争起因的奇怪谣言迅速扩散开来。但是战争爆发的实质原因并非因为奥地利大公被刺,或是神圣的条约被撕毁,又或是英、俄、法对小国权益的爱护。之前,也有奥地利大公被刺杀过,但并没有引起什么风波。条约每年都会被破坏一两次,也没有人对此说三道四。至于说英、俄、法三国爱护小国的权益——这真是天大的玩笑。

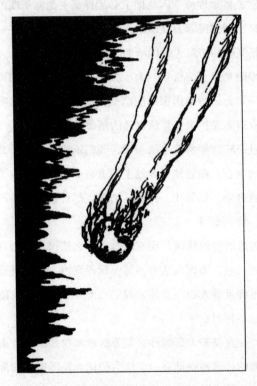

1914-1927年世界处在战火中

不,这场战争注定会爆发。聪明的历史学家们也许已经发现,这一切在1871年凡尔赛宫内为庆祝德意志帝国新生[①]的欢呼声中就

[①] 1870—1871年普法战争爆发,普鲁士击败了法国并占领巴黎。1871年1月18日,普鲁士国王威廉一世在凡尔赛宫加冕为皇帝,建立德意志帝国。——译者注

能够得以预见。

战争的直接原因可以是任何事情——格陵兰岛的捕鱼权、塞尔维亚猪肉关税、默兹河谷的一座三等煤矿，等等。

战争真正的原因在于，不幸的条顿人为了拿到属于自己的殖民地财富，想要得到不被其他任何国家控制的廉价与充足的原材料供应地。

鉴于美国拥有比其他任何国家都要多的煤、铁和石油，因此美国不可避免地卷入了战争。

不过，直到德国与欧洲的对手打得精疲力竭之时，美国才加入战争。在此之前，所有鼓吹战争的狂热演讲、所有对德国暴行的控诉，以及为美国参战进行辩护的蓝皮书、绿皮书、紫皮书，都没有打动大多数民众。

但是，老百姓在潜意识中已经开始这样思考："战争将会来临。如果德国人打败了英国和法国，就像他们已经打败了俄国、罗马尼亚、意大利和其他敌人那样，那么我们就是下一个目标。因为我们拥有足以让德国机器运转的原料，他们将会进攻我们，抢走喂养机器怪物的原料。"一旦普通美国人开始模糊地意识到，德国突破欧洲的封锁对他以及他的孩子们意味着什么的时候，美国人就会加入协约国的阵营进行战斗，而这也注定了德国失败的命运。

这已经不再是关于人的战争，而是关于物质财富的战争。

任何一位合格的数据统计员都能够较为精确地计算出战争的结局。美国在过去六十年的时间里一直专注于一件事，那就是大规模的物质生产。现在，美国把无数工厂里生产出来的产品都倾泻到欧洲的战场上，就像一个经验丰富的消防队长，拥有无限的物资储备。他的同事们已经把火灾控制在一个街区之内，他所要做的就是在必胜的信心之下，从容不迫地将大火扑灭。

1917年4月6日，威尔逊总统派出了第一批"消防车"。几周之后，它们登上欧洲大陆上。几个月之后，它们准备开始工作。此后，"消防队"的人数稳步增加。他们不断将大量灭火物资浇在旧大陆燃烧的心脏地带。很快，德国与奥地利开始崩溃。

随着一声可怕的巨响，房顶开始坍塌。

两年之后，大火被扑灭了。

"消防车"回了家。

但是威尔逊政府表现得还不如我们大城市中的消防队有能力。

在火灾之后，不管灾情是大是小，消防员总是要对火灾发生地进行监视，时间为几天或者几周。

这种预防措施看上去似乎可有可无，但是保险公司会告诉你原因是什么。

火灾本身已经很糟糕了，但余烬未消的废墟隐藏着更大的危险。

那些灰烬看上去是无害的。所有的危险都被移除了。这个时候，那些尚未燃尽的碳渣落入垃圾堆的深处，可能会引燃附近的地窖。在所有人未发现之前，红色的火焰可能会吞没之前还被认为是安全的街区。

在监视过程中，孤独的消防员可能会转动着自己的手指，读着上周的漫画，连续几天或几周都无所事事。这看上去似乎既浪费时间又浪费金钱，但最终他会证明这是一项非常实惠的投资。危急时刻，只需要一桶水，他就能够防止灾难的再次降临，从而挽救整个社区。

52. 一个未知的世界

哥伦布跨越大洋，去寻找一条通往印度的捷径，却无意中发现了一块新的大陆，一块尚未被人们所知晓的新世界。

四百二十五年之后，美国进行了回访。他们来到欧洲，去拯救这一古老而可敬的文明。不过，他们发现欧洲有着非常复杂的社会结构，与交战各方的战争鼓吹者所鼓吹的理想格格不入。

当我说这些的时候，请记住一点：普通人不会从历史的角度思考问题。尤其在我们的国家，物质的统治地位对自由与健康的思想发展产生了很大的影响。人们排斥有关人类发展客观必然性的意识，认为这只是浪费时间。埃利斯岛的守卫者的职责就在于将怀疑论者阻挡在国门之外。

学识渊博和多方涉猎知识能够帮助人们看到问题的多个侧面。同时也会导致人们在做事情的时候瞻前顾后，灵魂过于谦卑。在军训教官看来，这些表现对任何军队的士气来说都是坏东西。既然美国的主导生活方式是组织起一支训练有素的商贸平民大军，那么任何试图损伤这种精神的事物都应该被排斥，如果可能的话，应该将它们从学校的课程中删除。

这种政策不是完全没有好处。年轻一代不会被过多无用的思想所困扰,但是这也会让他们对突然而至的责任感到手足无措。

当我们的小伙子慷慨激昂地前来参军的时候,他们的心中充满了为人类理想献身的无私精神。

原本是两个大国集团之间为了争夺原材料的争斗,被他们理解为天使与魔鬼的战争。一侧是《大宪章》①、圣女贞德、拉法耶特和民主,另一侧是"恐怖""尼采"(不管他是谁)和疯狂暴君的专制主义。

的确,这些问题看上去简单明了,没有人认为有必要为解决这些问题制订详细的计划。就好比一个正直的人看到一个恶棍袭击了一个小孩,恶棍将小孩击倒并抢走了他的零钱,这个正直的人没有时间讨论这件事的来龙去脉,他会立刻冲上前去,把那个恶棍打翻在地。这一幕经常浮现在美国年轻人的眼前,因此激励了数百万人踊跃赶赴战场去履行他们眼中最神圣的使命。

一旦他们登陆欧洲,失望就如影随形。他们很快意识到欧洲是一块陌生的土地,居住着一群陌生的人。欧洲自成一体,这是美国人从来没有想明白的事情。

当战争临近结束,几大帝国在一夜间土崩瓦解的时候,美国人或多或少所熟知的欧洲文明突然间被那些饥饿赤贫的民众摧毁。于是,1917年的慷慨激昂被1918年的幻灭所取代。

门罗总统在位期间,曾以一篇总统咨文警告所有外部势力远离

---

① 1215年英国金雀花王朝时期,英国贵族、教士、领主和市民阶级迫使英王约翰签署的文件,主要是限制王权,保护财产权和司法权等。此后《大宪章》经过多次修正,被认为是英国宪政的重要源头之一。——译者注

新大陆。

在威尔逊总统任期的后半段,绝大多数的美国人为门罗宣言增加了一条修正案,决定从今往后美国再也不参与欧洲事务。

一次就够了,恕不奉陪!

这个迄今为止陌生的欧洲——由相互争斗不息的小国家以及大国专制集团所组成的欧洲——并没有让从大陆的角度思考问题的美国人所喜爱。

突然意识到的现实——某些旧传统的逐渐复活,隐约让人意识到美国不再意味着一种成功的经济形式,而是一种心理状态——引发了思想和精神上的震动,至少在一瞬间让我们反思我们当下的行为与信仰,并认真研究我们处于休眠状态的民族的灵魂。

几乎所有伟人都经历过一次人生危机,这个时候,某种外部因素会迫使他们直面自己的内心。

直到1916年,我们依然在通往繁荣的道路上小跑,从不操心明天会发生什么。机器每天都在为我们工作,顺畅又顺意。我们感到无比的舒适。如果说我们要担心什么,那就是关于乡村自由投递的新规则或海地(或者是芝加哥)人民的互相残杀——这些都是可以忽略的细节,只要我们认真对待它们,瞬间就能被解决。

后来,这一场大乱摧毁了欧洲旧的文明格局,毁灭了整个大陆所积累的财富。

突然之间,我们明白了局势的真相。

欧洲也曾经迷失了信仰。

欧洲也曾把物质积累当作最高的社会道德标准。

至于结局——我们都看到了。

混乱。

彻底而绝对的混乱。

美国所参与的第一次欧洲战争宣告结束。一场伟大而光荣的圣战变成了痛苦且令人沮丧的发现之旅。

很明显,这个世界出了问题,美国人承担起了纠正它的责任。

这可能是一种不幸,也可能是仁慈的上帝的恩赐,我们做出了自己的选择。

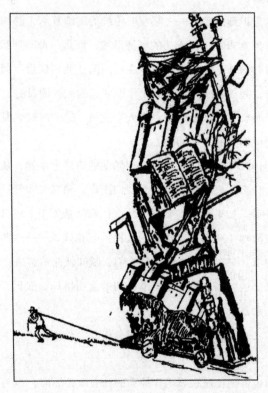

历史传承

53. 美国的新道路

当时我们并不知道,甚至没有一丝察觉,第一次世界大战的结束意味着美国快乐的无忧无虑的生活——也就是我们所说的"单身汉国家"——也随之结束了。战争之后,我们无法再独立与自由地行动了。我在这里并不是说我们走得有些远了,不得不公开加入某些集团,和某些国家缔结同盟关系,或者必须和前盟友保持关系。由于我们一直富有,我们总是对站在我们这一边的国家慷慨相赠,甚至有些时候对敌人也是如此。虽然不能说我们完全兑现了承诺,但我们已经不能像过去一个半世纪那样快乐和无忧无虑了。在我看来,也许自由的丧失是参加大战对我们影响最为严重的后果。

因此,我将从这个角度来书写最后一章。从表面上看,没有发生大的变化,大多数人也许从未意识到发生了什么。他们高兴地看到这个令人不快的插曲终于结束了。在法国的作战一开始被看作一场光荣的圣战,但这种自诩的荣耀最终化为泡影,美国与盟友陷入了互相指责的境地。就在几个月之前,美国士兵跨过大洋,怀着高尚的目标,要拨乱反正,帮助世界恢复民主,结果现在却垂头丧气地回国,心中满是对盟友的怨气。

阿尔芒蒂耶尔的姑娘无法让人感到满意。她们穿着破旧的羊毛衬裙,木鞋上沾着很久之前的牛粪,除讨论钱以外,她们的口才让人堪忧。村子里的官员和店主显露出吝啬的天性,尤其体现在和美国人进行交易的时候。那些艾奥瓦州和阿肯色州农场的小伙子们突然来到遥远的奥弗涅和加来海峡偏僻的村庄,自然想品尝新鲜的鸡肉和葡萄酒,因此不可避免地要和当地进行交易,但即使是高级官员看上去也只对如何从美国人手中拿到额外的好处感兴趣,而对如何尽快获得这些大方的拯救者们的好感毫不关心。

所幸的是,语言障碍没有让美国人理解他们所受到的侮辱。但对于其他盟友,如英国人,事情就没那么好办了。无论说什么,双方都能听得很清楚。当一个人讨论某位绅士令人质疑的身世时,对方立刻就明白他在暗示什么。因此,虽然语言的畅通能促进盟友间的相互理解,但也会导致英国人与美国人之间的流血斗殴。

更糟的是,随着德意志帝国军队的瓦解以及德国皇帝逃亡荷兰,美国军队承担起占领大片德国领土的责任。莱茵兰和摩泽尔平静的村庄、整洁的街道、错落有序的房屋、举止得体的儿童、面带笑容的妇女、诚实经商的旅店老板,以及乐于助人的市镇官员(也许是想赢得占领军的好感),这一切都在这些心灵质朴的小伙子们的心里产生了巨大的落差,颠覆了他们对整个战争的认识。

他们在给父母的信中这样写道:"这个古老国家的德国佬们就像我们小时候见过的老人一样,他们留着胡子,喜欢在合唱晚会上唱歌。他们的老婆对我们很好,他们的女儿在厨房帮妈妈做饭,他们都是好人!为什么我们总能听到他们犯下了凶残的罪行,而且说他们都是野蛮人呢?为什么上个周日他们给我们苹果馅饼当晚餐?

而在法国我们得到了什么呢？"诸如此类不胜枚举。

他们忘了（而且很有可能他们根本不知道），在这个世界著名的葡萄酒产区莱茵兰，居民们都很快乐。他们和东边专横、霸道的普鲁士人完全不是同类人，与其说他们是德国人，倒不如说他们更像斯拉夫人。在这个国家，一直都是最易冲动的那部分人，随时会怒火冲天，给这个世界带来死亡与毁灭。

由于盟军犯了一个严重的错误——没有占领柏林（为这个错误他们会在日后付出惨重的代价），我们的士兵只看到了德国的部分地区。这里的人有着自由的高卢人的血统，而我们的年轻人将他们与东部、西部黑暗内陆地区的真正的德国人相混淆，因此很自然地得出偏离真相很远的结论，就如同通过葛饰北斋[①]的迷人风景画来评判现代日本一样。

因此，回国的时候，他们陷入了完全的迷茫。他们刚刚踏上欧洲大陆的反应已经基本不存在了，他们认为拯救旧大陆是一项苦差事。这些愚蠢的小国毫无希望，所有国家都自私自利得无可救药，他们对自己的权益和特权斤斤计较，因此绝无可能在某种精神或经济方面达成共识。

当数百万人都这么想的时候，威尔逊总统组建国际联盟，并且让美国在其中扮演重要角色的计划就不会那么轻松了。这里我们需要铭记一点，而且是历史学家很少强调的一点：威尔逊总统是一名历史学家和教育家，一直以来更吸引他的是这场战争的理论层面而非战斗本身。在这一点上，他与领导我们经历第二次世界大战的继

[①] 葛饰北斋（1760—1849），日本著名浮世绘画家，代表作有《凯风快晴》《神奈川冲浪里》等。——译者注

任者完全不同。富兰克林·罗斯福始终对舰艇、水手和士兵更感兴趣，就如同他担任威尔逊总统海军助理部长的时候一样。当我们读《大西洋宪章》时，我们感觉这部文献仿佛就是罗斯福和丘吉尔先生共同撰写的。大多数人都希望政治家不仅能够赢得战争，而且能够把德国人置于严格的军事控制之下，从而为明天的世界未雨绸缪。但是只要研究一下威尔逊的"十四点原则"①，人们就不会怀疑他的真诚以及他对未来国际局势的深刻关切。在他看来，这种世界大战将永远不会重演，因为人类的良知在苏醒，知道采取必要的措施来阻止它的发生，他认为人们的道德信念就足以做到这一点。

人类自从有历史记录以来，利益与情感还从未被良心所左右，所以让一位教授②来为未来的行动设计一套高尚而美好的计划，并且期望能够行之有效是不大可能的。我们的士兵们大多不是教授，如果想要他们接受"十四点原则"中的观点，他们肯定会激烈地反抗。他们回到家之后，急切地与家人和邻居们说，有关旧大陆国家公正与平等的话都是夸大其词，那些政策只不过是浪费美国人的时间和金钱，赶紧远离欧洲泥潭，越快越好。

但是威尔逊总统不仅是一名学者，他还担任过大学校长，而大学校长不习惯自己的观点被人反驳。他们反感有人反对自己的计划，尤其在这个时候，因为他们真诚地认为自己站在上帝的一边。有谁能为了未来人类的福祉提出比长老会教徒、第28任美国总统托

---

① "十四点原则"是美国总统威尔逊在1918年提出的战后和平方案，主要内容包括杜绝秘密外交、取消贸易壁垒、裁军、给予中东欧小国民族自决权，以及建立国际联盟等。——译者注
② 指威尔逊总统。威尔逊毕业于约翰·霍普金斯大学，是唯一一位获得过哲学博士头衔的美国总统。——译者注

马斯·伍德罗·威尔逊更为用心的方案吗？当然没有。因此，谁干扰他的宏伟计划，谁就是在亵渎神灵。

"哦，是吗？"老兵们轻蔑地回答道，他们准备把前任总司令的"十四点原则"埋在脏话大山下，这样就再也看不见、听不到了。如果欧洲想要国际联盟，就让他们自己办一个好了。祝波兰人、捷克人、阿尔巴尼亚人、立陶宛人、匈牙利人、罗马尼亚人、比利时人、西班牙人、葡萄牙人，甚至德国人好运，如果他们能够被允许加入国联的话，但看上去希望不大。但是对于生来独立、自由的美国人来说，要提醒他们提高警惕，并且置身事外，否则他们会为此后悔不已。他们会被要求干最脏最累的活儿，就像在第一次世界大战中发生的那样，甚至连使用战壕都得付租金，而这些战壕正是被用来去抵抗德国佬的。

我在这里提到了大家所熟悉的为战壕付租金的奇闻，因为它反映了战后我们对前盟友的基本态度。这个故事并不是真的，但基本上每个人都信以为真。在历史上，真相本身并没有太大关系，而大部分人所相信的事情才有意义。通过对阿道夫·希特勒的研究，我们发现他是过去五十年里最可怕的屠夫。但无数德国人却相信他是条顿民族所有美德的化身，而且坚定地相信他们的元首是上帝赐予的礼物，将带领他们的国家攀登世界霸主的地位。这一观点的前半部分大可不必理会，因为它不会改变纳粹分子的思想，但后半部分必须予以重视。因此，从理想的角度去争论一个问题是没有意义的，如果国际联盟能够阻止另一场灾难的发生，那么它就是这个世界所需要的。出于非常合理与充分的理由，大部分美国人都不希望加入国际联盟，因此威尔逊总统注定会非常失望。他对这一方案寄予了太高的期待，以至于他的身体无法承受失败的打击。他在总统任期的最后一个月中风了，身体完全垮掉了。他没能正确地把握人民的想法，也没有洞悉人民对一切"外国"事物的怀疑。如果一个身居高位且身负重任的人没能理解政治的最高智慧在于做"能做的事"，那么即使身为总统也只能黯然收场。

这个国家既会为领导人有这样的结局感到悲伤，也会用最粗鲁和最不得体的方式对此欢呼，哪怕这个人几年前还被认为是人类的救星。只有一小部分远见卓识的人才能意识到现代运输方式已经使美国成为整个世界的一部分。大部分美国人已经回到过去的生活，尽可能地在最快的时间里积累最多的物质财富，并且建立起一种新的生活水平标准：许诺每个公民锅里有两只鸡，每个车库里有两辆车，同时不在乎外部世界是风是雨。时不时会有几个不合群的公民嘀嘀咕咕地发出警告，说如果任由这种不加节制的消费和投资发展下去，结局只能是灾难。但是他们很快发现，没人能和一百万美元过不去。当每个人（除了悲观主义者）都有了一百万美元的时候，这些阴郁的悲观主义者就会被粗暴地踩在脚下，而快乐的人群则急匆匆地奔向救济站。

悲观主义者比乐观主义者更加了解实情（像历史上经常发生的那样）。证券交易所的橡子发生了微小的颤动，但是没有人注意到这一点。接下来，天花板的灰泥开始掉落，墙壁严重开裂，最后随着一声惊天巨响，整个荒唐、虚伪和一厢情愿的大厦崩塌了，而人们对这一灾难没有丝毫防备。直到此时，美国人才意识到，在每个人只顾追逐自己的利益，却把世界其他地方留给魔鬼的那些年里究竟发生了什么。直到此时，美国人民才明白——此前只有少数不受欢迎的作家和职业观察家才清楚——美国是这个世界的一部分，就如同现代城市中任何一栋建筑都是城市的组成部分一样。如果周围数英里内房倒屋塌、瓦砾遍地，那么即使是最坚固的摩天大楼也会显露出破败的迹象。

因此，只有了解过去二十年这个星球的其他地方发生了什么，我们才能够真正理解同一时间内美国的历史。作为一个受到大家信任的报告人，我现在为你们简要介绍一下俄国、土耳其、希腊、德国、利比亚和埃塞俄比亚发生的事情。这样我在对这些不幸的事件进行总结的时候，大家能够有所准备，知道它们最后会给我们带来哪些不利的影响。

从远古开始，历史与疾病就有很多相似之处，没有人能看清它们会如何发展，即使最聪明、最口才了得、最擅长预测事态发展的评论家也很难预测。

在我们祖先生活的年代，他们围绕自由之树热情地舞蹈，认为法国大革命将会把自由、博爱、平等的原则带到新旧大陆的每一个角落，但是在那个邪恶的科西嘉匪徒二十年的奴役下，他们明白了不能过早地下结论。19世纪40年代席卷欧洲的自由主义革命并没有把政府交到人民手中，反而导致了霍亨索伦家族和哈布斯堡家族的反动统治，并让拿破仑三世接过了他叔叔、波拿巴家族最著名皇帝的旧皇冠。原本旨在保护民主制（换句话说，延续旧帝国之间的现状）的第一次世界大战结束后，谁是最后的赢家？我们还是坦白接受了吧！是一个默默无闻的俄国革命者——尼古拉·列宁（这不是他的真名，他出生时的名字是尼古拉·乌里扬诺夫）获得了胜利，因为他让这个世界六分之一的土地走上了马克思的社会主义道路。这是民主制国家最感到意外，也是最不希望看到的结果。

在人类拥有逻辑思维能力之前，这些事情就一而再、再而三地发生，而且看上去还有很长的路要走。因此，每当我阅读有关战后世界的书籍和文章,听有关为和平做准备的演讲,甚至在被邀请阅读庄严的《大西洋宪章》时,我都感到有必要发出温和告诫的声音,提醒那些热情过头的人。他们告诉我,小伙子们通过战死沙场,已经终结了所有荒谬的战争。但我要告诉他们,在这场冲突之后,毫无疑问还会有许多其他冲突。不管签署了多少神圣的条约,人类只能苦苦挣扎,直到有一位天才的领导者降临世间,告诉我们管理国家就像经营生意一样,需要有一位诚实能干的主管,而非只凭能说会道就可以登上高位、主导一个政治组织。

自从古希腊人开始让人难忘的自治实验以来,人们就知道演讲术是民主最危险的敌人。因为修辞天才和音乐天才十分相似,所以我们没有理由相信政治舞台上的首席演员能够管理好一个复杂的现代国家,就像不能指望大都会歌剧院的首席男高音或卡内基音乐厅的钢琴家与小提琴家能创造相似的奇迹一样。但是我们仍然中了德摩斯梯尼的魔咒,他有着非凡的口才,虽然没有任何实在的行动计划,但却纵容他的同胞采纳了最终导致希腊丧失独立地位的政策。

现在,我们正处于"民主"这个词的魔咒之下,正如中世纪的人被教会所控制那样,恐怕我们对此无能为力。我们有机会看到当代的德摩斯梯尼,那就是试图把自己打扮成合格的政治家模样的威廉·詹宁斯·布莱恩。布莱恩是过去五十年里最棒的演说家,他低沉的嗓音几乎让我们国家的两代人为之着迷。然而,一旦他获得了作为国家实际领导者之一的重要职位,就把我们的国家带到了灾难的边缘,也是一个荒谬的边缘,这对于一个强大国家的声誉来说伤害更大。我们不得不让他离开,因为即使像我们这样有着世界上最好性情,最具耐心,而且经历长期苦难的民族,最终也被迫得出结论:单凭感情丰沛的嗓音无法管理好20世纪中期一个复杂的工业国家。

我们为什么要谈论政治理论？因为在本书的最后一章，我想尝试做一些建设性的工作。在未来的某一天，战争将会结束，如果重建和平的工作依旧交给一百五十年前那样的人，那么在和平协议的墨迹未干之前，下一个麻烦就要开始了。开国元勋都是18世纪精明能干的自由主义信徒，将选举总统和副总统的工作留给经过仔细筛选的人数较少的独立群体，因为他们不会被甜言蜜语和空话大话所迷惑。但等他们都去世之后，破坏势力重登舞台，开始糟蹋华盛顿、杰斐逊和麦迪逊的成果，让政治变成野猫打斗的竞技场，在那里，谁的"喵呜"声更大，谁就被认为更适合做领导人。自此之后，人类的命运就被那个竞技场所决定。伟大的演说家主宰了竞技场，从此世界没有过一天太平。直到最后，那里出现了拥有怪物般能力的人，仅凭口才就能动员起六千万人为其所用，他不顾一切后果，将整个文明世界抛入仇恨、残酷、死亡和绝望的深渊，而我们只能希望世界能够自救。

但是在谴责希特勒的时候，我们也不要过于自大。只是因为我们有足够的好运气，才避开了我们中间潜在的小希特勒。但下一次，我们未必会如此幸运，因为这个世界建立在科学、客观、理性与常识之上（最令人渴望的目标），在我们的议会辩论禁止使用华丽的演讲术（华丽的辞藻很久以前就被试图研究拯救人类生命配方的科学家们所摒弃了）之前，我们毫无幸免的机会。不过，我已经被自己的观点带偏了方向，现在最好回到之前我想说的对各国的简要介绍中来。接下来我会简短地叙述一下旧世界所处的环境，这种环境几乎导致了灾难性的事件，美国的车库里没有发现领导者所许诺的豪华轿车，而只有两只流浪猫。

我先说一下俄国。如果协约国能够了解遍布斯拉夫大陆上的不满浪潮的本质,他们也许能够挽救沙皇政权的崩溃并阻止布尔什维克的崛起。正如所有误解所导致的后果一样,外交官处于麻烦的最底层。享有治外法权的外交使团是一个奇怪的阶层。其他的官员如果犯下严重的错误,可能会被严厉究责并被解除职务,甚至可能会因为缺乏洞察力和远见而付出生命的代价。外交官则不然,当他们因为无能而导致灾难的时候,警察会将他们护送到特别专列,然后有人献上告别的花束,已经变成敌国的官员会对他们点头哈腰,接着他们一路驶往边境返回祖国。他们拒绝对自己的错误进行任何解释("我们必须遵守国务院的保密条例"),只需要礼貌地给上级致电(通知他们不要怀疑戈林先生狩猎小屋里的枪声,也不要因为某个底特律的小姐成为波多里亚伯爵夫人而大惊小怪),然后就消失得无影无踪——除非他们打算用拿破仑的手法写一部回忆录。不过,即使在回忆录中,他们也会掩盖自己的错误,并且尽力贬损他们的对手。

让我们给魔鬼公平的待遇。在第一次世界大战结束后的二十年里,外交官非常忙碌,但他们的表现仿佛在说,自从梅特涅①密谋编织国际大网络统治世界以来,什么也没有发生。他们没有意识到,自从神圣同盟以来,欧洲已经发生了巨变。在大反动时代,无休止的会议曾经非常成功。但是,广播与飞机已经碾平时空的界限,国家的人口也不再是忠厚老实的农民,而是产业工人,他们的

---

① 克莱门斯·梅特涅(1773—1859),19世纪著名奥地利外交家,在担任奥地利帝国外交部长期间成功举办维也纳会议,并在后来成为神圣同盟和四国同盟的核心人物,以均势理念将奥地利带回欧洲国际关系的中心位置。——译者注

技能足以操作一挺机关枪。因此,老一套的手段已经不能重复使用了。

当凡尔赛的政治家们试图将世界恢复为本来模样时,这个旧世界实际上已经成为博物馆的展品了(不是很有趣的展品)。此时希特勒已经登场,而那些老古董却似乎在给火星立法一样。他们仍旧把这个世界看作某种大型控股公司,由董事会进行管理,而他们就是董事会的成员。

首先,他们决定恢复俄国的秩序。他们资助了一系列由前沙俄将军们率领的远征行动,希望这些军纪涣散、缺乏责任感的雇佣兵团能够在短时间内赶走邪恶的布尔什维克。甚至美国也被误导,决定派兵参加这次徒劳的行动,意图复辟统治俄国一百年甚至更久的罗曼诺夫王朝,从而给不幸的俄国人带来福音。

远征军的首领们都被胜利的共产党军队枪决了,那些高级官员(以及来自波多马克河畔的年轻同僚)决定不再对俄国的内部事务进行武装干涉。他们现在试图拦起一条警戒线——用经济封锁的手段快速制伏邪恶的布尔什维克。当这一招也失败之后,他们想起新近重建的波兰也许能为文明大业尽一份力。于是,他们鼓动约瑟夫·毕苏斯基(曾经是一名社会主义的鼓动者,波兰独立运动的前领导人)对同为斯拉夫人的俄国发动一场战争。波兰帝国梦想将自己的疆土从维斯杜拉河延伸到第聂伯河,而每个波兰人都被这个梦想所驱使,愿意做出最大的牺牲。在一批优秀的法国军官的协助下,魏刚将军率领波兰人打了一场胜仗,至少是一场短时间内的胜仗——他们成功地阻止了共产党人赤化西欧。但是他们最终没有得到任何东西,已经挺近到第聂伯河的波兰人最后又退回到维斯图拉河边。唯一的结果就是证明了波兰人无法建立现代的民主制。老毕苏斯基过于精明,没有成为新国家的独裁者。自治政府在表面上得以维持,但美国对此不感兴趣,耸了耸肩说:"还是老一套!"然后离欧洲那些落后的国家,以及自私、无责任感的政客们更远了一些。

至于俄国,共产主义者采取的战时恐怖政策让本性纯善的普通美国人感到恶心,他们更加远离那些高呼马克思主义口号却杀人成性的人:他们用马克沁机枪处死那些挡在共产主义胜利道路上的人,消灭他们就像医生消灭伤寒病菌一样。

与此同时,从阿尔卑斯山那边传来了奇怪的消息。意大利在战争中付出了惨痛的代价,但在凡尔赛会议上却一无所获。此时,共产主义运动在意大利大范围爆发。意大利议会似乎无法控制局势,不可避免的事情发生了。有一种情况没有哪个国家能够容忍,那就是长期的混乱状态。所有的贸易和商业都陷入停顿。整个国家变成了一个辩论协会。在意大利沉沦于毫无意义的演讲之前,出现了一个对重建法律和秩序有明确计划的人。

大多数意大利人都不信任这个曾经的社会主义鼓动者。在第一次世界大战爆发前,他的大多数时间是在各个监狱里度过的。但是当人们面临二选一的情景时——一边是墨索里尼统治之下的有秩序的生活,另一边是工党领导人统治下的混乱状态——当然会两害相权取其轻。因此,他们选择了墨索里尼。当意大利成为彻底的法西斯国家时,没有人表示惊讶,或是表示出极大的愤慨。

对于大多数的公民来讲,他们完全不在意。从地中海度假回来的游客们说,那不勒斯街头的乞丐们都消失了,在意大利独自一人旅游比在芝加哥还要安全,火车正点运营,银行也不再欺骗顾客了。美国人认为,既然这个人能够创造这样的奇迹,那么他肯定非常优秀,而且有自己的主张。当看到访问我们港口的高大威猛的意大利舰船时,我们不免对此感到敬畏,尤其是这些船在服务和舒适度上远超我们的船,因为我们船上充斥着缺乏训练的乘务员、傲慢的水手和凶神恶煞的船员。

因此,这个新兴的法西斯政权完全是一个反动的存在,却没有引起我们的注意。一些美国人热情地拥护墨索里尼的观点,认为女性应该回归本来的位置。一直以来地中海地区妇女的角色就是抚养孩子、操持家务,以及服从名为丈夫、实为主人的那个人。拿破仑本人(他和墨索里尼一样看不起女性)都没有将女性降低到像意大利法西斯那样的程度,这位法国的篡权者也曾将大学变成主导政治观点的宣传学校,但也无法跟墨索里尼相比。

新闻出版业已经不再是舆论表达的工具,它变成了政府的喉舌。至于议会,还是不提为好。因为意大利议会已经不再对国民生活有任何影响力了。如我之前所说,它已经变成了一个辩论协会,除少数道德高尚者以外,最卑鄙的政客在那里互相攻讦,全然不把国家整体利益放在眼里。这个议会现在只是某个村庄的高贵绅士表达意见的场所。但是美国再次觉得这一切都不干我们的事,而且我们的商人还为此感到高兴,觉得终于有一个国家将工党教训得服服帖帖。因此,除送给墨索里尼祝福以外,我们什么也没做。我们让他按照自己的想法从事,前提是他偶尔给美国资本一些投资合同。在此之前,这些合同都被英国人抢走了。

接下来谈一下法国。可怜的法国!它最优秀的孩子们已经捐躯沙场。议会的操纵者们掌握着大权,顶着"政治家"的光环做着卑鄙的事情。他们让法国陷入了一场又一场的危机。他们劫掠了这个国家,彼此相互劫掠,甚至还收买了司法部门。而美国的游客们只是拿着用美元兑换的法郎,兴高采烈地回想那个快乐国度的自由生活,忽略了它真实的一面。

我也许落下了其他欧洲国家。在斯堪的纳维亚地区、瑞士、荷兰和芬兰都有很好的国家为民谋福利的例子。只要政治体制符合一般政府科学规律,理性不被情感和传统所左右,就能够做到这一点。但这些国家的领导人都是社会主义者,而任何带有社会主义味道的事物都会引起美国人的高度怀疑。我们口头上赞扬这些社会主义共同体所取得的经济与社会成就,但在行动上,我们小心谨慎地避免遵循他们的做法,不让我们的热情超出瑞典式自助餐的餐桌范围。礼貌的瑞典人用这种自助餐的方式款待过在白夜中访问这个国家的国会委员会代表团,后者试图寻找为什么这些斯堪的纳维亚人能够做这么多我们无法做到的事情(他们不费一枪一弹,也没有引发显著的不满之情)。

至于巴尔干国家,我们很容易忽略他们,除非有幸有王室成员造访美国。对于他们,我们经常会听到一些丑闻,这些丑闻本来应该(但是并没有)让我们明白,一旦借给他们钱,从他们离开海岸的那一刻起就再也要不回来了。

还有我们之前的敌人,被击败的绝望的德国人。我们很吃惊为什么会原谅他们。他们战败了,而且他们明白这一点。现在他们有机会重新站起来,而且为世界的复苏做出自己的贡献。那些德国领导人并没有吸取教训,至少没有因为失败而更加谦虚,他们像以前一样贪婪地攫取权力,而这一切都被忽视了。我们给他们提供了数以亿计的贷款(大部分都赔得精光),而他们认为德国想要变得繁荣,这些钱是必需的。也许有人认为,只要德国恢复繁荣,就有希望开始偿还被凡尔赛的强人们强加在德国人民身上的天文数字一般的战争赔款。

大部分读者如果不清楚这些痛苦的细节，也应该能记得每天新闻中出现的赔款的新闻。很少有人能够想象（即使大胆地去猜），这笔正在商谈的钱的总数是多少，而且更少有人能想到这笔钱的千分之一会流入伦敦或巴黎。对我们来说，整个交易显得非常愚蠢，我们要感谢天意把我们从国际联盟中拯救出来，虽然这个联盟是战争时期我们伟大总统的梦想。当看到所有欧洲国家在混乱面前犹豫不决毫无进展，从而让局面变得更加不堪的时候，我们更加感激自己所做的选择。

欧洲又回到了外交会议的岁月。一百二十年之前，梅特涅通过无休止的会议维持了欧洲的均势。以他为榜样，外交官们决定做同样的事。这里我并不打算列出每个会议的细节。这些会议每隔六个月召开一次，有大量的专家不停地讨论"决议"，这些决议在形成正式的"协议"之前就注定会以失败告终。没有人从中获利，除了当地旅店老板和铁路公司。

在这些大会召开期间，一群报纸记者不停地报道欧洲所发生的事情。这些记者拥有很高的才能与热情，不惧困难，将这个国家自由民主的全景展示给世人，以便让每个人都有机会发表自己对时局的看法。然而不幸的是，当这一切发生的时候，我们仍然在埋头赚钞票，根本无暇顾及其他，更不关心我们的未来。对普通美国人来说，欧洲就像月球一样遥远。我们感觉，无论那边发生了什么事情，有什么样的争吵，我们都是安全的。大洋依旧有三千英里之宽，在上次战争中仅有几艘德国的潜艇能够靠近我们的海岸，而当一个人用了九天时间飞过大西洋的时候，还被授予了荣誉市民称号，在百老汇受到民众的夹道欢迎。

亚洲甚至比欧洲还要遥远。有个人（他是内行）写了一本书，预言在不久的将来，日本将对美国发动进攻，结果招来了人们的嘲笑。还有一位将军，不幸也遭到了人们的嘲讽，他预测十多年后我们的城市将不得不进行防御部署，以防止德国轰炸机的袭击。

还有一些诚实的爱国者组织（男女都有）试图让美国人明白，美国是这个世界的一部分。但是他们的影响力不大。普通公民只满足于将自己的安全交给宽阔的大洋和老天，认为他们会保佑民主，而且公理一定会战胜强权。因此，当日本突然走上战争道路，进攻中国并占领满洲的时候，没有人特别担心。我们的国务院的确试图劝说英国外交部，采取联合行动，迫使日本按规则行事。但英国当时是保守党执政，他们只害怕一个敌人——克里姆林宫里邪恶的革命家，因此明确拒绝了参与联合行动，就这样，在大洋的这一侧也没有人很在意这件事了。让中国人和日本人自己去处理他们的事吧，我们还可以卖给那些矮小可笑的日本人一些他们想要的废铜烂铁，从而大赚一笔。他们最终会用这些东西来对付布尔什维克，这样正好满足我们的需要。就这样，我们不再管欧洲和亚洲的事情，继续埋头赚钱，直到舒服的日子终结的那一天，我们才如梦初醒，发现自己在白日梦中沉溺得太久了。欧洲和亚洲都已经陷落，我们已处于毁灭的边缘。是我们告诉希特勒，现在他可以发动他的政变了。在离第二次世界大战爆发还有几年的时候，我们并没有意识到我们都是这个行星的乘客，每个人的幸与不幸都会对他人产生影响。当我们给自大狂希特勒带去方便的时候，他的野心只有一个，那就是让德国人主宰整个世界。

这看上去是不是更像一篇哲学论文，而非对历史事实的严肃讨论？如果是这样的，我向大家道歉。但在目前的形势下，当每个人都在为自己的生命与自由而奋斗的时候，哲学家要比历史学家更有能力解释一连串事件发生的必然性。因为哲学家能够站在永恒的角度看待这些事情，而这正好能够提供赢得这场战争所需要的洞察力。很多哲学家都以新闻记者的身份示人，他们所具有的持久信誉就在于能够用最大的努力唤醒民众，告诉他们前方的危险。

我们的外交官们看上去与他们的英国同行和两国的大企业家们一样患上了色盲症。他们宣称整个世界面临着红色的危险，因此没有意识到相比红色来说，褐色与黑色①（也许还有更多颜色）更加危险。

当然，目前国内的经济灾难让整个社会远离了传统可靠的现金支付体系，转向便捷但更加危险的信用体系。广为蔓延的经济灾难让数百万同胞失去了最起码的生活必需品，逼迫他们不得不像印度丛林中的贱民那样生活，这也导致我们无法将注意力放在保护我们的海岸线上，抵抗随时将会发生的纳粹或日本人的攻击。

这就是我们目前悲剧的开端。目前事态如此紧急，但美国依旧过于关注自己的一亩三分地，而对世界事务不管不顾，仿佛美国不属于这个世界一样。华盛顿已经成为社会与经济活动的蜂窝。我们不能让成千上万的美国人继续睡在走廊上或者公园的长椅上。我们必须立刻照顾抛给社会的上百万的年轻人。尽管这个国家从建立以来都一直信奉"个人奋斗"这个信条，我们可以快乐地忙自己的事，不去管那些倒在路边的人（并不是他们本身的原因），或者那些衰老而无法工作只能靠救济过活的人，但现在不得不怀疑这个时

---

① 红色代指苏联及共产主义运动，褐色来自希特勒手下身着褐色制服的纳粹党冲锋队，而黑色来自墨索里尼身穿黑色制服的国家法西斯党员，法西斯党也因此被称为"黑衫党"。——译者注

代已经过去了。现在出现了许多之前无法容忍的新的联邦机构（在此之前被认为不是美国的风格），能够帮助许多人摆脱可怕的噩梦，将人们从恐惧中解脱出来。

当然，这种做法遇到了很大的阻力，主要来自直到那时依然信奉"人不为己，天诛地灭"古训并从中获益良多的社会阶层。当时，他们预见到了共和国即将崩溃和瓦解。然而这么多年过去了，并没有发生什么严重的事情，绝大多数人依然生活照旧。他们西装革履，一日三餐，每日乘坐小汽车往来于电影院的路上。这些变化并没有导致新政的敌人所欲言的革命的发生。相反，它们已经成为这个国家的有机组成部分，不会再被法律所禁止。如果不是大洋彼岸不断传来的雷鸣声，我们也许会沿着这条进步的道路继续走下去，但现在乌云正在聚集，风暴随时都会降临。

但是我们仍旧没有在意事态的发展，那些事件看上去仍旧非常遥远，而且上次大战的不快记忆又开始在我们的脑海中浮现。出于各种原因，各种族的人们还没有很好地融合在一起，从而认可自己的美国人身份，也有人想利用这个机会浑水摸鱼，清算一下旧账，而不顾国家的整体利益。结果我们成为民主制度中最危险弱点的牺牲品，再次浪费了大量的时间（那时每一小时都关乎成百上千的年轻人的生死）进行辩论、讨论、诽谤、咒骂，而且许多公民以"言论自由"的名义去阻碍为了赢得大战所做的必要准备工作，不管他们是否有逻辑或建设性思考的能力，甚至是否有爱国心。

直到那个致命的星期日早晨，日本人背信弃义地投下炸弹，将和平的所有希望炸成碎片之时，我们才突然意识到，不管自己喜欢与否，我们就是这个世界的一部分。

我想，这正是我们国家在过去二十年里最重要的议题。我们总是在与不可避免的事情进行战斗。我们曾经非常享受建国之初的那一百五十年,那时我们继承了整块未开发大陆的财富,而且两个大洋守卫在我们身旁,使我们免于外敌入侵。我们逐渐以为自己得到的这些恩赐似乎都是上天注定的,是上帝的馈赠,因此我们忘记了最重要的历史教训:思想与行动的自由并不是靠夸夸其谈和一厢情愿所能获得的;只有那些愿意为之奋斗,辛勤工作,愿意为之出生入死的人才能获得;最后,只有愿意而且能够呵护且珍惜它的人才能守护住它,并将其视为在这个小小行星上的一个文明人在其短暂一生中所应追求的最高价值。

在本书即将付印之际,美国人正在战场上领悟到这一教训。我们在过去二十年犯过很多严重的错误,我们应该为此做出补偿,就像每个人应该为自己判断失误所付出的代价一样。但是现在,我们终于意识到自己所处的环境,我们专心致志地去做手头的事情,一旦我们认定所做的事是值得的,我们就会努力完成它。如此一来,这场战争的结果将是没有悬念的了。我们无法想象生活在这样一个世界里:一部分居民心地善良,至少在表面上尊重伟大的拿撒勒先知①的教诲;而其余的居民则是奉行丛林法则的野蛮人,甚至襁褓里的孩子也不能免于大规模的屠杀。

这场战争一旦结束,我们就会迎来绝佳的机会,纳粹主义的可怕灾祸将会被消灭,就像我们清除霍乱、天花和其他可怕的传染病一样。到那时,美国将会向全世界展示通往新颖且幸福的新的文明形态,我们每个人(每个人都做到最好)都能够和最棒的同胞们一起,为国家利益而合作。这个国家是我们最为宝贵的遗产,是我们

---

① 指耶稣基督。——译者注

最为自豪的源泉,是自由、独立的美利坚合众国。

历史学家的困境在于,如果他讲真话,那么就会引起众怒;如果他满纸谎话,那么他将被上帝所不容,因为上帝能够分清真相与谄媚。

——尊者比德[①]

[①] 尊者比德(约673—735),英国盎格鲁-撒克逊时期编年史家、神学家,被称为英国史学之父。——译者注

作者简介

[美]亨德里克·威廉·房龙（1882—1944）：20世纪美国历史学家，影响数代人的人文启蒙作家。他曾获得慕尼黑大学历史学博士学位，但与一般的历史作家不同，他的历史类著作大多幽默诙谐，轻松易懂，字里行间充满了强烈的人文情怀，因此受到世界各国读者的喜爱。他一生著作颇丰，代表作有《人类的故事》（又名《人类简史》）《房龙地理》（又名《地球简史》）《宽容》《圣经的故事》等。

译者简介

颜震：历史学专业博士，吉林大学公共外交学院讲师。曾利用业余时间多次参与翻译工作，译作包括《乌克兰史》《英国学派理论导论》《早期现代世界的国际秩序》等。

陈玉立：上海外国语大学高级翻译学院翻译学专业硕士。热爱语言艺术，热爱文字工作，喜欢阅读历史书籍，在翻译的时候，注重语言的通俗性和可读性，尽量减轻英文翻译为中文的痕迹。语言轻松，可读性强。